El que ens passa per dins

Un milió de vides al descobert

l'àncora

El que ens passa per dins

Un milió de vides al descobert

Eduard Punset

Amb la col·laboració de Juan Fernández i les aportacions
de l'equip de professionals del grup de Suport
Psicològic Online (APOL: Apoyo Psicológico Online)
de la Fundació Eduard Punset

Traducció de Núria Garcia

Edicions Destino

Títol original: *Lo que nos pasa por dentro*

Carrer Peu de la Creu, 4 - 08001 Barcelona
Primera edició: octubre del 2012
ISBN: 978-84-9710-223-0
Dipòsit legal: B. 22.595-2012
Fotocomposició: Víctor Igual, S.L.
Carrer Aragó, 390 - 08013 Barcelona
Imprès a: Cayfosa

A totes i a tots els qui, al final del dia,
no els quadren els números

Pròleg

Resulta que més d'un 25% de la gent se sent angoixada per la tristesa, l'estrès i la soledat. Ja no parlo de depressió, ni d'altres mancances emocionals que amb prou feines sabem abordar. ¿Vull dir que uns deu milions de persones, només a Espanya, es troben malament perquè se senten tristes, estressades i soles, i que ningú se n'ocupa? Sí, estic dient exactament això.

Amb aquest llibre —fruit de la col·laboració, des de fa dos anys, dels equips de professionals de la Fundació Eduard Punset per a la Comprensió de la Ciència, l'asseguradora MAPFRE i els meus editors de Destino— ens volem avançar a obrir camí per al que serà una revolució que afectarà pràcticament la totalitat del món sanitari, educatiu, de l'entreteniment i de la seguretat ciutadana.

Amb les tres organitzacions esmentades, hem estat pioners en el món de parla espanyola a cridar l'atenció sobre un fet que té conseqüències transcendentals per a tota la societat: la generalització legítima i inevitable de les prestacions socials està provocant un col·lapse del sistema que suporta aquests tipus de serveis, i la tendència és que tot plegat vagi augmentant, tret que es posin en marxa, des d'ara mateix, polítiques de prevenció revolucionàries que contribueixin decisivament a fer minvar la demanda futura de prestacions.

Gràcies a aquestes polítiques de prevenció, un percentatge molt considerable de persones, afectades i demandants potencials de serveis públics i privats, reduiran les seves sol·licituds. Així, cal que professionals i institucions es responsabilitzin d'estudiar primer l'experiència acumulada a l'exterior en aquest camp, i que a continuació passin a explorar els possibles canals socials capaços de satisfer la demanda de les prestacions de prevenció per posteriorment iniciar l'aplicació de les polítiques corresponents.

Aquest llibre que us presentem, que aspira a llançar una mirada sincera, sensible i metòdica sobre el que ens passa per dins, és el primer intent d'aprofitar l'entramat de les xarxes socials com a disparador de les polítiques d'innovació social. Tot va començar amb la constitució d'un equip format per una dotzena de professionals dedicats a tenir cura de la gent que es troba sola, estressada i trista, coordinats per la psicòloga Nika Vázquez, un equip que respon científicament a les consultes de persones normals i corrents. Les respostes que ofereixen aquests professionals són molt aclaridores, i els nostres lectors se n'aprendran algunes de memòria, però encara són més reveladores les preguntes de les persones afectades. Ens mostren el que realment preocupa la gent.

L'escriptor i periodista Juan Fernández, en estret contacte amb l'equip d'experts que ha atès les variades i nombroses inquietuds plantejades a les consultes, ha pastat amb mi aquest volum, i junts hem tret les primeres conclusions sobre els sentiments que avui dia es troben socialment desatesos. I el primer que ens crida l'atenció és la magnitud del patiment humà, que perfectament es podria evitar si els aspectes emocionals de les persones es trobessin ben coberts.

Costa de creure que en el punt actual de l'evolució humana, i després d'haver avançat tant com ho hem fet en el coneixement dels mecanismes que ens mouen, continuem descuidant els ecosistemes afectius en què creixen els nostres descendents i seguim privant-los, a les escoles, dels instruments necessaris per resoldre el dilema més important que hauran d'atendre al llarg de la vida: el d'interactuar amb la persona que tenen al costat. Ofèn la intel·ligència saber que som éssers socials, tal com ens percebem, i que continuem tenint tants conflictes pel fet de conviure plegats i no saber gestionar les nostres emocions. I, no obstant això, la immensa majoria dels dubtes i queixes que es presenten en aquest llibre es poden resumir en dos: la por que ens fa canviar i la resistència que manifestem a entendre com és l'altre i com funcionem nosaltres per dins.

Aquest llibre, doncs, vol ser un viatge per reconèixer l'orografia emocional que acollim al nostre interior i explorar les bases socials que ens permeten ser feliços.

Pineda de Mar, juliol del 2012

Capítol 1

Quan naixem. Els primers anys de vida

1. El que portem del ventre matern

Si podem rebobinar la història dels trets corporals que ens defineixen fins a arribar al moment del nostre naixement, per què ens costa tant fer-ho amb els atributs del comportament? És més «de fàbrica» un nas prominent que un tarannà negociador? Heretem la tonalitat dels ulls i no la inclinació a la tristesa? Quina part de la nostra tendència a la ira o a l'addicció estava registrada en nosaltres el dia que vam veure la llum per primera vegada, i quin percentatge el devem al que ens ha passat a partir d'aquest moment: la família en què hem nascut, el tracte que ens han ofert els nostres cuidadors durant la infantesa, les persones que hem tingut la sort o la desgràcia de trobar al llarg del nostre camí?

Ja fa temps que la ciència va il·luminant cada cop més racons d'aquest bosc apassionant i misteriós que comunica la genètica amb la seva expressió observable en el caràcter de les persones, i no tan sols pel que fa als trets físics. Així, des de fa uns quants anys sabíem que les descàrregues hormonals de testosterona a què és sotmès un embrió humà al ventre matern poden determinar la grandària del dit anular en comparació amb l'índex. La sorpresa l'hem tingut en descobrir que els nadons que neixen amb aquesta particularitat genètica tenen més tendència al risc, la qual cosa els dóna certes facilitats en oficis en què l'agressivitat és un valor ben considerat. Casualitat? No: resulta que els *brokers* de borsa amb el dit anular més llarg que l'índex guanyen deu vegades més diners, de mitjana, que els que no presenten aquest tret.

¿Això vol dir que estem marcats pel motlle que ens va configurar al ventre de les nostres mares? Sí i no. En realitat, la resposta a aquesta pregunta és més complexa. Segons Dean Hamer, genetista dels Instituts Nacionals de Salut dels Estats Units, amb les manifestacions del caràcter la casuística genètica no és tan evident com amb els trets físics, ja que els gens que codifiquen la conducta actuen alliberant substàncies químiques al cervell —els famosos neurotransmissors—, i pot passar que el mateix neurotransmissor que fa que una persona sigui un empresari emprenedor i animós provoqui una forta tendència a l'addicció a drogues com la cocaïna, que promou l'alliberament de dopamina, un neurotransmissor associat als mecanismes de recompensa del cervell.

Més sorpreses procedents del camp de la neurogenètica: resulta que el gen que té a veure amb l'ansietat i els sentiments negatius és el mateix sobre el qual incideix l'antidepressiu Prozac i, a més, funciona d'una manera semblant a la del medicament. Segons l'investigador esmentat, una part de la població neix amb una dosi interna de «Prozac natural» que els fa ser més alegres i feliços que la resta de la gent. El revers d'aquest presumpte avantatge del «Prozac endogen» —és a dir, «de fàbrica»— és que té els mateixos efectes secundaris que el que venen a les farmàcies. Un dels més destacats és que afecta la libido i redueix l'impuls sexual.

No tinc més remei que desanimar aquells que esperaven que la genètica podria oferir un joc de claus complet en què cada clau obriria la porta capaç d'explicar cadascun dels nostres trets. Sí, la genètica és un joc de claus, però resulta que una mateixa clau obre més d'una porta alhora. L'epigenètica prefereix veure els gens com a interruptors que s'engeguen o s'apaguen en funció que l'entorn els estimuli o no. Segons aquesta interpretació, arribem al món amb una col·lecció determinada d'interruptors i després la vida s'encarrega d'activar-ne alguns i oblidar-ne d'altres. Això significa que l'experiència pot condicionar el nostre missatge genètic fins a convertirnos en éssers exclusius i inimitables. Som criatures situades a l'extrem oposat de la fabricació en sèrie. Com solen afirmar els genetistes, i a mi m'agrada recordar sempre que puc, «en realitat estem programats per ser únics».

Aquest menú d'interruptors genètics amb què arribem al món no és innocent, ni el seu funcionament és etern. Ni tots els gens podran ser estimulats en qualsevol moment, ni la forma com l'entorn els afectarà serà sempre la mateixa. A mesura que es determinen els mecanismes del codi que heretem, la ciència va confirmant que unes aptituds determinades només es podran desenvolupar si són estimulades en un moment concret de la vida. Això explica que l'aprenentatge del llenguatge correspongui a una edat concreta, i no a cap altra, i que l'esclat sexual tingui lloc en un moment particular, i no en qualsevol altre.

Compte, aquest mecanisme d'activació o d'inhibició genètica també funciona al ventre matern, on passen coses més sorprenents de les que ens imaginem. Cada cop hi ha més evidències que les cèl·lules dels embrions poden modificar el seu propi funcionament segons els missatges bioquímics que reben de la mare.

Al ventre matern s'esdevé el miracle de l'acoblament de la vida, però mentre aquest té lloc, la vida mateixa ja està afectant el procés. Fins fa poc pensàvem que només teníem capacitat de recordar a partir dels dos o tres anys. No obstant això, ara s'han començat a reunir evidències que proven que bebès amb pocs dies de vida ja són capaços de registrar senyals de l'exterior i recordar-los.

I abans i tot. Al Centre Europeu de Ciències del Gust de Dijon, a França, van fer una prova: van emetre un so amb un ritme determinat al costat del ventre d'embarassades de trenta setmanes de gestació. La resposta immediata dels fetus va ser moure's i accelerar el pols. En tornar a exposar-los al mateix so uns quants minuts més tard, la reacció va ser menys estressada. Era com si l'haguessin trobat familiar. Sorprenentment, en repetir la mateixa acció al cap d'unes setmanes, els fetus continuaven acceptant el so sense mostrar la sorpresa de la primera vegada.

Aquesta sensibilitat dels embrions, comprovada i testada, ens permet calibrar la tremenda delicadesa del que passa allà dins. Avui ja sabem que els nivells d'estrès a què es troba sotmesa la mare durant l'embaràs poden influir en l'esdevenir del futur bebè i en la manera com es va constituint. Fins ara no ho havíem tingut en compte, però quan incorporem aquesta prevenció en el catàleg d'atencions que requereix l'embaràs, els canvis en l'evolució de l'espècie humana seran brutals. El que ens passa abans de néixer té tanta importància o més en el nostre destí que el que ens passa posteriorment. Per això, totes les atencions a la futura mare sempre són poques.

Des que estic embarassada no sóc del tot feliç

Tinc trenta anys i estic embarassada de cinc mesos. És el que més he desitjat des que era petita, havia de ser la dona més feliç del món. Però, en realitat, des que estic embarassada el meu nivell de felicitat ha disminuït. Abans era una persona molt vital, sempre somrient. Ara no només tinc pors i inseguretats, com la majoria de les mares que ho són per primera vegada, sinó que em noto menys feliç, estic més trista, com si la presència del bebè em desanimés. ¿Potser són els canvis físics, les nàusees, la minva de vitalitat, les hormones i el cansament, el que em provoca desànim, o potser són les meves altes expectatives de felicitat les que m'impedeixen gaudir del meu estat? Gràcies.

(abril del 2011)

Respon: Sandra Borro

Ser mare per primera vegada remou un món d'emocions molt intenses i contradictòries que van de la tristesa a l'eufòria, de la desesperació al sentiment de realització personal pel fet de ser capaç de crear vida. Estudis científics indiquen que durant els tres primers mesos de gestació i els tres últims els nivells de depressió i d'ansietat entre les embarassades són més baixos que durant el segon trimestre, que és quan comencen a tenir lloc els canvis físics més evidents. Això sol anar acompanyat de respostes d'ansietat i conductes depressives.

Amb el primer embaràs hi ha canvis profunds a la ment dels pares que impliquen un cert grau d'ansietat. En el teu cas, a causa dels grans esforços que fas per mantenir un nivell elevat de felicitat, és possible que hagis intentat controlar els canvis d'humor i que no vulguis pensar en temes que conscientment o inconscientment et preocupen. Comparteix amb la teva parella les emocions que experimentes, perquè et pugui entendre i donar suport. La preocupació pel desenvolupament del teu embaràs i el futur de la teva família poden fer que aparentment et sentis menys feliç, però l'experiència de ser mare és sempre intensa i apassionant.

Com sorgeix l'amor maternal?

Fa poc he estat mare d'un nen preciós. El problema és que jo desitjava ferventment una nena, perquè la relació amb el meu pare sempre ha estat molt negativa i dolorosa, i en conseqüència em costa molt implicar-me amb el bebè emocionalment, perquè no vull que la història es repeteixi i em faci mal; fins i tot em costa alletar-lo per la unió que això significa. L'amor entre mares i fills es forja des del primer dia o els llaços es van formant amb el pas del temps?

(juny del 2011)

Respon: Sandra Borro

La investigació científica ha demostrat que, a causa d'una complexa interacció entre genètica, hormones i factors neuroquímics, ja presents durant l'embaràs, hi ha unes determinades àrees cerebrals que s'activen pel contacte físic de la mare amb el bebè. El vincle que uneix el bebè amb la mare és una conducta instintiva molt lligada a la supervivència de l'espècie, i li proporciona la seguretat emocional de sentir-se cuidat i protegit incondicionalment.

El fet de sentir-te culpable per no haver desitjat tenir un fill mascle no hauria d'afectar la teva relació amb el bebè. L'important no és el que desitjaves o pensaves abans de tenir el fill, sinó el que sents i vius amb ell aquí i ara. No hauries de traslladar les vivències i les pors que experimentes a aquesta nova relació que s'està gestant entre tu i el bebè. No posis barreres a les teves emocions. Observa com reacciona i quins gestos fa, i deixa't guiar pel teu instint per saber quines necessitats té i actuar en conseqüència. El paper del pare en aquest procés també és fonamental perquè el nen desenvolupi una afecció segura amb relació a la seva família.

Autisme hereditari?

Tinc trenta-dos anys i moltes ganes de quedar-me embarassada, però el meu germà és autista i sento pànic que el meu fill també ho pugui ser. Em resulta molt dolorós pensar en això, ja que el meu temor és tan gran com el meu desig de ser mare. He llegit molt sobre el tema, però sembla que no hi ha acord sobre si l'autisme és hereditari o no. Els agrairia que m'ajudessin a aclarir-ho per alliberar-me d'aquesta angoixa. Moltes gràcies.

(març del 2011)

Respon: Pablo Herreros

Segons investigacions recents, la probabilitat que els fills d'una mare amb parents autistes neixin també amb aquest trastorn és més elevada que en la resta de la població. En un treball publicat el 2011 per investigadors del laboratori de Cold Spring Harbor, als Estats Units, es va demostrar que una de les alteracions genètiques més comunes en pacients amb autisme són les delecions (pèrdues d'ADN) en un conjunt de vint-i-set gens en el cromosoma 16. En concret, els nens amb autisme només tenen una còpia d'aquests gens en comptes de dos, com la resta. L'autisme té, doncs, una base genètica. Tanmateix, un altre estudi, també del 2011, dut a terme a la Universitat de Califòrnia amb individus bessons, va demostrar que, encara que el component genètic era el factor determinant de l'autisme en el 40% dels casos, en més de la meitat d'aquests pacients eren els factors ambientals els que explicaven la patologia. Quan els gens són la causa de l'autisme, en tot cas, cal recordar que les mutacions no sempre s'hereten, sinó que també es poden presentar de manera espontània en vida del portador. En atenció a aquests descobriments, doncs, no és cap bajanada fer un estudi de l'ADN quan en una família, com ha passat a la teva, s'ha donat un cas d'autisme.

La depressió es troba als gens?

Som tres germans, i els dos grans, encara que es troben en diferents etapes de la vida, han caigut en una depressió, totes dues bastant greus. Inevitablement, quan miro endavant m'angoixa pensar en el que em pot esperar. És possible que a la nostra família siguem genèticament propensos a la depressió?

(gener del 2011)

Respon: Paula García-Borreguero

Efectivament, els estudis amb bessons suggereixen que els trastorns de l'estat d'ànim són familiars i semblen reflectir una petita vulnerabilitat genètica subjacent. Però cal que es donin uns factors psicològics determinats, com l'estrès, la sensació de manca de control i estils de pensament negatius, per afavorir-ne l'aparició.

És a dir: no perquè tinguis una determinada càrrega genètica desenvoluparàs necessàriament el trastorn, sinó que depèn de la combinació de més factors. L'explicació més acceptada afirma que la depressió es desenvolupa en les persones en què es combinen la presència d'uns gens determinats i uns factors ambientals concrets. Els familiars d'individus afectats presentarien una susceptibilitat més elevada a tenir aquesta malaltia, però això no és determinant.

En tot cas, sempre serà positiu, tant en el teu cas tenint en compte els antecedents familiars que ens comentes com per a tothom, potenciar els propis recursos personals. Cuidar els hàbits de vida, fomentar una bona xarxa de suport, aprendre a decidir i a solucionar problemes, fomentar habilitats de comunicació i d'assertivitat, potenciar el sentit de l'humor, trobar activitats plaents i fer un ús adequat del temps lliure són, entre d'altres, petits recursos que podem desenvolupar per incrementar la capacitat d'afrontar les dificultats que la vida ens va presentant.

2. La vida es decideix dels 0 als 5 anys

Si ens passegéssim pels laboratoris de recerca i desenvolupament de les empreses tecnològiques més destacades del planeta ens podríem fer una idea aproximada del que passa al cervell d'un nen des que neix fins que compleix cinc o set anys. Al llarg d'aquesta excursió científica veuríem com els investigadors es dediquen a fer proves amb els materials amb què treballen i a prendre nota dels resultats que obtenen dels experiments que tiren endavant, a partir dels quals extreuen un catàleg de conclusions que els han de servir com a base per plantejar nous intents. Cada error els avisa de la conveniència d'abandonar una via. Al contrari, cada encert no sols es converteix en la base sobre la qual assentar el següent experiment, sinó que a més reforça la confiança de tot l'equip en el convenciment d'estar avançant pel bon camí.

Una cosa semblant li passa a un bebè quan s'enfronta al repte de negociar amb la vida ja a partir de l'instant del part. En els dies, mesos i anys que segueixen, el seu cervell es comportarà com l'àrea de R+D d'una empresa tecnològica. Dels èxits que assoleixi en aquest període iniciàtic de la vida, com també dels comportaments que aquests triomfs li reafirmin, dependrà el tipus de persona que serà d'adult. Ens trobem en el moment decisiu en què es teixeix la trama neuronal que proporciona una carcassa al cervell, i segons el tipus de connexions que s'activin d'una manera més intensa i constant, així seran els trets del caràcter que en sortiran reforçats, i d'aquesta manera es conformarà la seva personalitat.

A força de veure's reforçats en els seus comportaments, nens petits amb tendència a la comunicació, a l'anàlisi o al somieig, posem per cas, aconseguiran desenvolupar aquestes qualitats del seu caràcter, mentre d'altres, per falta d'estímul, veuran minvat el potencial que potser podrien haver desenvolupat si els haguessin excitat de la manera adequada. I aquest interruptor, o s'activa ara o ja no s'activarà mai. Hi ha un moment a la vida per aprendre a parlar, i no d'altres. Passa una cosa semblant amb el sentit de la vista. Si el bebè no rep estimulació lluminosa durant els sis primers mesos de vida, les connexions neuronals que connecten l'ull amb el còrtex visual degeneraran, de manera que perdrà la capacitat de veure-hi.

El cervell humà és l'òrgan més plàstic i mal·leable de què disposem. Cap altra part del nostre cos es pot veure tan alterada a causa dels *inputs* que li arriben de l'exterior. No podem influir en el disseny del menú d'aptituds amb què naixem, però sí que podem fer que n'hi hagi que es desenvolupin i d'altres que no. Per això és tan decisiva la cura que hem de dedicar a l'educació i l'atenció dels nens en aquests primers anys de vida. És ara quan es va distribuint el cablejat neuronal que intercomunicarà tot el seu cervell.

El neuropsicòleg Richard Davidson, director dels laboratoris de Neurociència Afectiva de la Universitat de Wisconsin, als Estats Units, del qual Edicions Destino acaba de publicar *El perfil emocional del teu cervell*, una obra clau d'aquest autor, ha comprovat l'enorme variabilitat del cervell humà al llarg dels cinc primers anys de vida i com influeix a l'hora de condicionar el caràcter de la persona. La seva recerca li ha permès confirmar que qualsevol intervenció que volguéssim dur a terme per influir en la personalitat és infinitament més eficaç si es fa en aquest període que hem delimitat que si s'intenta als cinc o set anys, ja que les habilitats i els processos mentals que es desenvolupin en aquest moment posaran les bases sobre les quals posteriorment es forjaran les altres. És en aquest moment quan es posen les bases de les sis dimensions que, segons Davidson, constitueixen el perfil emocional de totes les persones: la capacitat de recuperar-nos de l'adversitat, l'actitud per fer durar una emoció positiva, l'habilitat a l'hora d'interpretar els senyals socials que emeten els altres, l'autoconsciència d'un mateix, la sensibilitat referida al context i la capacitat de focalitzar-nos en la nostra concentració.

Al llarg d'aquests primers anys de vida els patrons emocionals de les persones van encaixant, i de com quedin conformats aquests patrons dependrà la manera d'estimar, la manera en què ens veiem i també si el món ens resulta atractiu o ens fa por. L'espècie humana és la que té la fase d'aprenentatge més prolongada entre els mamífers. No és pas casualitat: el nostre cervell també és el més complex. A diferència dels adults, els nens d'un any i dos no tenen clara la sensació d'habitar un jo separat del món que perceben. Ells, simplement, posen tota la seva atenció en el que veuen i experimenten, i se senten atrets pels estímuls que reben. Precisament, entre els que més desperten la seva curiositat hi ha els estímuls emocionals. Alison Gopnik, professora de psicologia de la Universitat de Califòrnia, als Estats Units, i experta en aprenentatge infantil, creu que això és d'aquesta manera perquè la seva pròpia supervivència depèn en bona mesura de tota la informació que els arriba, i la que ells poden emetre, a través de les emocions. Els neurocientífics han demostrat, mitjançant estudis de ressonància magnètica funcional, que el cervell dels bebès de tres mesos d'edat pot reconèixer el to emocional dels sons.

Estem fabricats per detectar i inferir la situació emocional dels altres. Sobre aquesta facultat s'assenta el sistema d'organització que ens hem donat per conviure i sobreviure. Aquest do, que pot semblar trivial, resideix en la capacitat del cervell humà per comprendre els estats mentals dels altres i atribuir-los pensaments, intencions o desitjos, la qual cosa ens permet predir i explicar les seves accions. Se sap que el nostre cervell expressa aquesta habilitat a l'entorn dels quatre anys. Ens trobem en el meravellós moment en què aquest nou ésser ha d'aprendre a estimar. No és un afer qualsevol, perquè la seva vida es troba a les mans de persones que han de sentir afecte per ell per animar-se a invertir la gran energia que comporta la tasca de cuidar-lo. Aquest procés s'inicia en el mateix instant del naixement, quan comença el mercadeig emocional entre la mare i el bebè, un procés que anirà guanyant complexitat i riquesa d'elements a mesura que passin els mesos, i que acabarà dotant el nen de tots els instruments afectius necessaris per continuar negociant amb l'exterior la resta de la seva vida.

El nen aprendrà que el seu plor té un gran poder d'influència sobre els pares, però en algunes ocasions també comprovarà que aquest senyal d'alarma pot provocar un efecte contrari al desitjat: descobrir que plorar causa disgust en els pares farà que intenti controlar les llàgrimes. Sorprenentment, avui sabem que només amb un any d'edat ja hi ha nens capaços de reprimir les seves emocions.

¿És també en aquest moment que es decideix la bondat o la perversitat de les persones? Gopnik ha dut a terme estudis amb nens d'un a tres anys que demostren com d'aviat s'ancoren en l'ésser humà els valors morals. Només amb divuit mesos, un bebè és capaç de sentir-se impel·lit a reconfortar-ne un altre que té problemes, i amb dos anys i mig sap distingir la diferent rellevància ètica que té una entremaliadura en comparació amb un acte de violència. I tot plegat va en contra de la clàssica idea del «petit salvatge» que dominava temps enrere; avui sabem que no és així.

Sembla, doncs, que arribem al món amb una mena de moral innata ja incorporada. Però és en aquests primers mesos i anys de vida quan aquests rudiments de comportament s'han d'enfortir. És ara que l'altruisme, la solidaritat, la compassió i l'afecte pels altres han d'arrelar, per desenvolupar-los quan el nen sigui més gran. Animo els pares a no perdre's ni un instant d'aquest procés sorprenent, que no es repetirà mai, i a estar atents a facilitar-ne el desenvolupament en un context sa. No és difícil, sobretot es tracta de donar-los amor perquè el busquin en els altres.

Els bebès pensen?

Sóc mare d'un bebè de deu mesos, preciós i espavilat. El miro i em sembla que el seu caparró va a mil per hora. Però, en realitat, quin tipus d'informació és capaç de percebre i processar el meu fillet? En quin grau de desenvolupament es troba ara mateix la seva intel·ligència? És capaç d'articular pensaments, encara que siguin bàsics i simples?

(juny del 2011)

Respon: Sandra Borro

Segons Piaget, durant el primer any de vida els bebès es troben en la primera etapa del desenvolupament cognitiu, en l'estadi anomenat sensoriomotor, en el qual no hi ha funció simbòlica. Per tant, no presenta ni pensaments ni activitat vinculada a representacions que permetin evocar les persones o els objectes absents.

Però, malgrat el que acabem de dir, no és del tot exacte que els bebès no pensin: tot depèn del tipus de pensament que els vulguem assignar i del fet que els estímuls hagin estat prou repetitius per generar un aprenentatge o un record. La intel·ligència apareix molt abans que el llenguatge, és a dir, abans que el pensament interior. Però es tracta d'una intel·ligència exclusivament pràctica, que s'aplica a la manipulació dels objectes i que utilitza, en lloc de les paraules i els conceptes, percepcions i moviments organitzats en esquemes d'acció.

El meu fill només juga amb princeses

Tinc un fill de cinc anys que només juga amb princeses —no amb totes les nines, només amb princeses—, i únicament es fixa en joguines de nena. Per carnestoltes em va demanar disfressar-se de princesa, perquè diu que les coses de nens són molt lletges, i a casa juga a prínceps amb els seus amics, però ell sempre fa de princesa. Això sí, de moment no m'ha demanat mai anar vestit de nena pel carrer. Algunes vegades, quan el seu cosí s'ha rigut d'ell, ha deixat clar que ell és un nen, però que li agrada jugar a princeses. ¿Hauria de fer una consulta a un expert per avaluar si se sent nena en un cos de nen? A quina edat es defineix sexualment un ésser humà? No tinc cap problema que sigui gai o transsexual, però m'agradaria estar informada i saber com actuar per minimitzar-li el patiment en el futur.

(gener del 2012)

Respon: Cecilia Salamanca

La identitat sexual es defineix entre els dos i els tres anys de vida, i la conservació d'aquesta identitat s'assoleix entre els cinc anys i els set. El trastorn d'identitat sexual en els nens es manifesta, entre altres, per aquests trets: desitjos repetits de ser de l'altre sexe; en els nens, preferència per simular la vestimenta femenina, i en les nenes, insistència a dur roba masculina; preferències persistents pel paper de l'altre sexe o fantasies referents a pertànyer a l'altre sexe; desig intens de participar en els jocs propis de l'altre sexe; preferència marcada per companys de l'altre sexe.

Un especialista en psicologia infantil podrà analitzar les pautes de joc del teu fill i dir-te si hi ha un trastorn i com s'hi pot actuar o bé si simplement es tracta d'una etapa normal del joc del nen influïda per factors externs. De totes maneres, l'actitud que has adoptat, permetent que el nen s'expressi de la manera que tria jugant, és l'adequada. Intenta jugar més amb ell i ensenya-li altres passatemps, com ara jocs d'expressió, de taula, amb instruments musicals, llibres, històries il·lustrades o jocs de motricitat fina (conjunts de construcció o puzles, plastilina o d'altres) perquè també desenvolupi la seva imaginació en altres camps.

Com evoluciona el llenguatge en el nen

El nostre fill de cinc anys rep suport d'un logopeda des d'abans de complir els tres anys, ja que en aquell moment encara no deia cap paraula. Després d'haver superat proves d'oïda, coll, una ressonància magnètica espectroscòpica i unes analítiques complexes, el neuròleg va diagnosticar un trastorn d'hiperactivitat amb retard del llenguatge, l'equip de psicòlegs va diagnosticar un trastorn amb possibles components d'autisme i hiperactivitat i l'equip de logopedes es va inclinar primer per una disfàsia i més endavant per un retard de maduresa.

Al llarg del temps la seva evolució ha estat positiva: ha desenvolupat un llenguatge ampli, té bona memòria, el seu comportament és correcte i és sociable i afectuós. Però al col·legi se situa per sota de la mitjana del grup. Durant aquest curs ha d'aprendre a llegir i escriure, però ell rebutja el mètode de lectura del centre, raó per la qual el seu tutor i el seu professor de suport han cedit a la petició del nostre logopeda privat per treballar amb el seu mètode, que sempre li ha proporcionat bons resultats. El nen s'ha iniciat en la lectura, però el retard és evident. Quina opinió tenen sobre el cas?

(març del 2012)

Respon: Sandra Borro

Els diagnòstics psicològics i psiquiàtrics, i més encara en nens petits, en realitat són orientacions, i es fan en funció d'un seguit de símptomes que amb el temps poden evolucionar o canviar. És a dir, no hi ha diagnòstics definitius, i especialistes diferents poden tenir opinions també diferents sobre un mateix pacient. L'important en el vostre cas és la valoració que com a pares feu de l'evolució del vostre fill i la confiança dipositada en el logopeda que ja fa anys que us atén. Si el nen progressa i es mostra relaxat i feliç, no cal preocupar-se.

Per facilitar la comprensió del llenguatge, les frases que utilitzi l'adult han de ser més senzilles i breus, i la parla, més lenta o pausada i amb més repeticions. Malgrat que algunes teràpies poden semblar realment miraculoses, la millor estimulació és la que poden donar els pares als seus fills durant la infància. Jugar amb el nen, cantar-li cançons, parlar-hi, parar-li atenció quan intenta comunicar-se i explicar-li contes infantils són la manera més senzilla i útil de fer que augmenti el vocabulari i les capacitats cognitives.

La plasticitat neuronal en els nens

Al col·legi del meu fill, de quatre anys i mig, ens van proposar participar en un estudi sobre les possibilitats de futur del nen en què feien servir dos caramels com a esquer. Diverses mares, entre elles jo, vam acceptar. La prova consistia en el fet que els nens havien de resistir la temptació de menjar-se els dos caramels que els posaven al davant durant un temps determinat. Si ho aconseguien, els donaven dos caramels més com a premi. Al meu fill no li agraden gaire les llaminadures, però el dia de l'estudi es va menjar els dos caramels sense esperar gens. Em va explicar que se'ls va menjar perquè tenia gana i amb dos en tenia prou, no en volia més.

La veritat és que estic preocupada. Després d'aquest experiment vaig llegir que els nens que es mengen els dos caramels podrien tenir certs problemes quan són adolescents. M'agradaria saber si he d'actuar d'alguna manera en especial, ja que a aquesta edat crec que encara esteu a temps d'intentar que a l'adolescència sigui un noi feliç i exemplar.

(setembre del 2010)

Respon: Gabriel González

L'experiment a què fas referència va ser desenvolupat per Walter Mischel durant els anys setanta del segle passat i vol demostrar que la falta de voluntat en els nens pot tenir com a conseqüència una vida adulta desastrosa. El seu comportament és un indici del que pot arribar a passar quan siguin grans. Tanmateix, entre una cosa i l'altra no hi ha necessàriament un nexe de causalitat. D'altra banda, el neurocientífic Richard J. Davidson afirma que el nostre cervell és un òrgan construït per modificar-se en resposta a les experiències. En definitiva, estem programats per canviar. I en aquestes edats el nostre cervell es pot modelar i adaptar al món de manera que puguem aprendre a obtenir una voluntat més forta i capacitar-nos per ser més feliços.

És important ensenyar al teu fill que l'important no són els problemes sinó com es resolen i l'actitud amb què hi fem front. Per tant, hem d'aprendre a coneixe'ns, a gestionar les emocions i a desenvolupar unes habilitats socials i de presa de decisions que ens donin seguretat i enforteixin la nostra voluntat. I amb quatre anys i mig ja el podem ajudar a aconseguir que sigui d'aquesta manera, que sigui feliç i que aprengui les qualitats necessàries per assolir aquesta felicitat.

3. L'autoestima s'ha de transmetre des del bressol

Abans que hàgiu acabat de llegir aquest capítol, hauran vingut al món dos mil nous bebès en tot el planeta. Cadascun incorpora, inscrit al seu ADN, el manual genètic que li han transmès els pares al moment mateix de la gestació, a partir del qual durant nou mesos es va acoblant al ventre de la mare. Encara que fins ara no ens n'havíem adonat, avui sabem que entre les pàgines d'aquest llibre d'instruccions que garantirà la seva supervivència també viatja part de la informació que l'*Homo sapiens* ha anat acumulant al llarg de l'evolució. I dins d'aquesta informació, d'una manera molt decisiva per al futur desenvolupament del bebè com a persona, es troben els rudiments que fan referència a la dimensió emocional i social de l'ésser humà.

Amb una gran complaença veiem un nounat buscant instintivament el pit de la mare per satisfer la gana, i en aquest gest sabem reconèixer els senyals de la nostra naturalesa com a mamífers. Com és possible aleshores que al cap d'uns dies vegem com somriu i no identifiquem les marques de la nostra condició d'animals socials i capaços de tenir empatia? Qui ha ensenyat a aquest bebè quins músculs cal moure per dibuixar un somriure i quin és el moment idoni per expressar-lo? Si aquesta informació ha arribat amb ell, igual que l'instint de buscar el pit de la mare, per què una facultat la considerem «marca de la casa» i l'altra no?

En aquest punt hi ha una de les malalties més crítiques que arrosseguem com a espècie: la del descuit que secularment hem mantingut pel factor emocional que ens constitueix com a persones. Per ignorància o per despreocupació, ens girem d'esquena a una realitat que avui en dia ja considerem inqüestionable: tan important per a la felicitat i la garantia de vida d'aquest nou ésser és que la seva musculatura guanyi volum i que els seus òrgans assoleixin l'estat òptim com que es desplegui tot el potencial afectiu i d'empatia amb el qual ha arribat al món. Per què ens inquieta que el sentit de la vista del nounat es desenvolupi bé per processar la claror i no que aprengui a mirar a l'interior de les persones i a sentir desig i curiositat per estar amb elles?

Una altra dada que ja coneixem és que en aquests anys iniciàtics és quan ha de despuntar el desig per descobrir el que passa al seu voltant, a l'exterior.

D'aquesta curiositat, i del seu desenvolupament adequat, dependrà que el nouvingut vulgui investigar el món i estigui disposat a aprendre. És ara quan arrelarà la seva necessitat de relacionar-se i quan es desplegaran les aptituds intel·lectuals, físiques i emocionals que defineixen la seva condició humana.

La tercera troballa que ja hem confirmat, i potser la més important, ateses les conseqüències pràctiques que té, és que podem influir en aquest procés des de fora a través d'un instrument enormement subtil, però poderosíssim: l'afecte. La capacitat que tinguin els pares, familiars, cuidadors i persones de l'entorn més pròxim per transmetre afecte al nou ésser serà decisiva per fer-li sentir el desig d'aprofundir en el coneixement dels altres i perquè augmenti el seu interès per la resta del món.

La interacció entre els nens i l'entorn social que els envolta té una importància vital per a la creació de sinapsis (les connexions d'unes neurones amb altres), i aquí és on l'experiència presenta un paper primordial en el cablejat del cervell d'un nen. És el moment que la criatura aprèn a parlar, però no tan sols a través del llenguatge, sinó també mitjançant les emocions. I no és veritat que només calgui ensenyar-li les paraules; també, i molt principalment, cal ensenyar-li afectivitat.

És fàcil: només li hem de donar amor. L'autoestima que aquesta nova persona necessitarà per sentir-se segura en el món dependrà de l'amor que rebi als primers anys de vida. Confiarà en ell mateix si les persones que més valora li fan veure que confien en ell. L'afecte pot accelerar el creixement del cervell. Nombroses investigacions amb animals han remarcat que l'atenció materna té una influència decisiva en el desenvolupament de l'encèfal. Així, la manera de llepar de les mares rates provoca canvis en l'activitat d'uns gens determinats, la qual cosa es tradueix en generació de més neurones i en un desenvolupament de l'hipocamp més elevat. I recordem que l'hipocamp és l'estructura cerebral implicada en aspectes com la memòria, l'aprenentatge o la gestió de les emocions.

Un estudi dut a terme pel departament de psiquiatria de l'Escola de Medicina de la Universitat de Washington, a Saint Louis, els Estats Units, dirigit per la doctora Joan Luby, ha revelat recentment que en els humans també hi ha relació entre les atencions afectuoses dels pares i un augment del volum de l'hipocamp, la qual cosa confirma fins a quin punt és decisiva la influència que l'atenció i l'afecte poden tenir en el cervell del nen.

Per desgràcia, ens movem pel món amb una motxilla tan plena de tics emocionals equivocats que ben sovint confonem el més habitual amb el que és correcte. Richard Wiseman, psicòleg de la Universitat de Hertfordshire, al Regne Unit, em va desafiar a reconèixer en mi mateix una equivocació en què segurament tots els pares hem caigut alguna vegada: «Com hauríem de reaccionar quan el nostre fill petit es presenta amb un excel·lent?», em va preguntar. Pensarem que el més normal és felicitar-lo. Tot i això, Wiseman adverteix del perjudici que pot comportar aquesta reacció, perquè d'aquesta manera li transmetem el missatge que la nostra lloança dependrà del resultat acadèmic, i això generarà que se senti ansiós per aconseguir un altre excel·lent.

En comptes d'aquesta resposta, el psicòleg recomana que adrecem les nostres paraules a elogiar el seu esforç, reconeixent que ha treballat amb molta voluntat i fent-li veure que som conscients que ha fet tot el que podia per fer un bon examen. Aquesta altra perspectiva canvia el focus de la carícia emocional que li estem donant, ja que ell sí que pot controlar les seves ganes de treballar, però no el resultat que n'obté.

Lamentablement, les nostres infàncies estan infinitament més plenes de lliçons fonètiques i gramaticals que emocionals. Ens han ensenyat que la «p» amb la «a» es pronuncia «pa», però ningú ens ha ajudat a controlar una ventada d'ira interior, ni a endevinar com se sent el company de pupitre desxifrant els senyals d'empatia que ens transmet amb el llenguatge no verbal. Mentre anàvem a escola, ningú ens va ensenyar l'impacte que pot tenir el menyspreu, ni els instruments que tenim a disposició per progressar en el mercadeig emocional que suposa compartir l'espai amb els altres. Incomprensiblement, ens han ensenyat a resoldre problemes d'àlgebra, però no a dissoldre conflictes.

És urgent ensenyar als nens a tenir consciència de si mateixos, que aprenguin a controlar les emocions i que sàpiguen relacionar-se harmònicament amb els altres. Per fortuna, els educadors ho tenen cada cop més present. Per exemple, quan jo anava a escola, no existia el «racó de la pau», aquesta zona cada vegada més freqüent a les aules de primera infància on els nens acudeixen quan se senten alterats, no per castigar-los, sinó perquè es retrobin amb ells mateixos.

De vegades aquest efecte balsàmic per a la gestió de les emocions dels més petits s'aconsegueix mitjançant trucs subtils en forma de conte. El psicòleg Mark Greenberg, de la Penn State University, als Estats Units, recomana el de la tortuga: víctima de múltiples conflictes amb els amics i els pares, i a causa del seu propi nerviosisme, la tortuga decideix ficar-se dins la closca, i allà troba la calma. Seguint la metàfora, al nen que pateix una tempesta emocional se li demana que imiti la tortuga, que encreui els braços, que respiri profundament i miri de sentir que s'ha ficat dins la seva closca. D'aquesta manera se li ensenya a utilitzar el cos per gestionar l'emotivitat.

Cometríem un error si penséssim que aquesta tasca és exclusiva de l'escola. En absolut: l'exercici de l'autoestima i la gimnàstica emocional comencen des del bressol mateix. En aquest camp hi ha múltiples criteris i opinions, però els experts han reconegut un seguit de pautes d'aprenentatge que afavoreixen un millor enfortiment emotiu del nen. Així, davant dels qui suggereixen que cal deixar que els bebès plorin, cada vegada hi ha més veus que recomanen el contrari. I argumenten una raó de pes: els bebès no poden gestionar un estat de nerviosisme, són incapaços de desfer-se del cortisol, l'hormona que segreguem en situacions d'estrès. Tampoc és bo utilitzar el càstig com a guia educativa. Aquest mètode, que sí que és eficaç amb adolescents, més conscients i responsables de si mateixos, no funciona amb els més petits. Amb ells és més útil ignorar els comportaments erronis i premiar els bons que reprimir obertament els errors que cometen. Els nens, sobretot els més petits, reaccionen millor davant les recompenses que quan els renyem.

És bo deixar que el bebè plori fins que s'adormi?

Tinc un bebè de quatre mesos que només s'adorm si el portem a coll mentre caminem a pas lleuger. Últimament ens estem plantejant aplicar el conegut mètode del doctor Estivill, que consisteix a deixar-lo plorar al bressol i entrar a l'habitació de tant en tant per dir-li que l'estimem molt però que ha d'aprendre a dormir sol. Per l'experiència d'alguns amics que han aplicat aquest mètode, sabem que sol funcionar. Al final, el nen aprèn que, encara que plori tota una hora, no l'agafarem a coll i s'adorm. D'altra banda, hi ha el mètode «anti-Estivill», que consisteix a fer el contrari: donar-li al nen el que necessita perquè agafi el son. La meva pregunta és:

des del punt de vista neurològic i del desenvolupament del cervell del bebè, és adequat que passi pel trauma de plorar desconsoladament?

(agost del 2011)

Respon: Noelia Sancho

El teu dubte és compartit per molts pares que es troben davant el mateix dilema. És important entendre que cada nen és únic i que, per tant, cal adaptar-s'hi. Com tu mateixa dius, el mètode Estivill requereix fermesa per aplicar-lo. Si a mig procés desistim i agafem el nen, li estem dient que si insisteix prou al final l'anirem a buscar, i així aprendrà que necessita plorar mitja hora més perquè li facin cas. La psicoterapeuta Sue Gerhardt afirma que tenir cura dels nens no és una ciència exacta, que depèn del que cada nen pot tolerar. L'important és que el bebè no s'estressi gaire. Si no ho fa, sigui quina sigui la manera en què els seus pares el cuidin, tot plegat anirà bé.

De fet, tots els experts coincideixen a assenyalar que l'important és que el nen adquireixi un bon hàbit, de la manera que sigui. No és qüestió de deixar-lo plorar, però tampoc d'agafar-lo al primer sanglot. És millor quedar-se al costat del bressol, parlar-li, tocar-lo, calmar-lo perquè se senti atès, i anar avançant en els hàbits segons l'edat que tingui. Un bebè necessita el contacte físic, un nen potser en tindrà prou de sentir la veu de la mare des de la porta. Però sempre, sempre, el nen ha de percebre l'amor dels pares.

La socialització dels bebès

Sóc mare d'un nen de divuit mesos. Als sis va començar a expressar por quan veia persones desconegudes, si el saludaven es posava a plorar i buscava els meus braços. A partir de l'any ja no plorava tant, però igualment s'espantava, no tan sols dels adults, sinó també dels altres bebès i nens. Cada dia anem al parc i no permet que cap nen se li acosti. Si els adults el toquen, es posa molt nerviós. Ara està empitjorant, plora encara més que abans i llança per terra el que tingui a la mà. Em fa mal el cor, perquè veig que s'ho passa molt malament. A casa és un nen fantàstic, rialler, alegre, obedient, afectuós, però quan estem amb altres persones es posa molt seriós, i es mostra nerviós i esquerp. El seu entorn familiar és molt reduït: el pare que treballa a casa; l'àvia, que ve a veure'l a les tardes, i jo, que el cuido tot el dia. Encara no va a la guarderia, perquè ens sembla que és massa petit. Els agraeixo qualsevol consell que ens puguin donar.

(gener del 2012)

Respon: Sandra Borro

Entre el sisè i el vuitè mes, el bebè ja és capaç de reconèixer la seva mare o el seu cuidador com una persona diferent de si mateix, raó per la qual té por de perdre-la o que aquesta el pugui abandonar. En distingir clarament les seves figures d'afecció, si un estrany se li acosta expressarà recel i angoixa i el rebutjarà. Aquest patró de conducta va ser anomenat pel doctor René Spitz «angoixa del vuitè mes», i és normal en el desenvolupament evolutiu del nen. Durant aquesta fase, que pot durar uns quants mesos, el bebè percep totes les persones a qui no veu habitualment com una font d'amenaça.

Als divuit mesos el bebè ja hauria d'haver desenvolupat més tolerància als estranys, però encara esteu a temps d'ajudar-lo a superar les seves pors. No se'l pot forçar a acostar-se als desconeguts, però sí que podeu, abans d'anar al parc, o quan algú s'acosti per parlar amb vosaltres, agafar-li la mà o abraçar-lo, parlar-li i explicar-li qui són i que no té res a témer. Si cada dia aneu al mateix parc podeu establir un programa progressiu d'habituació. Quan aconseguiu que estigui tranquil, podeu invitar-lo a tocar algun objecte que li desperti interès i que sigui ell qui es comenci a interessar pels altres nens, d'una manera relaxada i natural, sense forçar res.

Com puc ajudar la meva filla de set anys a ser més forta

Em preocupa una mica la meva filla gran. Té set anys i és molt tímida, ja de ben petita li costava obrir-se i sempre ha tingut por d'afrontar situacions noves. Tot el que és nou l'espanta i ho rebutja, per norma. Tot i això, quan es parla amb ella i se li destaquen els aspectes positius, accedeix a fer-ho amb bona disposició.

Els problemes es van presentant al col·legi. Ha aconseguit fer amigues, però la seva inseguretat fa que altres nenes, que són bastant més obertes i decidides, la utilitzin com els ve de gust. Una d'aquestes l'està marejant bastant: de vegades li diu que deixaran de ser amigues; d'altres, que no li parlarà fins que no li demani perdó, i quan la meva filla li demana que l'ajudi li diu «Espavila't tu sola». Arriba a casa fatal i se sent impotent, perquè no entén res.

A la meva filla no li agraden els enfrontaments, és una nena tranquil·la i molt bona. Jo li dic que ha de fer el que vulgui sense que ningú decideixi per ella, però no sé com ajudar-la a enfrontar-se a situacions d'aquest tipus en què s'ho passa malament i, la veritat, jo també. Crec que ha de superar-ho ella sola, perquè persones com aquestes nenes se les trobarà al llarg de tota la vida. Intento reforçar la seva autoestima perquè no depengui tant emocionalment dels altres, però amb l'edat que té crec que és normal que vulgui pertànyer a un grup.

(octubre del 2010)

Respon: Gabriel González

En aquesta edat, i en les posteriors, no solament voldrà pertànyer a un grup, sinó que probablement en formarà part d'uns quants fins que trobi el seu lloc. Això genera exclusions i menyspreus, però també implica nous desafiaments. Li has transmès una bona actitud, ja que quan la fas reflexionar presenta una disposició adequada. Estàs fent que aprengui a pensar sobre les seves decisions. També hi ajuda el fet de potenciar les habilitats socials i la gestió de les emocions.

Als set anys, la personalitat i l'estil de vida d'un nen encara s'està formant. És el moment de reforçar la seva autoestima i d'ajudar-lo a saber com actuar en un món sempre canviant que no tan sols representa un desafiament, sinó que pot ser intimidatori i de vegades egoista i dolorós. La teva filla ha d'aprendre a passar-s'ho una mica malament, a distingir quan se sent capaç i quan no tant, ha de veure i conèixer quines són les situacions que li generen més angoixa i descobrir com hi pot fer front. I això ho ha d'anar descobrint ella. Si nosaltres els mostrem angoixa quan s'ho passen malament i ens preocupem encara més que ells, afavorirem que el que es plantegin sigui no enfrontar-se a aquestes situacions, o bé que altres les resolguin. A mesura que sigui més gran, cal deixar que ella mateixa en vagi aprenent. Mentrestant, has de mostrar-li que hi ets present, que sàpiga que et pot trobar sempre, sobretot quan la situació sigui més difícil.

Què he de fer per educar emocionalment el nostre fill?

Tinc un bebè de cinc mesos. És el meu primer fill i rebo el suport d'un pare fantàstic, també novell. Som feliços. Volem transmetre al nostre bebè l'amor a la vida i ajudar-lo a ser una bona persona, fer que es pugui desenvolupar i que pugui descobrir el món, proporcionar-li les millors eines per afrontar tot el que la vida li posi al davant i que pugui gaudir d'una bona vida. I també, és clar, li volem donar una bona educació. I és la part emocional la que ens preocupa. Com podem ensenyar-li optimisme, ensenyar-li a gestionar de manera satisfactòria les emocions, fomentar-li l'autoestima, ensenyar-li a ser feliç? No podrem ser uns pares perfectes, però si estem informats ho podrem fer millor.

(octubre del 2010)

Respon: Gabriel González

Abans de ser capaços de parlar, els nens utilitzen el llenguatge de les expressions emocionals per relacionar-se. Si mirem de compartir-hi emocions positives els fomentarem la sensació de seguretat, i si aquestes interaccions es presenten acompanyades per un rerefons emocional prou sòlid seran recordades més fàcilment. És fonamental l'equilibri entre els límits i l'afecte. Als nens, des de petits, cal mostrar-los què està bé i què està malament a través de les nostres actituds, tot plegat adornat amb molt d'amor i afecte. A més, hem de mostrar-los aquestes normes de ben petits perquè puguin ser responsables i autònoms com més aviat millor.

Aquests límits s'aniran reduint al llarg del temps de manera que quan arribin a l'adolescència els tindran interioritzats. En arribar a les edats més problemàtiques, els menors han d'estar segurs que els pares els volen i els estimen, i que en ells podran trobar sempre un espai de comunicació i una relació fluida. Normalment sol passar el contrari: de petits els donem molt d'amor i poc coneixement dels límits, i quan són adolescents pretenem que ens respectin i compleixin les normes sense oferir-los tot el nostre amor incondicional. La millor educació és la vostra disposició i disponibilitat, i fer-ho des de la felicitat i l'afecte.

4. Per què calen dues persones per criar un bebè?

Parafrasejant Albert Einstein, podem afirmar sense risc d'equivocar-nos que la natura no es dedica a jugar als daus. Res del que passa aquí fora de manera natural és casual o gratuït. Cada manifestació té la seva raó de ser, cada accident inclou el seu perquè. I això, que és facil de mesurar en l'entorn de la física de partícules, funciona amb una eficàcia semblant en el terreny de la biologia i el comportament dels éssers vius. El cargol no porta la seva caseta en espiral per capritx, sinó perquè cada secció d'aquesta espiral representa una cambra que l'animal va tancar a mesura que anava creixent; ni és cap fet atzarós que les llavors d'una flor de gira-sol es distribueixin seguint la perfecta pauta geomètrica que marca la proporció àuria, la qual cosa li permet aprofitar millor els raigs del sol. De la mateixa manera, no és forçada, ni respon a dogmes imposats per la cultura, la inclinació majoritària de l'ésser humà per la monogàmia, o almenys pel manteniment de relacions monògames successives en el temps, tot i que aquesta opció és ben poc habitual entre els mamífers, i no diguem ja en tot el regne animal.

Antropòlegs, primatòlegs, paleontòlegs, genetistes i biòlegs evolucionistes s'han posat d'acord a afirmar que al darrere d'aquest instint de fidelitat de l'*Homo sapiens* s'amaguen unes poderoses raons de tipus evolutiu i morfològic. Resumidament: naixem a mig fer i calen dos adults per garantir la supervivència del bebè. El grau de fragilitat i vulnerabilitat amb què un nounat veu la llum per primera vegada no s'assembla al de cap altra espècie animal. Nosaltres no trenquem cap closca ni piulem mentre seguim la mare gallina, ni som capaços de posar-nos drets com fa qualsevol quadrúpede tot just abandonar el ventre matern. Un bebè humà requereix infinites atencions, més que cap altre animal, i això és d'aquesta manera no per casualitat, sinó a causa de l'elevada complexitat i la major grandària que té el cervell humà respecte al de la resta de mamífers. Precisament pel fet que som criatures més evolucionades, la nostra fase d'entrenament i de formació és necessàriament més lenta i prolongada en el temps.

Al final, rere aquesta història només hi ha un prosaic afer de buits i espais, gairebé com si parléssim del maleter d'un cotxe. A mesura que la nostra tendència a mantenir-nos de peu dret s'anava imposant al llarg de l'evolució, la pelvis s'estrenyia cada cop més, una condició indispensable per sostenir dreçat el tronc sobre les dues extremitats inferiors. La nova estructura òssia pelviana de les femelles dels homínids suposava una dificultat més a l'hora de parir, perquè el canal de sortida de la cria era cada cop més estret. Això passava mentre el cervell dels nounats era cada vegada més gran, un procés que es va disparar fa almenys dos milions i mig d'anys. Com fer passar un crani més voluminós per un forat més petit? L'evolució va resoldre aquest problema tirant pel camí del mig: els bebès van començar a néixer cada cop més aviat, de manera que els cranis poguessin sortir del ventre matern abans que augmentessin de grandària. No oblidem que la massa encefàlica d'un nounat duplica la grandària durant els primers mesos de vida.

Necessàriament, aquest estat precari dels nadons exigia molta més inversió d'energia per part dels seus cuidadors, una tasca massa feixuga per deixar-la a les mans d'un sol progenitor. De la presència conjunta de la mare i el pare de la criatura en depenia la supervivència. A la finalitat de fons —la propagació dels gens propis— li interessava que comencéssim a viure en parella.

Això és el que opinen Judith Lipton, psiquiatra del Swedish Medical Center de Washington, i David Barash, psicòleg de la Universitat de Washington. Havent estudiat com s'organitzen les parelles estables al regne animal per documentar el seu llibre sobre el mite de la monogàmia, van observar que la varietat sexual és un factor que atreu mascles i femelles, però van deduir que, probablement, aquest desig ha evolucionat durant milions d'anys de selecció natural, quan es va comprovar que trobar parella estable era beneficiós per a tots dos membres de la parella i, sobretot, per a la futura criança.

Del que es tracta és de multiplicar tot el que es pugui el missatge genètic mateix, però també de fer-ho amb les òptimes garanties de supervivència i triant sempre els creuaments genètics que millor es podran adaptar a l'entorn. Tot i que és poc freqüent entre els mamífers, la monogàmia no és exclusiva dels humans. Però si ens fixem en la resta d'espècies que també la practiquen, sempre trobem fortes raons de pes, en termes de supervivència genètica, per triar la vida en parella estable enfront del canvi compulsiu de companyia.

En el cas dels humans, els beneficis de la monogàmia per a la criança transcendeixen els de la simple supervivència. En aquests primers mesos i anys de vida el nouvingut construeix la seva plantilla afectiva, sobre la qual s'elevarà tot l'edifici d'emotivitat que farà servir quan sigui adult, i el fet de tenir presents en aquest moment les referències de la figura materna i la paterna influeix notablement en la correcta adopció de patrons de comportament. Mark van Vugt, psicòleg social evolucionista de la Universitat VU d'Amsterdam, a Holanda, destaca que la primera relació líder-seguidor que experimentem a la vida és la que establim amb la nostra mare, a qui seguim de manera instintiva des del moment del naixement, però immediatament després apareix el pare, l'altra gran referència a imitar i a seguir.

Van Vugt ha observat que els nens que creixen sense una figura paterna pròxima solen manifestar problemes a l'hora d'adaptar-se a les normes socials, i tendeixen a ser mals seguidors perquè no tenen una referència d'autoritat clara. El revers d'aquest dèficit és que, ben sovint, els fills de famílies sense pare solen ser bons líders, com és el cas de Barack Obama, Bill Clinton i Abraham Lincoln. Els estudis demostren que les nenes que creixen sense la presència paterna arriben a la pubertat de manera prematura i acostumen a mostrar més dificultats d'integració que la mitjana. A dotze o tretze anys, la perspectiva que tenen sobre el gènere masculí és molt diferent de la que expressen les que van viure la infància amb el pare al costat.

Més dràstic és el cas dels nens que són separats dels pares biològics en néixer i passen els primers anys de vida en orfenats. Un estudi recent fet per investigadors de la Universitat de Yale, als Estats Units, va posar de manifest que els nens que creixen en centres institucionals presenten un seguit de canvis en la regulació genètica de sistemes vitals com el de la resposta immune i en mecanismes importants per al desplegament i la funció del cervell. Tot plegat els fa més vulnerables a contreure problemes físics i mentals.

Avui sabem que l'estructura de la llar on creixem els primers anys afecta enormement el disseny de la nostra arquitectura emocional: que no és el mateix ser fill únic que tenir germans, ni tampoc és el mateix ser el gran o el més petit, ni és indiferent qui es troben a casa quan arriben de l'escola. Tenir una mare i un pare a l'abast i a la vista ens condiciona la resta de les nostres vides. Tot això influeix en el que ens passa per dins.

Bebès amb ansietat per separació

Tinc un nen de setze mesos que fa molt poc que ha començat a anar a la llar d'infants. Encara es troba en procés d'adaptació i de moment és terrible. Plora des que entra fins que surt, s'adorm de cansament, està afònic, trist, no menja. No aconseguim arrencar-li un somriure fins que no passa una estona que ha sortit de l'aula. Jo no puc més, crec que el meu fill pateix. He demanat reducció de jornada per tenir-lo a la llar d'infants només quatre horetes, i crec que acabaré traient-lo del tot per cuidar-lo tot el dia. Quins símptomes són normals en el procés d'adaptació? Les educadores diuen que el seu procés és normal, que li doni més temps. Però quant de temps?

(gener del 2011)

Respon: Gabriel González

Tots els símptomes que descrius són normals si no sobrepassen un límit de temps almenys d'un mes. A partir dels vuit o els deu mesos, els bebès reconeixen els seus pares i solen manifestar ansietat davant els estranys. Per això és recomanable que hi hagi un període d'adaptació durant el qual és fonamental que els pares se sentin còmodes i a gust. El teu bebè percep molt bé el que sents, de manera que hauries d'expressar l'afinitat i l'entusiasme que experimentes per la persona que has triat per cuidar-lo. Si tu et mostres nerviosa o trista per la separació, ell reproduirà aquesta ansietat.

Les actituds respecte dels bebès i les separacions són culturals. Els països occidentals tendeixen a emfasitzar l'autonomia des d'una edat molt primerenca, però en moltes altres cultures els bebès no se separen de la mare gairebé mai durant el primer any de vida. El nen haurà d'anar descobrint que la separació és necessària si vol tenir autonomia, i li caldrà un procés d'acomodació, durant el qual entendrà que aquesta ansietat no és necessària. Per tant, el que ara vagi aprenent l'ajudarà a afrontar situacions similars més endavant. L'ansietat passarà, i hi ha maneres de fer-la menys difícil. Mentrestant, gaudeix amb la seguretat que, per al teu fill, tu ets el més important del món.

EM BOLCO MASSA EN EL MEU FILL

És possible que m'estigui bolcant massa en el meu fill i m'estigui oblidant de mi mateixa? De vegades ho crec, però també penso que em podré dedicar més temps en un futur a mitjà termini, quan ell ja tingui una mica més d'autonomia, perquè ara, amb només tres anys, em necessita al cent cinquanta per cent, i la meva parella, més que ajudar, m'ho posa més difícil. No sé gaire bé com enfocar el present perquè hi hagi un petit buit per a mi. Gràcies.

(abril del 2011)

Respon: Gabriel González

El procés d'autonomia dels nens s'aprèn, i com més aviat comenci més facilitarà la independència del menor respecte dels pares. Evidentment, un nen de gairebé tres anys requereix la nostra presència i atenció, però això no significa que no pugui començar a ser independent. Es tracta d'anar dedicant-li cada cop més espai, però mantenint la supervisió. Educar els fills és ensenyar-los a ser autònoms i independents i que aprenguin a solucionar els seus problemes ells mateixos.

És possible que la idea que et necessita al cent cinquanta per cent sigui només teva. Ell, segurament, no té la mateixa sensació. En aquesta percepció pot haver-hi per part teva una mica de por al fet que ja no et necessiti, i això és el que hauries de revisar. Amb tres anys el teu fill fa coses sol, aprèn a fer les coses a la seva manera, es mostra curiós i interessat pel seu entorn. Tot això el va allunyant més de tu. Gaudeix d'aquesta sensació, sigues capaç de viure-la pensant que es va convertint en un homenet. Així podràs tenir temps per a tu, igual que ell necessitarà el seu temps per continuar descobrint coses. A més, hauràs de buscar espais per descansar, ja que desborda energia i no el podràs seguir a aquest nivell gaire temps.

AJUDAR EL MEU FILL A VIURE SENSE PARE

Tinc un fill de sis anyets. Fa un any, el seu pare va agafar la maleta i ens va abandonar gairebé sense donar explicacions. Al principi trucava per telèfon, i de vegades el nen s'hi volia posar, però altres vegades no. Va venir a l'octubre, va passar tres dies per la seva vida i va marxar altra vegada. Ara fa dos mesos que ni li ha trucat. La meva pregunta és: com puc ajudar el meu fill a suportar aquest sentiment d'abandó? Com puc fer-li saber que ell no és culpable? És millor que el seu pare desaparegui completament de la seva vida? Quina figura paterna li puc donar?

(març del 2012)

Respon: Rosa Català

Davant l'absència de la figura paterna, la tendència maternal és assumir totes les responsabilitats de la criança. I aquesta és una tasca amb sobrecàrrega. Si bé és cert que els nens poden experimentar sentiments de tristesa i nostàlgia per l'absència del pare, les atencions, la presència i el bon exercici de la funció materna aconseguiran capgirar la situació. Per aconseguir-ho, però, no cal que sempre ens mostrem forts ni indestructibles. És molt valuós que en el procés d'aprenentatge aparegui la connexió amb el nostre costat sensible. Es tracta de no desconnectar de les nostres autèntiques emocions per perseguir un ideal culturalment prefixat.

És clau donar l'oportunitat d'exercitar les capacitats emocionals. Una bona autoestima creada des dels afectes ens dóna la seguretat necessària per créixer en llibertat i amb responsabilitat. Una edat com la del teu fill és el moment més adequat per conrear aquests ensenyaments.

Iniciar una família monoparental

Tinc trenta-sis anys, en fa quatre que em vaig separar del meu marit i no tinc fills. He tingut alguna relació durant aquest temps. Sé viure la meva soledat, que doto de sentit sabent-me acompanyada per la meva família, amistats, un bon entorn professional i l'art. No deixa de rondar-me la idea de tenir fills, però sempre em guanya la visió conservadora que un bebè ha de ser fruit de l'amor d'una parella. Tinc vida social, però en el fons no busco nòvio, ja que tampoc desitjo un marit només per ser mare. Sento una gran contradicció davant el fet de ser mare soltera: crec que potser el bebè pot sentir que li falta algú, alhora que m'entristeix enormement decidir no tenir-lo.

(febrer del 2012)

Respon: Noelia Sancho

L'absència d'un dels progenitors no va associada a cap tipus de problema en el nen, i més encara si et sents ben acollida per la teva família. Si un nen es cria amb uns bons models en què es pugui fixar, i se sent estimat i segur, ja té els ingredients bàsics per ser feliç.

Tenir un fill és una decisió important que, tant si es té parella com si no, comporta pors i temors. Seria positiu que analitzessis quines d'aquestes pors són degudes a la maternitat i quines a la solteria. És cert que en parella, en principi, es reparteixen més responsabilitats i tasques i, per tant, hauràs de ser pràctica analitzant de quins recursos disposes per afrontar aquesta nova etapa. És important que la mare o el pare tinguin recursos socials en els quals recolzar-se per evitar situacions d'estrès. Si és un bebè desitjat, és el millor començament.

5. La catàstrofe del maltractament infantil

Una enquesta del Centre d'Investigacions Sociològiques (CIS) revelava el 2011 una dada esgarrifosa: es calcula que a Espanya hi ha 517.000 nens que són víctimes habituals de violència a causa del maltractament que els pares exerceixen contra les mares. Aquest estudi calculava que el 10,9% de les dones havia rebut agressions d'aquest tipus alguna vegada a la vida. Tenint en compte l'espai en què tenen lloc aquests episodis —el domicili habitual, amb els menors que hi viuen—, l'informe valorava que uns vuit-cents mil nens estarien presenciant actualment, i amb una certa regularitat, l'aplicació de patrons violents.

Ataquem la violència, sí, i hem aconseguit reduir-la a cotes que la nostra civilització no havia conegut anteriorment, però la major part d'aquest progrés s'ha aconseguit actuant des de la repressió i la imposició de normes; és a dir: actuant sobre els adults. Això vol dir que encara tenim pendent fer desaparèixer el maltractament exercit sobre els menors per la doble catàstrofe que representa. En primer lloc per al nen mateix, els fonaments emocionals d'autoestima i la dignitat personal del qual queden tocats per sempre. Però també pensant egoistament en tota la societat, si es té en compte que aquest dany infantil constitueix una llavor de més violència, quan la víctima vulnerable es converteix en adult i està en condicions de fer a altres persones el que li van fer a ell.

Considerant que tot això és veritat, i tenint en compte que aquest convenciment forma part del codi que ens hem donat per a la convivència, costa de creure que encara hàgim de sobresaltar-nos de tant en tant amb notícies de bebès i nens molt petits que arriben als serveis d'urgències dels hospitals amb senyals de violència al cos, o amb testimonis de menors que denuncien abusos sexuals o d'un altre tipus. Aquests són els casos que sabem, però quants n'hi deu haver sense que en tinguem notícia?

Algú em pot explicar com és que no posem remei d'una vegada, i amb urgència, a aquesta autèntica sagnia emocional? Com podem mirar cap a un altre costat davant aquestes larves de violència i dolor que estem incrustant en la nostra societat de cara al futur?

No és difícil deduir les conseqüències desastroses que els maltractaments i els abusos poden tenir per a una persona. Tota l'autoestima que l'afecte podia fer créixer en ell es converteix en por i desconfiança cap als altres quan els cops, els crits i el menyspreu han estat presents en el moment de posar els pilars de la bastida emocional. Són senyals que queden per sempre. Ens ho diu la intuïció, i ara també ens ho demostra la ciència. Després d'estudiar els perfils psicològics i biogràfics dels principals psicòpates i condemnats per violència extrema, Jonathan Pincus, neuròleg de la Universitat de Georgetown, va observar que hi havia tres factors que solien estar presents en tots els casos: o bé havien nascut amb problemes mentals, o bé havien tingut al llarg de la seva vida algun tipus de lesió cerebral, o bé algú n'havia abusat quan eren petits.

Això no significa que tots els que pateixin maltractaments al llarg de la infantesa s'hagin de convertir en psicòpates quan arribin a adults, però si aquesta condició es dóna al costat d'alguna de les altres dues les probabilitats que aquesta persona sigui violenta en la majoria d'edat són molt elevades. Òbviament, és difícil actuar sobre les lesions cerebrals fortuïtes o les deficiències neuronals de naixement, però sí que podem fer-ho sobre el maltractament. ¿Quants psicòpates es podria haver estalviat la nostra memòria col·lectiva si la infància hagués estat respectada per tothom com la fràgil etapa que és?

Mireu-vos-ho com vulgueu, estem fets així: cadascun dels impulsos afectius que sentim quan som adults té un motlle emocional primigeni guardat al delicat bagul de la infància. Avui la neurociència ha demostrat que els circuits cerebrals que s'activen quan una persona gran sent angoixa a causa del desamor són els mateixos que s'engeguen en un nen quan té ansietat a causa de la separació de la mare. Amb la violència podríem establir el mateix paral·lelisme. Estem teixits amb aquells vímets emocionals, som el resultat del que vam ser durant la nostra infantesa i del tracte que vam rebre llavors.

L'Institut de Psiquiatria del King's College de Londres va publicar el 2011 un informe revelador que relacionava els abusos a menors amb les malalties mentals dels adults. Després d'analitzar els perfils de vint-i-tres mil persones, van observar que els qui havien viscut maltractaments infantils tenien el doble de possibilitats de desenvolupar quadres de depressió persistents en arribar a l'edat adulta i, a més, aquestes depressions eren el doble de resistents al tractament, tant farmacològic com terapèutic.

L'equip responsable d'aquest estudi, amb el doctor Andrea Danese al capdavant, destaca que els traumes infantils produeixen canvis en l'estructura del cervell, el sistema immunològic i el funcionament d'algunes glàndules hormonals, unes alteracions que deixen veure el seu rostre més sinistre més endavant. Aquest mateix informe adverteix que un de cada vint menors del Regne Unit és víctima d'abusos i vexacions. No ens hauria d'estranyar que l'Organització Mundial de la Salut (OMS) prevegi que l'any 2020 la depressió serà la segona causa de malaltia sanitària als nostres hospitals.

La recomanació dels autors de l'estudi del King's College és fàcilment predictible: cal vigilar el trauma infantil per cuidar la salut de la població del futur. Per desgràcia, la nostra medicina actual continua sent més reparadora que preventiva. És trist, però continuem preferint anar a curar la ferida quan ja supura que cuidar el cos perquè el mal no s'arribi a presentar. En el cas del maltractament infantil, aquesta estratègia és doblement inútil. Així, curar no només és més ineficaç que prevenir; és que, a més, la cura és pràcticament impossible. Com confirma el neuròleg Jonathan Pincus, en casos de traumes infantils la rehabilitació és enormement difícil, i evitar els efectes d'aquesta violència exercida sobre els menors és una tasca titànica. És com voler esborrar una marca gravada amb foc a la pell. En canvi, evitar que aquesta violència es bolqui sobre els nens sí que és fàcil i barat.

La genètica i l'ambient en què creixem determinen la sensibilitat de les regions cerebrals que processen les emocions. Són molts els investigadors que creuen que aquesta sensibilitat pot tenir influència en el risc de tenir problemes mentals després d'un trauma. El doctor Eamon McCrory, de l'University College de Londres, ha pogut documentar l'impacte que deixa l'abús i la violència domèstica sobre el cervell dels nens. Després d'exposar nois de dotze anys al visionat de fotos de rostres d'homes i dones amb expressions de tristesa o d'enuig, va observar, mitjançant tècniques d'anàlisi d'imatges obtingudes per ressonància magnètica funcional, que els cervells dels nens que havien patit violència domèstica presentaven més activitat a l'amígdala i l'ínsula anterior en observar cares enfadades, precisament dues regions cerebrals associades a trastorns d'ansietat. McCrory opina que, encara que aquests canvis podrien representar una resposta adaptativa a curt termini, també suposen un factor de risc que augmenta la vulnerabilitat davant quadres de depressió o d'ansietat. Encara sorprèn més saber que els traumes infantils poden, literalment, modificar el nostre material genètic i influir sobre uns gens determinats que controlen la resposta a l'estrès, com ha demostrat l'investigador Patrick McGowan, de la Universitat McGill.

¿Recordeu aquella frase feta que relacionava la sang amb l'aprenentatge de la lletra: *la letra, con sangre entra?* Imagineu-vos el mal que pot haver causat a tantes generacions de nens, entre les quals la meva, el model didàctic que es deriva d'aquesta manera de pensar. Avui els estudis de neuropsiquiatria demostren que aquests patrons educatius només fomenten les conductes violentes i generen desadaptació quan s'arriba a l'adolescència i la joventut. Se sap que els fills de pares estrictes tenen més probabilitats de presentar actituds conflictives i d'involucrar-se en conductes de risc que els qui no van ser pujats en aquest ambient rígid. L'autoritarisme només genera pèrdua d'autoestima en els menors d'edat. Què esperem, doncs, per canviar la manera de mirar, cuidar i educar els nostres nens? El dia que aquesta demanda estigui realment present en les nostres vides, dels programes educatius a la intimitat de totes les llars, la revolució que hi haurà en l'ésser humà serà sorprenent, una de les més meravelloses a què podem accedir. M'encantaria poder-la veure amb els meus propis ulls.

Entendre el passat per reconèixer el present

Tinc trenta-un anys i dos fills. Quan va néixer el primer es va obrir la capsa de Pandora: se'm van començar a presentar els mals records de la meva infància i adolescència, que dec al meu pare, i encara avui estic intentant superar-ho. La convivència amb ell ha estat sempre molt difícil. He patit violència verbal per la seva banda fins fa dos anys, quan es va moderar per no posar en perill la seva relació amb els néts i per la meva mare, que estava malalta. Quan era molt petita trobava en ella un refugi, però aquesta sensació va desaparèixer quan la dona va decidir que no volia problemes. La veritat és que em vaig sentir desprotegida.

Actualment m'irrita que vingui a casa meva, m'incomoda, tot i que és un bon avi i sempre està disposat a ajudar-me. Voldria millorar la meva relació amb ell, i sé que el canvi ha de començar per mi mateixa. Ja he descartat que ell pugui canviar algun dia. El passat és aquí per sempre, suposo que la vida li deu haver donat motius per tenir aquest caràcter. Però vull aprendre a veure el que té de bo i a superar la rancúnia del passat.

(febrer del 2011)

Respon: Gabriel González

És difícil comprendre per què algú que t'ha d'estimar i cuidar es comporta com si no ho fes: sense respectar ni les teves emocions, ni els teus desitjos ni les teves necessitats. Es tracta, en general, d'un dèficit de nutrició emocional. No hi ha un element concret o específic que ho expliqui. És el que el maltractador ha après, no sap fer-ho d'una altra forma i és una manera de mantenir el control emocional.

Un patró cronificat de maltractament destrueix el sentit i la seguretat en un mateix, i afecta les interrelacions d'aquesta persona quan és adulta. Tanmateix, tu has après a ser saludable en les teves relacions; fins i tot es podria dir que aquesta actitud paterna t'ha fet forta, capaç i autònoma. Evidentment, podem discutir si ha estat just o no, però de fet t'ha servit per ser el que ets avui en dia.

Tu mateixa ho dius molt bé: potser alguna cosa al llarg de la vida del teu pare l'ha convertit en el que és. L'important és poder entendre que ho ha fet el millor que ha pogut i sabut; és possible que no hagi estat capaç de desenvolupar altres estratègies perquè no n'ha après. Ara pots ensenyar-li a ser diferent, i en això et poden ajudar els teus fills: digue-li que els cuida molt bé, que admires com sap estar amb ells. Per sobreposar-se al maltractament és important crear un espai de confiança i generar actituds d'acostament i empatia.

Em sento culpable de tot el que em van fer

Sóc una dona jove de trenta-quatre anys. Quan era petita vaig patir abusos sexuals per part d'un home amb qui la meva mare em deixava quan anava a comprar i als quinze anys vaig patir una violació múltiple per part d'uns desconeguts. Mai vaig explicar a ningú res sobre cap d'aquests fets, els vaig guardar a dins meu i vaig seguir la meva vida com si no hagués passat res. Però ara m'adono de les seqüeles que van tenir: anorèxia i bulímia en la meva primera joventut, total falta d'autoestima, intent de suïcidi i imprudències constants que em posaven en situacions molt perilloses.

Fa un any que vaig denunciar la meva última parella, amb qui vaig estar quatre anys, a causa d'una pallissa que em va clavar mesos després que haguéssim deixat estar la relació. Després em vaig enfonsar: vaig tenir atacs de pànic i agorafòbia, i tinc malsons. Des de llavors em trobo perduda, com si em faltés una brúixola que m'hagués de permetre trobar-me. No tinc feina ni diners, ni tampoc mitjans, que em permetin buscar una casa per a la meva filla adolescent i per a mi. Em sento fracassada d'haver de tornar a viure a casa dels meus pares, i idiota per haver patit aquests abusos tenint el caràcter tan fort que tinc.

Vaig estudiar una professió que no m'agrada, i des del punt de vista personal no trobo la manera de realitzar-me. Sé que sóc una dona valuosa, intel·ligent i atractiva, però hi ha alguna cosa en mi que em maltracta i em diu que no valc res, que tinc el cos embrutit i que sóc una idiota. També sento que hi ha alguna cosa dolenta en mi, una fallada, una tara, alguna cosa que ha permès que els homes hagin abusat de mi des que era una nena petita. Em sento culpable de tot el que m'han fet. Necessito refer la meva vida, tornar a ser independent com fins fa uns anys, però no se m'acut on agafar-me. Voldria trobar el lloc i el respecte que em mereixo a la vida, com a persona i com a dona.

(octubre del 2011)

Respon: Sandra Borro

Malgrat que es tracta de fets traumàtics diferents, tots els que descrius tenen en comú la teva ingenuïtat i la teva manca de recursos per prevenir i afrontar la situació. Són cops massa durs rebuts en l'etapa de la vida que hauria de ser la més feliç. De totes maneres, vas saber tirar endavant, per la qual cosa deduïm que ets una dona forta i lluitadora. La teva capacitat de resiliència —és a dir, de sobreposar-te a fets traumàtics— és molt alta. No ets culpable ni ets idiota, però has d'aprendre a distingir els senyals de perill, a protegir-te, i a allunyar-te de les persones i circumstàncies que et poden fer mal. Segurament, et serà difícil tornar a confiar en algú, i necessitaràs temps i ajuda terapèutica per sentir-te de nou la dona independent que sempre has estat. Tens el suport de la teva família, deixa que et cuidin un temps fins que recuperis la força i se't curin les ferides. Aprofita aquest temps per millorar la teva autoestima i formar-te en alguna tasca que et pugui interessar i que et permeti sostenir-te econòmicament. Tens una filla a qui també hauràs d'ajudar a cuidar-se, i per qui val la pena continuar lluitant. No et podem assegurar que mai més et pugui passar res de dolent, però del que sí que estem convençuts és que en el present sempre hi ha moments feliços per aprofitar, sobretot si aprens a gaudir del viatge.

Relació de parella després d'un abús infantil

Molt a desgrat meu, i sense adonar-me'n fins després d'haver-ho fet, menyspreo i humilio la meva parella gairebé diàriament. M'assalta la sensació que no m'estima i que m'enganya, que prefereix estar sempre amb qualsevol abans que estar amb mi, encara que després m'adono que això no és veritat. Vaig perdre els meus pares de molt petita i als divuit anys vaig patir abusos sexuals i maltractament per part d'un dels meus germans. Necessito controlar sempre la situació, si no ho faig em sento deprimida i abandonada. M'agradaria saber per què em comporto així amb la persona que més estimo i que més es preocupa per mi.

(març del 2012)

Respon: Gabriel González

En una situació com la que descrius, no és fàcil establir relacions saludables amb una parella. Hi ha pors i inseguretats que fan que la relació no sigui tan efectiva com desitgem. La teva descripció de menyspreu i d'humiliació a la parella no és casual; és possible que necessitis expressar els teus sentiments d'abandó i de por. Així, paradoxalment, pressiones la teva parella per sentir que no t'abandonarà. Quan la responsable de l'abús és algú que tenim a prop, es perd la confiança en les persones. Això, unit a una actitud negativa i d'ansietat, et pot generar patrons que facin que et relacionis amb la teva parella d'aquesta manera. Inconscientment, sents que si et deixa serà per culpa teva, no perquè ell ho vulgui fer.

Analitza els teus sentiments, el que et passa, quan va començar aquesta por de sentir-te abandonada i per què. No serà gens fàcil, perquè davant un trauma solem oblidar unes situacions determinades. Però és important situar-nos en el context i en el que ha passat per ser conscients de l'efecte que ha produït en nosaltres. A partir d'aquí, has d'observar els patrons que has generat en les teves relacions i decidir si vols canviar d'actitud i enfrontar-te a les teves pors. És bàsic que puguis revisar les teves emocions i com et condicionen davant les relacions. Alhora, tracta de ser tan sincera com sigui possible amb la teva parella i demana que t'ajudi.

Recuperar-se del maltractament infantil

Pel que he llegit, la manca d'atenció i afecte a un nen repercuteix de manera significativa en el desenvolupament emocional de la persona quan arriba a l'edat adulta. Jo em vaig criar en una família desintegrada i, lluny d'obtenir afecte per part dels meus pares, vaig rebre'n maltractaments físics i psicològics. La conseqüència és que ara sóc una persona molt insegura, incapaç de relacionar-me en societat. Acostumo a fracassar en qualsevol cosa que em proposi pel simple fet que no aconsegueixo fer amistat amb la gent del meu entorn, i això em passa tot i que sóc molt intel·ligent, que tinc talent per fer algunes activitats i que sóc molt dedicada i constant en el que faig. La pregunta, llavors, és la següent: és possible corregir aquest trastorn d'alguna manera?

(novembre del 2009)

Respon: Nika Vázquez

Les experiències que anem acumulant al llarg de la vida ens afecten i, en algun sentit, ens modelen i modifiquen la nostra personalitat. És pràcticament impossible passar per la vida sense que ens emportem alguna cosa de cada situació que vivim. Estudis recents afirmen que les experiències que acumulem durant el desenvolupament infantil, i sobretot entre els tres i els sis anys, forgen la nostra personalitat d'una manera significativa. No obstant això, som éssers multicausals, i el desenvolupament de la personalitat no està marcat en exclusiva per tot allò que passa en aquesta etapa. No podem oblidar la càrrega genètica que heretem dels pares, la importància que té el desenvolupament del fetus dins l'úter de la mare, i tampoc la capacitat de resiliència que cadascú desenvolupa al llarg de la vida.

És impossible eliminar el passat i tampoc no es pot modificar, però la possibilitat de canvi sempre hi és, la plasticitat del cervell ho permet. Ara sabem que som capaços de canviar de manera de pensar, de sentir i d'interpretar les vivències per adaptar-nos-hi millor i superar-les d'una manera adaptativa. Per això és essencial que ens adonem d'aquesta possibilitat i que cada dia ens esforcem a ser feliços.

Capítol 2

Quan creixem.
L'adolescència i les seves crisis

1. Terratrèmols al cervell d'un adolescent

De totes les etapes que conformen una vida, la de l'adolescència és, probablement, la que més sentit dóna al títol d'aquest llibre. Si hi ha un moment en què és urgent preguntar-nos sobre el que ens passa per dins, aquest és el període que va dels dotze als vint anys. Mai experimentarem tants canvis, ni aquests seran tan brutals, com els que afrontarem en aquest temps febril de transformacions fisiològiques, inusitades descàrregues hormonals i emergències vitals. El que vam ser mai estarà més allunyat del que serem com després d'aquest revolucionari procés que representa la pubertat.

Ho veiem fàcilment per fora: el nen que puja a la muntanya russa emocional i física que signifiquen aquests anys en sortirà físicament convertit en un adult, encara desajustat, però adult al cap i a la fi. Si bé el procés de metamorfosis externes que experimenta un adolescent és cridaner, l'impacte que arriba a tenir no és comparable a tot el que canviarà per dins. La ingenuïtat i la capacitat per a la sorpresa es veuran superades per la responsabilitat, l'autocontrol i l'avaluació de riscos. La dependència dels pares donarà pas a l'autonomia personal i, potser, a la rebel·lia.

En la segona dècada de la vida, els canvis es converteixen en el plat únic i exclusiu del menú diari. I aquestes alteracions són, generalment, fonts generadores de patiment. És temps de confusions i faltes d'entesa, de tempestes emocionals i sensacions de pèrdua. Ho poden testimoniar els pares amb fills adolescents i ho reconeixem nosaltres mateixos si som capaços de mirar enrere i recordar aquell temps amb honestedat i sinceritat.

Al llarg dels últims quinze anys la neuropsiquiatria ha confirmat científicament la naturalesa especialment volàtil de la pubertat, centrant l'atenció en la raó fisiològica que s'amaga sota tants símptomes ja coneguts: resulta que, entre tots els òrgans que es veuen alterats en aquests anys, el cervell és un dels que es transformen més significativament. Sabíem que en aquest període es posen en funcionament una colla de glàndules associades a la maduració sexual que submergeixen els cossos dels adolescents en una sopa d'hormones noves i excitants. El que fa vint anys no coneixíem, i avui sí que hem pogut confirmar mitjançant tècniques de neuroimatge, és que, al costat d'aquestes tempestes hormonals, als cervells adolescents hi ha transformacions estructurals que recorden els terratrèmols.

La comparació no és exagerada, perquè el paisatge neuronal que presenta el cervell a l'inici de la pubertat haurà canviat notablement quan s'assoleixi la joventut, per reajustar-se i optimitzar-se el rendiment al màxim. Aquest òrgan gris, viscós i circumval·lat que portem dins del crani, en el qual és difícil trobar peces divisibles, ja que la seva gràcia resideix en la interrelació que aconsegueixen al seu interior les cèl·lules que en formen part, no para de créixer des del mateix instant del naixement. Aquest major volum respon, sobretot, a la multiplicació d'intercomunicacions que estableixen les neurones entre elles. És la fase en què les terminacions nervioses es llancen com embogides a crear sinapsis amb noves neurones, una etapa que coincideix amb el ràpid aprenentatge que experimenten els nens en aquest temps. Als sis anys, aquest cablejat ja ha aconseguit el 90% de tota la interconnexió que desenvoluparà d'adult, i l'expansió neuronal es prolonga fins als dotze anys. Recentment s'ha constatat que el cervell adolescent, que abans es considerava disfuncional i summament immadur, en realitat és un òrgan exquisidament sensible, perfectament connectat i poderosament preparat per adaptar-se a les noves situacions, com implica el fet de viatjar de la seguretat de la casa familiar al complicat món exterior.

La dinàmica que prevaldrà a continuació, entre les neurones, és la contrària a la viscuda en l'etapa anterior. Al llarg dels anys següents, el cervell de l'adolescent disminuirà de volum. Alguns neuròlegs descriuen aquesta etapa com un procés de «poda neuronal»: les connexions sinàptiques menys útils, com que són menys utilitzades, desapareixen, i en canvi d'altres, més exercitades i freqüentades, s'enforteixen. El biòleg nord-americà Gerald Edelman, premi Nobel de medicina, prefereix parlar de «darwinisme neuronal», atesa la selecció natural que té lloc entre les cèl·lules que conformen el cervell. En síntesi: ens desprenem del que és inútil i ens aferrem a l'important, una llei que regeix la dinàmica dels éssers vius des de la nit dels temps.

El cervell viu una forta reorganització fins a arribar als vint-i-cinc anys. A mesura que entrem en l'adolescència va havent-hi una intensa remodelació, semblant al recablejat d'un circuit elèctric. Els àxons, la part de les neurones usada per connectar-se a altres neurones, es tornaran més grossos gràcies a una capa de substància greixosa anomenada mielina —la substància blanca del cervell— que permetrà multiplicar la velocitat de la transmissió neuronal uns quants centenars de vegades. D'altra banda, les dendrites, que són les extremitats neuronals que reben la majoria dels senyals dels àxons pròxims, augmentaran el nombre de ramificacions.

Però aquest procés, i aquí és on ens fa mal, no és simultani en totes les àrees del cervell, sinó que cada zona evoluciona a un ritme diferent. Resulta que el sistema límbic, relacionat amb les respostes emocionals i amb les respostes bàsiques, madura en la pubertat molt abans que el neocòrtex, encarregat de generar pensaments més elaborats, sofisticats i racionals, que no aconsegueix el seu punt de desenvolupament màxim fins als vint-i-cinc anys. ¿Explica, això, la urgència amb què els adolescents viuen la seva existència en aquests anys difícils i la tendència a viure tempestes emocionals?

Sarah-Jayne Blakemore no dubta que és així. Aquesta neurocientífica de l'University College de Londres va escanejar el cervell de nois i noies d'onze a disset anys mentre responien preguntes sobre situacions hipotètiques, i els va comparar amb els de voluntaris de vint-i-un a trenta-set anys. Va observar que en els més joves s'activava especialment el solc superior temporal, que és una zona implicada en l'adopció de decisions senzilles i instantànies. Tot i això, en els més grans s'excitava més l'escorça prefrontal, relacionada amb el pensament racional i analític. És a dir: els adolescents, atès el grau desigual de desenvolupament dels seus cervells, estan més acostumats a un règim de respostes espontànies i poc assossegades i, al contrari, es troben en inferioritat de condicions a l'hora d'abordar l'anàlisi dels riscos que comporten les seves accions.

L'adolescent es pensa que ho sap tot, encara que sigui un nouvingut a l'experiència de la vida, i per aquest motiu tendeix a tenir conflictes amb l'entorn i acostuma a sentir-se incomprès. És normal, és el que li dicta el cervell. També expressa una tolerància molt baixa a situacions que requereixen paciència, i això també té un reflex cerebral ben clar. Els estudis de neuroimatge revelen que en aquesta edat es troba especialment excitat un grup de neurones que formen l'anomenat nucli accumbens, una àrea relacionada amb el sentit de la recompensa i el plaer. Aquesta sobreestimulació de les funcions plaents del cervell explicaria el fet que els adolescents visquin amb un marge de temps tan curt i manifestin la imperiosa necessitat d'aconseguir els objectius de pressa, sense esperes. També dóna sentit a l'«avorriment» del qual sovint es queixen: no ho diuen per desinterès, és que l'estructura neuronal canviant que caracteritza aquests anys de vida els reclama estar exposats a situacions d'alta càrrega emocional. La millor manera d'acompanyar-los en aquest tràngol és ser conscients del que els passa per dins.

VIURE EN SILENCI UN DESORDRE ALIMENTARI

Fa un temps que vaig deixar de menjar per aprimar-me. Des de llavors m'agafen atacs d'ansietat a les nits, durant els quals tot just puc respirar. Estic fent batxillerat i les notes empitjoren cada vegada més, malgrat que de fet estudio i que, segons els tests psicològics, la meva capacitat és superior a la mitjana. Tot plegat em deprimeix encara més. Els meus pares ignoren els meus trastorns alimentaris, es pensen que m'aprimo perquè faig esport, i ningú sap res de les crisis que m'agafen, mai n'he dit res a ningú, i no m'atreveixo a demanar ajuda psicològica perquè em fan por les preguntes que em podrien plantejar. D'idees suïcides, me'n passen pel cap diàriament, la qual cosa m'espanta molt. En realitat, no vull actuar de cap manera que pugui fer mal a la meva família. A classe intento dissimular-ho, ningú sospita el que em passa; ho arreglo tenint bon rotllo amb la gent. No tinc ningú a qui explicar-ho. Ni tan sols em veig capaç de lluitar-hi en contra, em sento massa feble i trista.

(gener del 2012)

Respon: Cecilia Salamanca

No t'ha de fer por demanar ajuda psicològica per començar un tractament adequat al que necessites. El més important ara ets tu mateixa. Has d'acceptar que tens un problema i saber que el pots superar. No t'has de sentir avergonyida ni fracassada. Comentar-ho amb la teva família o amb els teus amics pot ser una bona manera de superar el que semblen els símptomes d'un possible desordre alimentari.

Els temors i les obsessions, com també la manca de concentració i l'apatia, desapareixeran així que comencis a superar l'estat d'ànim deprimit. Hauries d'intentar donar la importància justa a la teva imatge corporal i centrar-te en els problemes que t'ha ocasionat l'obsessió per aprimar-te. Adopta un estil d'alimentació que respongui a criteris de salut; pots fer dieta, però posa't metes realistes. L'esport t'ajudarà a eliminar l'ansietat, però fes-ne amb moderació. Les teràpies cognitivoconductuals, combinades amb teràpies de remeiament cognoscitiu, són recomanables en aquest tipus de trastorn.

Depressió als quinze anys

El meu fill de quinze anys està deprimit. Va voler deixar d'anar a classe, tot i que ja estava al penúltim curs de Secundària. Segons la psicòloga i el psiquiatre, està millor, però l'únic que vol és que el deixi tranquil, i poder anar-se'n amb els seus amics tot el dia sense tenir responsabilitats a casa. Això m'afligeix moltíssim. Diu que no vol sentir res. La psicòloga només parla amb ell i no em diu res a mi, i jo no veig canvis en el meu fill, tret que ara ja no es fa ferides als braços. Ja m'he cansat de mirar d'entendre'l, de cedir-li el seu espai i tenir por que es faci mal. Em deprimeix molt intentar parlar-hi i que em rebutgi. Els meus pares sempre m'han dit que no serveixo com a mare i he hagut de lluitar per mantenir el meu fill amb mi, però ara ja no sé què fer.

(novembre del 2010)

Respon: Gabriel González

El millor instrument de què disposa la família d'un adolescent és la confiança i la comunicació. S'ha de crear un entorn que faciliti l'obertura de l'adolescent bo i fomentant la comunicació emocional entre pare i fill. No a través d'un procés d'interrogatori, com sol passar, sinó construint un espai al qual l'adolescent es pot adreçar quan ell ho decideix, i on els pares estan disposats a presentar l'ajuda oportuna.

En aquest procés és important que et puguis cuidar tu, també. Si et sents cansada, pots buscar un especialista que t'ajudi. Per a una mare no és fàcil trobar-se en una situació com aquesta, però pensa que tots dos teniu capacitat per resoldre les dificultats. Una mare farà tot el que pugui per ajudar el seu fill, en qualsevol fase de la vida, però el que has utilitzat en altres moments pot ser que ara no funcioni. Hauràs d'adonar-te'n tu mateixa. Demana al teu fill que t'ajudi, que t'orienti. També tu pots dir-li que cal que es compleixin unes condicions determinades perquè la convivència millori.

ELS MEUS AMICS NO ENTENEN QUE TINC UNA NOVA VIDA

Tinc dinou anys i em sento cansada, avorrida i envellida mentalment i físicament. Fa un any que he deixat enrere l'addicció a la beguda i a altres drogues, i els meus amics creuen que és perquè, per primera vegada, tinc una relació amb un noi, que a més és nou anys més gran. S'han tornat possessius i gelosos, parlen malament de nosaltres quan no hi som, i intenten que surti amb ells i que torni a ser com abans, fins i tot sabent que tinc l'estómac i el cervell molt fets malbé.

Tot es remunta a la meva infància. Quan era petita vaig patir maltractament físic i psicològic per part dels meus pares. No vaig tenir amics, a l'escola em posaven malnoms i em feien la guitza. Jo odiava els companys de classe, els professors, el sistema i el món perquè ningú entenia el dolor que passava. Als tretze anys ja havia provat l'alcohol, el tabac i altres drogues més fortes per evadir-me, fins que el consum de tot plegat es va convertir en un hàbit. D'aquesta manera em vaig obrir al món i vaig guanyar molts amics, i vaig tenir experiències que no canviaria per res.

Ara estic tractant de posar fi a aquest trauma, però no sé concentrar-me, no aconsegueixo recordar coses recents, tinc moltes pors absurdes i em domina l'ansietat. El metge m'ha dit que podria tenir un principi d'epilèpsia. Valoro molt l'amistat, però no sé si els meus amics realment es preocupen per mi o si només es volen divertir amb mi. Sento que he de triar entre la meva parella o els meus amics, i no sé què fer.

(gener del 2012)

Respon: Sandra Borro

Generalment, les influències socials tenen més impacte en els adolescents psicològicament vulnerables, els que presenten dèficits en habilitats socials o acadèmiques, i amb problemes de baixa autoestima, ansietat o estrès. Tu ja has triat deixar l'alcohol i les drogues i mantenir una relació de parella que t'aporta estabilitat emocional per sostenir el canvi en els teus hàbits de vida i lleure. Ara estàs patint les conseqüències de l'abús de substàncies tòxiques en el teu cos, però si reps l'ajuda adequada ho superaràs i podràs fer una vida més tranquil·la i saludable.

Si els teus amics continuen consumint drogues, és molt difícil que puguin donar suport a la decisió que has pres de deixar-les. Segurament no voldran entendre la teva necessitat de canvi, ja que per a ells encara és molt divertit i no valoren els riscos que corren. Per evitar possibles recaigudes, és important que dediquis el temps i l'energia de què disposes a nous projectes o activitats lúdiques que puguin despertar el teu interès: mira d'aprendre coses noves, intenta millorar la formació acadèmica, fes esport o participa en activitats culturals i socials de la teva comunitat.

2. En plena confusió, ens hem de reafirmar com a persones

Ignorem quantes tensions ha de vèncer un cuc en la intimitat de la seva crisàlide fins a convertir-se en papallona, però estem molt al cas del patiment que les persones solem experimentar en l'edat crucial de l'adolescència. La comparació no és ociosa, perquè en tots dos casos parlem d'etapes de metamorfosi. Al nen que amb prou feines dominava les regles que regien el seu món, de sobte li canvien les cartes del joc i es veu participant en una partida on no sap com situar-se. Ja no és l'infant que viu arrecerat pel mantell protector dels pares, però encara li falten anys, experiència i arquitectura mental per ser l'adult que es podrà valdre per si mateix. Malgrat això, de sobte se li precipita al damunt una allau de pressions inèdites que faran que se senti perdut. Les rep de l'entorn acadèmic, dels amics, de la família i del seu propi cos, que inaugura reaccions físiques desconegudes, i rep la visita d'inaudites tempestes emocionals. Qui no s'ha sentit confós o incomprès als quinze anys?

Estem davant d'un temps de canvis, físics i psicològics, que inevitablement obliguen a afrontar crisis. És una condició necessària del creixement. No hi ha una teràpia que calmi les mars agitades que afecten el púber davant la revolució sexual que experimenta en aquests anys, ni una farmacopea que alleugi els impulsos rebels que solen presentar-se en aquesta edat. Però sí que hi ha un seguit d'indicacions per acompanyar millor l'adolescent en aquest trànsit difícil. La primera i principal consisteix a tenir present que ens trobem en un terreny especialment variable i complex, on no hi haurà més remei que conviure amb el conflicte. No ens hem de sorprendre, doncs, del fet que ens topem amb tot tipus d'emboscades emocionals i trastorns relacionats amb l'afectivitat i la pròpia autoacceptació.

La neurocientífica B. J. Casey, de la Universitat de Cornell de Nova York, ha dut a terme estudis que suggereixen que els nois i les noies no són imprudents perquè subestimin el risc, sinó perquè sobreestimen la recompensa o, almenys, la troben més plaent que els adults. Els centres de recompensa del cervell adolescent són molt més actius que les mateixes àrees del cervell adult.

Un altre estudi, fet per la doctora Bita Moghaddam, de la Universitat de Pittsburgh, als Estats Units, i publicat al principi del 2012, va demostrar que el cervell de l'adolescent, quan aquest s'implica en tasques que permeten anticipar recompenses, presenta una sobreactivació en àrees associades a la presa de decisions i la motivació. I aquestes àrees no s'exciten en el cervell dels adults de la mateixa manera davant el mateix tipus d'estímuls. Molts investigadors, com Laurence Steinberg, expert en comportament adolescent de la Universitat de Temple, també als Estats Units, creuen que aquesta sobrevaloració de la recompensa ha estat seleccionada evolutivament, ja que en nombroses ocasions l'èxit en la vida adulta té molt a veure amb la decisió de marxar de la casa familiar per enfrontar-se a situacions menys segures, la qual cosa requereix córrer riscos.

És inevitable que tot plegat generi desequilibris i patiment. Segons la Societat Espanyola de Pediatria Extrahospitalària i Atenció Primària (SEPEAP), un de cada cinc adolescents de països desenvolupats ha de fer front a algun episodi d'ansietat entre els dotze i els vint anys. Encara que parlem d'una reacció explicable per les noves situacions d'estrès que s'han d'encarar en aquesta edat, la dada que us presentem crida l'atenció, com també el menú de manifestacions que sol presentar el problema.

Durant la pubertat, l'ansietat acostuma a presentar-se revestida de formes de fòbia diferents —escolar, social, adreçada al propi cos—, i també associada a patrons de separació familiar, trastorns obsessius i compulsius i fins i tot d'estrès posttraumàtic. És hora d'explorar el món més enllà de l'àmbit segur de la família, i aquest pas, ben sovint, provoca desorientació i dubtes d'identitat. Els estudis confirmen que l'ansietat fruit de la separació és més habitual en famílies sobreprotectores. Són situacions que poden acabar limitant l'activitat quotidiana del jove causant-li falta de concentració, tristesa, apatia o pànic.

Seria un error posar al mateix sac totes les malalties associades a l'adolescència. De fet, les que es manifesten durant els primers anys de la pubertat són diferents de les que es presenten a prop de la joventut, i els patrons que solen presentar nois i noies tampoc són simètrics. Això ens portaria a recomanar maneres diferents d'abordar els problemes propis d'aquest període en funció de l'edat i el sexe del menor.

Un estudi de la Universitat de Sevilla fet amb adolescents assenyala que, a mesura que passen els anys, es genera un procés de desidealització de la imatge que aquests tenen dels pares, ja que se senten cada vegada més capaços d'afrontar les dificultats de la vida sense recórrer a l'ajuda i l'empara dels progenitors. Parallelament a aquest augment d'autonomia emocional, i amb una certa proporcionalitat, sol tenir lloc un progressiu empitjorament en les relacions amb els pares. És el moment de la reafirmació de la persona, la qual cosa de vegades passa per la negació de l'autoritat que hi ha al davant. Aquesta investigació va constatar que els joves amb més autonomia emocional són els que presenten més conflictivitat. Com més grans són els fills, més necessari és parlar i negociar amb ells, ja que busquen relacions més simètriques, i menys útil és donar-los ordres.

El neurocientífic Jay Giedd, de l'Institut Nacional de Salut Mental dels Estats Units, opina que els canvis físics i neuronals que experimenten els adolescents en aquesta època tenen molt a veure amb la tasca a què s'enfronten: després del període de l'intens aprenentatge infantil, l'adolescència és el moment de buscar la identitat.

Els estudis efectuats sobre poblacions adolescents ressalten que en aquesta edat la tristesa se sent amb més força. Les ruptures amb els llaços familiars coincideixen amb la recerca de la pròpia personalitat al preu que sigui, enmig d'una forta reactivació de la vida afectiva, i fins i tot romàntica. Les noies, en general, manifesten sentir-se més tristes que els nois, i aquests solen mostrar la seva incomoditat de manera més agressiva i violenta.

En una investigació feta a la Universitat de Harvard, als Estats Units, la neuropsicòloga Deborah Yurgelun-Todd va demostrar que els adolescents tendeixen a confondre els senyals de la por, l'enuig i la tristesa als rostres de les persones. Estan perduts, i la seva obstinada queixa de «Tu no m'entens» és el símptoma més important d'aquesta manca de brúixola.

Quina actitud han d'adoptar els pares en aquesta situació? Si durant la infància tocava estar molt pendents de la vulnerabilitat dels petits, no perquè ara tinguin més autonomia s'ha d'abaixar la guàrdia. Estar-ne pendents i coneixe'ls bé és, potser, la millor recomanació que es pot donar. Especialment de cara a un fet rellevant: just quan estan més confosos, els nois han de prendre decisions acadèmiques que determinaran les seves futures vides laborals, com ara la tria d'una carrera universitària, o almenys d'un sector professional.

Un dia li vaig preguntar a Ken Robinson, expert en desenvolupament de la creativitat, quin consell podia donar als pares que se senten inquiets quan els fills els pregunten quin camí agafar, si ciència o art, si cinema o dansa, i la resposta va ser: «Que no mirin el món que envolta els seus fills; els han de mirar directament a ells, per veure què els inspira, què els crida l'atenció, quines matèries els entusiasmen, quines els provoquen rebuig. Cal descobrir el que mou la seva passió».

Per desgràcia, pares i fills adolescents acostumen a viure d'esquena. Ni els joves entenen les recomanacions dels grans, ni aquests comprenen, per exemple, les raons que fan que nois i noies de tretze a quinze anys s'esperin hores i hores per veure els seus ídols a la porta d'un hotel. Les diferències generacionals sembla que s'han aprofundit i avui els joves formen un grup social diferent del dels seus progenitors: tenen més en comú entre ells que amb els membres de les seves pròpies famílies. Són com una tribu a part.

Aquest factor de grup és molt important, i va en augment. James Fowler, expert en xarxes socials de la Universitat de Califòrnia, als Estats Units, revela una dada significativa: les noies adolescents els amics de les quals no són amics entre ells són molt més tendents a pensar en el suïcidi. És només un símptoma, però és indicador de la influència que la xarxa social té en la vida dels adolescents. I no es tracta d'un símptoma qualsevol: als Estats Units, el suïcidi és la tercera causa més freqüent de mort entre els joves de quinze a vint-i-quatre anys, només superada pels accidents i l'homicidi, segons el Centre per al Control i la Prevenció de Malalties d'aquest país. Quants suïcidis es podrien haver evitat si haguessin escoltat els adolescents a temps?

La crueltat de la pressió social

Sóc un noi de disset anys que sempre ha volgut ser feliç amb les coses més senzilles de la vida. Mai m'ha agradat fer el que fan els altres. Per exemple, no he volgut mai portar roba de marca, i sempre m'ha interessat ser un noi educat, pacífic, que ajuda i respecta els altres, fins i tot els que em fan la guitza. Però no he pogut ser feliç. Si no portes roba de marca, o no ets un mal educat i violent, et fan la murga. Sempre has d'estar fent coses dolentes perquè et respectin. I aquest és el problema: si faig el que volen no seré feliç, perquè, per molt que ho intenti, jo no sóc així. Però si no faig el que fa tothom tampoc seré feliç, perquè m'humiliaran i em maltractaran. No sé què fer. Molts cops tinc ganes de deixar d'existir, perquè la gent és molt cruel, i no vull estar tota la vida d'aquesta manera.

(octubre del 2011)

Respon: Gabriel González

Durant l'adolescència es produeixen situacions molt conflictives de les quals hem d'anar aprenent. Una d'aquestes situacions és la pressió de grup, molt influent en l'anàlisi de qualsevol estudi sobre consum de substàncies en adolescents. Els joves tendeixen a repetir uns comportaments determinats per ser acceptats. Com bé dius, no sempre ha de ser així, i per això cal desenvolupar estratègies d'assertivitat, comunicació i fermesa de caràcter.

El millor per sortir de la pressió de grup, i no tan sols en el tema de les drogues, és desenvolupar estratègies que et permetin expressar-te tal com ets, sense necessitat de fer-te mal a tu mateix ni de fer-ne als altres. Es tracta d'aprendre a comunicar-te, a ser assertiu i potenciar totes les capacitats que tens per no centrar-te en les teves deficiències, o en el que ells pensen que són les teves deficiències, sinó a mostrar-los tot el que ets capaç de fer sense necessitat d'expressar-te com la resta del grup. Has de procurar desenvolupar una personalitat ferma, cedint en temes poc importants, però tenint el valor d'oposar-te a situacions perilloses. Hem de ser capaços de dir no al que no ens convé.

No encaixo amb la gent de la meva edat

Em sento sol. Sóc un adolescent de setze anys, i fa poc vaig consultar un psicòleg buscant solució als problemes que se'm plantegen a l'institut: falta d'atenció i rebuig cap als companys. Em van fer un test d'autoestima i un altre d'intel·ligència, i em van dir que intentés relaxar-me en moments que poguessin ser aclaparadors. No em sento bé amb la gent de la meva edat, acostumo a sortir amb gent més gran per estar bé; el problema és que ells de vegades només saben mirar la meva edat, i no la persona que tenen al davant. Què hi puc fer?

(maig del 2011)

Respon: Noelia Sancho

L'adolescència és una època que pot ser complicada físicament i psicològicament. Des del punt de vista social, és una etapa durant la qual la importància dels iguals creix (els companys de classe, els amics, el grup...) i sentir-nos acceptats és vital. Un bon entrenament en habilitats socials i assertivitat et pot ajudar a fer anar les relacions socials amb gent de tota mena, i a ressaltar el millor de tu.

Hauries de preguntar-te si prefereixes anar amb nois més grans perquè t'hi acostes més en gustos i opinions o perquè sents ansietat quan estàs amb gent de la teva edat. Si és per això darrer, aleshores hauries de fer front a les teves pors. No treguis conclusions precipitades de la gent, probablement hi ha persones de la teva edat que, si els dónes temps i les coneixes més, potser tindran més a veure amb tu del que et sembla. Si et sents tallat, pensa que potser al principi també els passa als altres, això. Pregunta't què guanyes i què perds amb el teu comportament. Potser així descobriràs algunes claus que et permetran canviar-lo.

Recórrer a l'aïllament

Per què a tothom li sembla tan malament que vulgui allunyar-me de la vida social o familiar i que només tingui ganes de tancar-me a la meva habitació sense fer res que sigui productiu per a mi mateix ni per als altres? Tinc disset anys i cada vegada que surto de la meva habitació discuteixo amb algú de la família, i això fa que m'aïlli. He d'afegir també que entren en joc altres factors, com ara el divorci dels meus pares.

(maig del 2011)

Respon: Gabriel González

Si te n'adones, la situació que planteges genera un cercle del qual és difícil sortir, ja que t'aïlles per no tenir discussions amb la família i això fa que tinguis més ganes de tancar-te i d'aïllar-te. És la teva pròpia actitud la que provoca aquests conflictes. Pots fer alguna cosa per solucionar-ho. Intenta mantenir una actitud proactiva: observa què et passa, analitza i accepta el que està passant al teu voltant, i a partir d'aquí sigues conscient de com reacciones davant d'unes situacions determinades. Això et podria ajudar a tenir una actitud diferent, almenys que no generi més conflictes al seu torn, i t'adonaràs de quines coses pots fer perquè la situació sigui diferent.

Mentrestant, utilitza aquest aïllament per coneixe't, veure les teves necessitats i comprovar la capacitat de canvi que tens al teu voltant. Tingues en compte que hi ha coses en què no pots influir, com per exemple la separació dels teus pares. D'altra banda, pots presentar una actitud més positiva davant el diàleg i la comunicació, i és possible que això et proporcioni més capacitat d'adaptació al que t'està passant.

Tinc l'obligació d'obeir els meus pares?

Sóc un jove de quinze anys. Encara que no estic ficat en gaires problemes, els meus pares sempre m'estan esbroncant i manant. Quina obligació tinc d'obeir-los? Sóc moralment i físicament lliure quan els obeeixo? He de fer el que ells em diguin? I si els desobeeixo, estaria incomplint alguna regla?

(abril del 2011)

Respon: Montserrat Soler

L'adolescència és un moment crucial per a la maduració de la personalitat. En aquest procés hi ha un canvi de la dependència del nucli familiar per la necessitat d'autoafirmació a través de les relacions interpersonals i socials. Es tracta d'una fase del desenvolupament humà que es complica per a l'adolescent i els seus progenitors. Els vincles afectius i el patró de comunicació que s'estableix és més distant i simètric que en l'etapa precedent. Aquesta és la fase en què et trobes, una fase en què la necessitat d'autoafirmació pot dur-te, com ja ha passat, a qüestionar les figures d'autoritat i els seus estils educatius.

Som éssers socials i la individualitat depèn de la interacció social. Les normes i els límits formen part del procés educatiu. T'has preguntat quines són les obligacions dels teus pares amb tu? Què passaria si haguessis rebut una educació confusa i basada en el lliure albir? Les preguntes que et fas sobre les obligacions que tens com a fill et podrien allunyar de la teva responsabilitat com a individu.

3. Natius digitals amb problemes analògics

Una mirada a l'últim segle de civilització occidental, en termes de relleus de població, permet observar un fenomen transcendental per a l'evolució humana, la magnitud del qual encara no ens hem parat a valorar de la manera que caldria: la innovació i el canvi d'hàbits i costums entre les generacions successives s'ha disparat d'una manera progressiva i accelerada. Si ja als de la meva edat ens va tocar torejar en un món manifestament diferent del que havien viscut els nostres pares, durant els últims cinquanta anys aquesta renovació de patrons vitals s'ha anat solapant amb més rapidesa i intensitat, de manera que, a mesura que passen els anys, el salt de mentalitat entre pares i fills és cada cop més important, i alhora té lloc en menys temps.

Immersos en aquest procés, els últims quinze anys ha tingut lloc un esdeveniment extraordinari. Parlem d'una d'aquestes fites que al llarg de l'evolució han donat lloc a singularitats crucials: la irrupció dels entorns digitals en la vida quotidiana de les persones, desenvolupada molt bruscament en molt poc temps, està provocant un buit generacional entre els qui érem aquí quan va tenir lloc el *boom* tecnològic i no hem tingut altre remei que posar-nos ràpidament les piles per adaptar-nos-hi, i els qui ja han nascut amb aquest nou ecosistema al costat.

La discontinuïtat que hi ha entre els emigrats i els natius digitals, és a dir, entre els nascuts abans i després de la dècada dels anys noranta del segle passat, és, potser, el fet més important que s'ha esdevingut en l'espècie humana, en termes antropològics, des que l'agricultura va convertir els nostres avantpassats nòmades en éssers sedentaris. Ara la tecnologia transformarà l'home analògic en *l'Homo digitalis.*

Vivim en un plec de la nostra evolució com a espècie, en la línia que separa un abans i un després. Per comprendre-ho només necessitem donar un cop d'ull a l'arxiu d'experiències i registres documentats que un jove d'avui ha adquirit quan arriba a l'edat adulta i comparar-lo amb el que tenia la generació anterior. Jo vaig créixer als anys cinquanta. En aquella època, qualsevol llicenciat universitari de la meva generació havia passat unes vint-i-cinc mil hores llegint i ben poques al davant d'un televisor. Amb sort, potser havia mantingut un grapat de converses a distància a través del telèfon, i para de comptar. Avui, un nord-americà mitjà surt de la universitat després d'haver dedicat a la lectura la cinquena part del temps que hi vaig dedicar jo, però haurà estat veient vídeos en múltiples pantalles almenys durant unes deu mil hores més, haurà acumulat una dedicació similar a parlar pel mòbil i les estones que haurà passat al davant del televisor seran incomptables.

Gràcies a les tècniques modernes de neuroimatge, avui sabem un detall transcendental sobre l'òrgan més important que portem al nostre interior, i que abans ignoràvem: l'experiència influeix en l'estructura del cervell. No és que el que ens passa afecti la nostra forma de pensar; és que, directament, canvia la manera com s'entrellacen les neurones. És a dir: el programari modula l'acoblament del maquinari del nostre cervell. Tenint en compte que això és veritat, i sabent com han canviat les fonts que enriqueixen la nostra percepció durant els últims cinquanta anys, podem calcular com han canviat els adolescents respecte del que érem mig segle enrere.

Així, quan encara avui sento parlar de ressentiments i desconfiances per les hores que els nois i les noies passen amb els videojocs, o navegant i fent xats a través d'internet, he de recordar que aquests dubtes són contraris al progrés i el desenvolupament de l'evolució. No hi ha marxa enrere, benvolguts habitants d'aquest tercer mil·lenni: els entorns digitals han vingut per quedar-se, i els qui han nascut i crescut tenint-los al voltant ho saben prou bé. La naturalitat amb què s'adapten a aquest nou món de botons, pantalles i escenaris virtuals és el símptoma més revelador dels canvis que tenen lloc als seus cervells. Ben sovint sentim que se'n queixen, però no són ells els qui s'equivoquen, som nosaltres amb les nostres sospites antiquades. Són natius digitals, però tenen un problema analògic: estan sotmesos a patrons de comportament i sistemes educatius que no tenen res a veure amb el que ells han descobert, amb el que els interessa i amb el que demanen.

Algú pot dubtar encara del canvi de paradigma a què hem de fer front? Els qui vam créixer llegint novel·les estem abocats a viure en una percepció lineal dels esdeveniments. En canvi, un adolescent que aprèn a jugar amb la consola mentre veu la tele, navega per internet i escriu missatges al mòbil, inevitablement ha incorporat a la capacitat de percepció la possibilitat d'actuar en uns quants escenaris alhora. Les seves aptituds cognitives són paral·leles. Aquest salt provoca canvis cerebrals que es constataran en pròximes generacions, però que avui ja es poden detectar. Com confirma l'especialista en aprenentatge i noves tecnologies Marc Prensky, pare de l'expressió «natius digitals», hi ha múltiples estudis que revelen que les persones que han crescut jugant amb consoles són més bons cirurgians —especialment en tècniques com la laparoscòpia, que requereixen l'ús de diverses eines alhora i han de conciliar amb precisió sentits diferents, com el del tacte i la visió—, són músics més hàbils i estan més ben preparats per dissenyar estructures arquitectòniques com muntanyes russes o construccions virtuals. També són homes de negocis més sagaços i resolutius, ja que el seu domini dels videojocs els ha habituat a assumir riscos i a fer-ho amb agilitat.

Avui ja sabem que, de la mateixa manera que l'hipocamp dels taxistes de Londres està més desenvolupat que la mitjana a causa de l'hàbit que han adquirit de memoritzar el traçat dels carrers d'aquesta gran ciutat, l'estructura cerebral d'algú que ha crescut envoltat de consoles i jocs digitals és diferent de la d'algú altre que només s'ha dedicat a llegir. Enfront de la manera seqüencial de concebre la realitat que té aquest, el natiu digital té una visió perifèrica més àmplia i està més habituat a desenvolupar unes quantes tasques en paral·lel.

No cal alarmar-se: en contra del que algunes persones pensen, estar pendents de més finestres alhora no suposa necessàriament una pèrdua d'atenció o concentració. Prensky ens recorda que la capacitat de la ment humana per adaptar-se a nous escenaris és sorprenent, i una de les conseqüències de viure en entorns que impliquen l'execució de diverses tasques al mateix temps és que el cervell aprèn a multiplicar la seva capacitat d'atenció i a ordenar prioritats.

Els aficionats als videojocs saben que han de distingir ràpidament l'essencial de l'important, i aquest criteri s'incorpora als seus reflexos mentals amb la naturalitat d'un parpelleig. Sense adonar-se'n, desenvolupen el que els especialistes anomenen «consciència situacional», una capacitat per optar instantàniament pel que és prioritari i prescindir del que és secundari que, unida a l'atenció visual selectiva que també despleguen en habituar-se a l'ús dels entorns gràfics, els permet exercitar-se, gairebé sense ser-ne conscients, en l'essència més pura de l'aprenentatge: aprendre provant.

Estic completament d'acord amb Richard Gerver, assessor en sistemes educatius, quan afirma que els nens d'avui són la generació més sofisticada que ha existit mai. No són més savis, però la seva exposició a estímuls de tota mena els fa, sens dubte, més rics en experiències, coneixements i informació. I això, sens dubte, els canviarà necessàriament la perspectiva que tenen del món, ben diferent de la que tenia la generació anterior.

Corregim-ho: ja l'ha canviat. Els adolescents d'avui han après a escoltar la intuïció sense remordiments, enfront de la fe cega en la raó dels seus adults;

confien més en les xarxes socials virtuals, contra les reticències dels adults davant de tot el que no sigui presencial; defensen el seu dret a concentrar-se en el que els apassiona, en comptes d'estar perdent el temps amb lliçons que no els han de servir de res a la vida; prefereixen un amic a un fàrmac, perquè saben que hi trobaran més benestar i consol. Aquesta formidable transformació cristal·litzarà del tot el dia que els sistemes educatius, a part d'ensenyar-los a gestionar les pròpies emocions, aconsegueixin estar a l'altura del que demana aquest nou patró d'interessos.

Els videojocs, com afecten el cervell?

M'encanten els videojocs, passo entre dues i quatre hores al dia amb jocs gratuïts en línia, i el meu problema és que, quan no estic jugant, sento que els patrons de moviment i d'acció dels personatges dels jocs se'm segueixen repetint al cervell, fins i tot quan dormo. Això em causa un problema de concentració i atenció, i fins i tot els somnis són estranys. N'he parlat amb els meus companys i hem arribat a la conclusió que el cervell, quan juguem molt, repeteix els patrons del joc, la qual cosa de vegades ens impossibilita estar al cent per cent dedicats a l'estudi o a qualsevol altra activitat. Necessito saber si hi ha alguna manera de controlar la ment i que això no em passi. Òbviament, podria deixar els videojocs, i és el que faig quan necessito rendir bé, però no hi ha cap altra via? És només cosa meva, o li passa a tothom?

(juny del 2011)

Respon: Nika Vázquez

Experiències diverses comporten estructures cerebrals diferents, i se suposa que l'estructura dels jugadors és diferent dels qui no juguen, però encara no es coneixen els canvis que es donen ni en què ens afecten. Quan llegim un llibre, el cervell posa en funcionament mecanismes com la lògica, la continuïtat d'acció i la memòria. Amb els videojocs, les habilitats que es practiquen són la interacció, la resolució de problemes i la creativitat.

Pel que fa a l’atenció, els científics afirmen que no per focalitzar-la en els videojocs perdem la concentració en tota la resta. Si alguna cosa ens han ensenyat els videojocs és que la seva pràctica supera àmpliament el camp de la virtualitat. La recompensa individual depassa de llarg les competències inherents al videojoc mateix per irrompre en zones del tot noves, com ara la memòria, la flexibilitat cognitiva o l’atenció. En qualsevol cas, si en abandonar la freqüència de joc desapareix aquesta activitat cerebral, seria bo buscar altres entreteniments, perquè la ment no tan sols s’entreni en aquestes habilitats, sinó que pugui descansar i aprendre’n de noves. Una bona xarxa social i buscar entreteniments fora de casa són alternatives que poden resultar enriquidores.

L’ÚS QUE ELS FILLS FAN D’INTERNET

Intentem educar en valors els nostres fills perquè siguin bones persones i bons estudiants. Així, procurem utilitzar l’exemple i el diàleg. De totes maneres, hi ha riscos que posen en perill els valors inculcats. Entre aquests riscos hi ha internet, que és la vuitena meravella, però també una arma de doble tall. Les xarxes socials tenen un perill: poden crear mons paral·lels i destruir l’entorn real. Què poden fer els pares per evitar que els fills caiguin al costat fosc d’internet? Què poden fer sobretot si aquesta circumstància ja ha passat?

(desembre del 2009)

Respon: Gabriel González

En el procés d’addicció a qualsevol substància o producte, el més important és la prevenció, la informació i, com bé dius, educar en valors a partir de l’afecte i els límits. En edats molt joves, un procés d’addicció a internet es pot limitar restringint l’accés a la xarxa. Però quan s’arriba a unes edats determinades cal confiar que l’educació rebuda pels nostres fills a través de valors saludables faci la seva feina. És qüestió de confiança. Els preadolescents mostren més addicció a internet i al mòbil, cosa que pot tenir repercussions intrapersonals. És imprescindible comentar i discutir amb ells qualsevol informació problemàtica que pugui aparèixer a internet, i per això és convenient estar al seu costat durant la navegació fent un exercici crític, no moralitzador, del que s’hi poden trobar.

Un model efectiu per al consum d'internet és facilitar alternatives de relació —exercici, activitats en grup, en família—, com sembla que ja feu. S'aprenen habilitats socials i augmenta l'autoestima, alhora que permet que el menor no necessiti amagar-se en un món a banda per relacionar-se. Si ja ha caigut al «costat fosc», l'important és mantenir-se com una persona de referència a qui els joves es poden adreçar cada vegada que calgui sabent que no seran jutjats. Després, és qüestió de buscar suport i ajuda de professionals especialitzats.

Poca força de voluntat davant la xarxa

Tinc trenta-nou anys, sóc una persona amb estudis universitaris, però hi ha àrees de la meva vida que han quedat aturades. Visc amb els meus pares, no tinc parella i passo molt de temps navegant per internet. Estic escrivint la meva tesi, o ho hauria d'estar fent, però en lloc d'això passo les hores llegint notícies, entrant a Twitter, veient vídeos o seguint alguns blogs. Tinc una feina de poques hores que em deixa lliure gran part del dia. Quan a casa em pregunten com ho porto, els dic que vaig avançant, però molt lentament. No els dic la veritat. Cada dia, quan em poso davant l'ordinador, em dic a mi mateix que només miraré un parell de coses i que de seguida em dedicaré a la tesi, però no, passo hores i hores saltant d'una pàgina a una altra. I la tesi esperant-se. Per què tenim la necessitat d'ensenyar la nostra vida a través de les xarxes socials? Em sento presoner de mi mateix. Què puc fer?

(abril del 2011)

Respon: Pablo Herreros

L'èxit de les xarxes socials és degut, entre altres factors, a la necessitat que els primats tenim de relacionar-nos. Preferim passar temps amb altres membres de la comunitat abans que menjar. Avui en dia, la satisfacció d'aquest requeriment es veu dificultada per la disminució de temps i espais socials en què interaccionar. Per tant, són molts els avantatges que ofereixen les noves tecnologies a l'hora d'ampliar la nostra xarxa personal o laboral.

D'altra banda, cal considerar la demanda de reconeixement que tenim tots els humans, que traslladem a qualsevol àmbit de les nostres vides. En general, busquem tenir el *copyright* de les coses per raons de prestigi. Això no vol dir que la gent no gaudeixi creant per crear. El que passa és que, des del punt de vista evolutiu, el prestigi és important perquè augmenta les nostres possibilitats de supervivència en el grup: els qui tenen fama de ser eficaços o originals solen ser els triats per ocupar un lloc vacant i són més desitjats per l'altre sexe.

4. La diferenciació sexual

Un dels territoris de l'experiència que més inquietud i maldecaps genera en els adolescents és el que té per principi i fi la sexualitat en tota la seva dimensió. I no és casual. En aquests anys crítics assistim a la tercera gran etapa de diferenciació sexual entre homes i dones que té lloc a la vida. De les dues anteriors és impossible que en tinguem memòria. La primera passa durant la vuitena setmana de la vida fetal. En aquest germinal moment de gestació, els diminuts testicles dels futurs bebès masculins comencen a generar grans quantitats de testosterona que inunden els circuits cerebrals del fetus i transformen el que fins aquell instant havia estat un embrió femení —la forma biològica per defecte que es dóna en la natura— en un altre de masculí.

Els neuròlegs anomenen «pubertat infantil» la segona cruïlla sexual que afrontem a la vida: durant els primers sis mesos, els bebès masculins tornen a segregar molta quantitat de testosterona, i en canvi les futures nenes comencen a alliberar estrògens, cosa que aniran fent fins als dos anys. No és desencertada l'etiqueta que els científics donen a aquesta etapa, perquè el que hi passa té molt a veure amb la revolució sexual que arribarà entre els nou i els quinze anys. Així com aquella pluja de testosterona fetal havia aconseguit doblar la grandària de la zona dedicada a l'impuls sexual en el cervell dels futurs bebès mascles, en la pubertat adolescent es produeixen un seguit de descàrregues hormonals que definitivament allunyaran nois i noies a través de les seves diferents expressions sexuals, curiosament, mentre es fan atractius els uns als ulls de les altres, i viceversa.

Les conseqüències, les coneixem de sobres. Gradualment, els nois comencen a notar que els canvia la veu, els surt borrissol on abans hi havia una pell diàfana, les faccions es masculinitzen, la musculatura es desenvolupa i es llancen, sense saber com ni per què, a tenir fantasies sexuals i pulsions genitals que fins aquest moment desconeixien. Les adolescents experimenten unes metamorfosis semblants però en sentit femení, i es manifesta un sobtat interès per arreglar-se amb coqueteria i resultar atractives als ulls dels nois.

Ben sovint, pares i tutors s'inquieten en sospesar la influència que els mitjans de comunicació i l'imaginari cultural juvenil poden estar exercint per potenciar l'emergència d'aquesta curiositat sexual. Els recomano que es relaxin i deixin actuar la natura, perquè aquest furor no és après, ni està condicionat externament, sinó que passa d'una manera natural, i de fet és semblant en totes les regions i cultures d'arreu del món. Respon a un impuls interior. Ni ells se senten atrets per elles perquè ho veuen a les pel·lícules, ni a elles els agafa la dèria de coquetejar perquè ho recomana l'amiga més espavilada de la colla.

Si viatgem al revers neurològic d'aquest fenomen trobarem un cúmul de transformacions que, en molt poc temps i amb un gran ímpetu, faran que els cervells masculins i els femenins siguin morfològicament diferents. Si ja el dia que naixem arribem al món amb una estructura neuronal diferent entre bebès mascles i femelles, els matisos d'aquesta distinció s'aprofundiran al llarg d'aquest període de metamorfosi.

En el cas dels nois, la testosterona és el principal combustible que anima el procés del canvi. Entre els nou i els quinze anys, els testicles dels nois acceleren la generació d'aquesta hormona fins a augmentar un 250% la seva presència a la sang. Louann Brizendine, neuropsiquiatra de la Universitat de Califòrnia i experta en la influència que els factors sexuals presenten en el cervell humà, descriu aquesta transformació d'una manera molt gràfica: «És com si el nen de nou anys tingués una gerra de cervesa de testosterona, però als quinze en portés tres o quatre litres». En el cas de les noies, també la testosterona, però sobretot l'estrogen, és el que causa els canvis.

Al final d'aquest viatge, el cervell femení i el masculí tindran unes fisiologies marcadament diferents. En els nois, l'àrea preòptica medial, que és una zona de l'hipotàlem relacionada amb l'impuls sexual, arriba a créixer 2,5 vegades més que en les noies. En aquesta part del cervell es troba també l'àrea premamil·lar, anomenada àrea de defensa del cervell, que conté circuits neuronals vinculats amb l'alerta que respon a les amenaces territorials, i que està més desenvolupada en els mascles. L'amígdala, que detecta la por i actua com un sistema d'alarma contra amenaces i perills, també és més grossa en els nois.

Al contrari, el cervell de les noies disposa d'altres regions més actives i desenvolupades, i una és la zona d'unió temporoparietal, associada a l'empatia i el processament de les emocions. De la mateixa manera, tenen una presència més elevada de neurones mirall, necessàries per interpretar la càrrega empàtica de les persones amb què ens relacionem. Segons Brizendine, mentre les zones del cervell destinades a l'activitat sexual i l'agressivitat són més voluminoses en els mascles, les dones disposen d'un sistema neuronal més ben preparat per processar l'empatia emocional. Però encara hi ha més diferències: les actuals tècniques de neuroimatge utilitzades per espiar el cervell mentre treballa han permès constatar que uns i altres fem funcionar aquest meravellós òrgan d'una manera diferent quan ens enfrontem a una tasca. Així, com confirma Simon Baron-Cohen, catedràtic de psicopatologia de la Universitat de Cambridge, les dones tendeixen a utilitzar els dos hemisferis alhora i mostren senyals d'activitat bilateral mentre parlen o escolten. En canvi, els homes usen preferentment un sol hemisferi quan fan aquestes activitats, precisament l'esquerre, que és l'hemisferi relacionat amb el pensament lògic i les matemàtiques. No ens ha d'estranyar, doncs, que a les universitats la diferència entre sexes sigui tan gran en les diferents disciplines acadèmiques. Baron-Cohen ha calculat també que, com a mitjana, a les universitats hi ha tretze nois per cada noia en les carreres matemàtiques, però aquesta desproporció és impossible que sigui cultural, perquè es dóna d'una manera semblant en països molt distants entre si. Els nois semblen més ben preparats per a tot el que té a veure amb la mecànica i l'enginyeria intuïtiva i les dones amb les llengües. Helena Cronin, experta en darwinisme i evolució humana de la London School of Economics, troba diferències d'actitud associades a aquesta variabilitat de vocació intel·lectual: «Als homes els agraden les coses i a les dones les persones», assegura.

El cervell té sexe, i avui sabem que una gran part d'aquesta diferenciació sexual es desenvolupa en l'adolescència, una època durant la qual té lloc un gran augment de sinapsis entre les dendrites de les neurones, alhora que desapareixen connexions establertes en la infància que havien deixat de ser utilitzades. Aquest procés, a part de ser diferent entre femelles i mascles per les seves morfologies particulars, no dura el mateix temps en tots dos casos: mentre que la maduració neuronal de les noies té lloc a un ritme ràpid, els nois van més lents i evolucionen fins ben entrada la joventut, i arriben a la plenitud entre els vint-i-dos i els vint-i-cinc anys. Parlem d'una adolescència molt llarga, en la qual passen molts més esdeveniments dels que veiem per fora.

La meva filla està dominada pel seu nòvio

Tinc una filla de catorze anys en plena revolució hormonal. En general és una nena molt assenyada, però últimament surt amb un noi de disset anys que no m'agrada: beu, pren drogues, és mentider... M'han comentat que es medica perquè té un trastorn bipolar. Sempre que està amb ell, la meva filla arriba canviada, com si no fos mestressa dels seus actes. Fins i tot ens amenaça. No sé com actuar, veig que l'estic perdent i necessito que m'aconselleu. He parlat amb ella amb tranquil·litat, i llavors em dóna la raó, però així que el veu es transforma. Com puc actuar davant d'aquesta situació?

(setembre del 2010)

Respon: Gabriel González

Has fet un pas molt important amb la creació d'un espai de confiança al qual la teva filla es podrà adreçar quan et necessiti. És important esperar. Si veus que l'actitud de la teva filla és inapropiada, la voldràs controlar i estaràs molt pendent d'ella. Això provocarà més desconfiança per la seva banda, i farà que la noia continuï mostrant actituds que no t'agraden, de manera que creixerà en tu el desig de controlar-la més.

D'altra banda, si et sents angoixada, demana consell a la teva filla sobre com pots actuar, tenint clar que hi ha coses que com a pares no podeu permetre perquè només té catorze anys. A partir d'aquí, t'has d'oferir perquè et demani que l'ajudis si en algun moment ho necessita. L'important és que tingui la sensació que si es fica en qualsevol embolic es podrà acostar a vosaltres amb confiança, i no per sentir cap retret. Cal evitar que deixi de recórrer a vosaltres i busqui consol en altres persones.

Prefereixo les relacions amb homes més grans

Tinc vint anys i només m'agrada sortir amb homes que tenen com a mínim deu anys més. Fa poc vaig tenir una relació amb un home de quaranta. Va ser breu, perquè vaig posar-hi fi en sentir que jo no era important per a ell, en realitat. El meu problema és que només m'agraden els homes grans. M'atreu el físic i la manera com parlen i senten. Només amb ells em sento feliç en el sexe i en la vida. La meva mare i els meus amics em critiquen, ja que encara sóc molt jove, però no ho puc evitar, tot i que sóc conscient que això no és bo a l'hora de buscar parella. Tinc un problema? Com puc tractar-lo?

(novembre del 2011)

Respon: Rosa Català

L'elecció d'un projecte de vida propi només té possibilitat d'èxit si es fa amb llibertat i responsabilitat. Per aconseguir-ho, és necessari fer un autèntic treball d'artesania amb un mateix, analitzar l'itinerari que seguim i les raons que ens mouen amb serenitat, i no deixar-nos portar per les comparacions ni per les opinions dels altres. Intentar ser com els altres és un camí estèril. Ser congruents exigeix coratge i de vegades anar a contracorrent, però ens permet viure una vida basada en criteris personals, arrelar en el nostre fons intern, que al cap i a la fi és el que ens situa en la perspectiva justa davant la realitat.

Les creences i normes amb què vivim poden ser potenciadores o tenir un paper limitador. Per a un funcionament òptim de les relacions amoroses és bàsic disposar d'una bona autoestima. Ser generosos amb nosaltres mateixos ens predisposa a estimar i ser estimats. Si tries com a parella una persona més gran que tu, pensa que és perquè et compensa, i això en principi no representa cap conflicte. Al contrari, està més a prop d'una existència amb un sentit clar en els objectius.

La meva mare no accepta l'orientació sexual de la meva germana

Tinc una germana que sap que és homosexual des dels quinze anys. Jo he viscut al seu costat tots els dubtes que se li han anat plantejant. Ara, als divuit, ha començat una relació estable amb una noia i ho ha explicat als nostres pares. Ja ens ho esperàvem, i no s'ho han pres bé. Hem passat una temporada molt dolenta, amb discussions constants. Ara, al cap de set mesos, el meu pare sembla que ho porta amb una mica més de naturalitat, però la meva mare segueix sense acceptar-ho. Assegura que no és feliç per culpa de la meva germana, que tenir una filla lesbiana és una de les pitjors desgràcies que li podien passar, i que mai ho podrà acceptar. Jo ja no sé què fer. Suposava que necessitarien un període d'adaptació per assumir-ho, perquè la seva és una altra generació i tots dos són de famílies bastant tradicionals. Però la situació comença a ser insostenible: la meva mare es nega a parlar del tema i la meva germana té cada cop més ganes d'anar-se'n de casa.

(octubre del 2011)

Respon: Gabriel González

Comunicar una orientació homosexual no és pas fàcil, i encara ho és menys dir-ho a uns pares que, en principi, no entendran el procés si són tan tradicionals com dius. De tota manera, tot és qüestió d'adaptació, i a poc a poc ho aniran acceptant. Aquest procés requereix el seu temps i unes estratègies que possibilitin els passos a seguir. El model de Kübler-Ross sobre el dol permet delimitar les etapes per les quals es passa per arribar a l'acceptació d'una mort. El mateix es pot aplicar a l'acceptació d'una notícia com aquesta. El que podem fer és entendre que aquestes fases arribaran i que les podem fer avançar més de pressa.

Un primer pas per aconseguir-ho és oferir informació sobre l'orientació sexual. A continuació, actuar amb tota naturalitat. Es tracta de mostrar que una cosa és l'orientació sexual i una altra el conjunt de característiques de la teva germana, que té altres capacitats que la fan única i especial. Això és el que heu de fer entendre als pares. Entre aquestes característiques personals, la teva germana ha après uns valors i uns comportaments que provenen del que ells us han ensenyat. Es tracta de no posar-se a la defensiva i assumir que tot el que sou prové dels vostres progenitors, gràcies als quals sou persones lluitadores, responsables i capaces.

És una amiga o m'agrada?

Acabo de fer vint anys i mai he tingut nòvio, però sempre he sabut que sóc heterosexual. Si més no ho sabia fins fa poc. Fa uns mesos vaig començar a estudiar en un col·legi només de noies i vaig fer una bona amistat amb una companya. El problema és que vaig començar a obsessionar-m'hi. Em molestava que parlés amb altres noies i volia que em fes més cas a mi. No me la podia treure del cap. Fins i tot vaig perdre la gana. Era com si n'estigués enamorada, però en cap moment vaig pensar-ho, això, només volia tenir una amiga en una classe en què no coneixia ningú.

Al mateix temps, la nostra relació es va refermar, ens vam fer més amigues i ella em va confessar que era lesbiana, i que tenia nòvia. Ara estic més relaxada, perquè sento que m'estima molt com a amiga i ja no tinc por de perdre-la. Però de vegades crec que m'agrada realment, que podria tenir una relació amorosa amb ella, i que si no tingués nòvia ho intentaria. Vol dir que sóc lesbiana, llavors? No m'atreu cap altra noia, m'agraden els homes. O només penso aquestes coses perquè ella és lesbiana?

(agost del 2011)

Respon: Noelia Sancho

Pel que dius, sembla que has sentit emocions per la teva amiga que no sabies identificar, i que poden ser degudes més a la necessitat de caure bé que a l'enamorament. Pensa que enamorar-se implica una il·lusió per algú que s'assembla a la que es té per un projecte molt desitjat, i que desencadena emocions i mecanismes químics semblants. És un estat en què només penses en el teu objectiu, t'obsessiones i apartes altres coses. Es desencadenen també processos químics fisiològics, ja que l'amor és un estat físic en què es redueix la serotonina i s'incrementen la fenetilamina, la dopamina i l'endorfina, la qual cosa ens porta a fer accions ben poc habituals.

Dius que sents que en realitat t'atreuen els homes, de manera que la teva orientació sembla clara. No obstant això, mostra't oberta al fet que aquestes sensacions d'atracció puguin evolucionar i canviar, no per aquest episodi, sinó per evitar prejutjar-te. Gaudeix de la teva relació d'amistat actual i deixa fluir la teva orientació i els teus gustos sexuals, per poder gaudir-ne més en comptes de preocupar-te'n.

5. Joventut i violència

Un dels símptomes del profund abisme que s'ha obert entre els adolescents d'avui i la generació dels seus pares és el que mostra el rostre cru de la violència juvenil. Parlem de la violència a què recorren els menors, de vegades de manera puntual o mitjançant comportaments rutinaris, per expressar la seva incomoditat amb el món on els ha tocat viure, com també la seva absència total d'identitat amb els referents que els mostrem com a guia que cal seguir i imitar. Les imatges d'adolescents destrossant barris sencers de ciutats com Londres, l'estiu del 2011, o de diferents ciutats de França l'any 2005, no tan sols causen alarma social entre la població; també traslladen a la ciutadania la desagradable sensació que per força estem fent malament alguna cosa perquè en cultures desenvolupades i acomodades com aquestes es presentin uns nivells d'agressivitat juvenil tan elevats.

A aquesta ombrívola percepció s'afegeixen les notícies que parlen de casos d'assetjament escolar protagonitzats pels mateixos adolescents i batxillers als centres educatius, el tristament famós *bullying*. Ens commouen els informes dels experts en comportament juvenil que alerten sobre la preocupant reiteració de patrons d'abús, en termes de gènere, que sembla que es van presentant en les noves generacions. Sentim a parlar de marits que agredeixen les seves dones i ràpidament ho atribuïm al masclisme estructural que ha contaminat la cultura en què van créixer aquests individus, però què podem pensar quan continuem trobant aquesta violència exercida per nois contra noies que amb prou feines tenen divuit anys? Com és possible que a aquestes altures de desenvolupament cultural i progrés social aquesta pulsió plena d'agressivitat pugui continuar inoculada en els més joves?

Quan aquestes notícies irrompen a l'agenda mediàtica, ràpidament se senten veus que assenyalen com a culpables agents externs com la televisió, els videojocs o els missatges violents que de vegades transmeten les cançons que consumeixen aquests joves. No obstant això, els qui més i millor han observat el comportament dels menors i han furgat en les raons que els mouen a manifestar actituds violentes prefereixen considerar raons més profundes i menys simptomàtiques. Admetem que un adolescent no es posa a empaitar-ne un altre a l'institut —ni pega a la seva nòvia, ni se li acudeix cremar un contenidor d'escombraries del carrer— perquè hagi vist una pel·lícula d'alt contingut violent, ni perquè hagi jugat moltes hores a un videojoc amb uns protagonistes que de fet són assassins, ni perquè sigui fan d'un grup de *hip-hop* que sovint utilitza lletres explícitament crues. Quan es donen aquest tipus de situacions agressives, el menor sol portar inoculada la violència de casa.

És el que sosté, amb molt de sentit, Steven Kirsch, professor de psicologia del desenvolupament de la Universitat de Geneseo, als Estats Units. Després d'investigar la interrelació que hi ha entre els joves i el seu consum d'oci audiovisual, aquest expert va arribar a la conclusió que els possibles estímuls de l'agressivitat que poden comportar uns determinats videojocs, pel·lícules, llibres o cançons només acaben tenint efectes incitadors en els menors que prèviament manifestaven una predisposició a la violència a causa de la naturalesa particular dels seus caràcters o perquè han crescut en entorns familiars o socials on l'assetjament, els cops, les coaccions i els crits formaven part de l'ambient afectiu que han respirat, i en els quals la violència s'acceptava com a instrument útil per gestionar les relacions personals.

No ens confonguem: el que importa no és quin tipus de música escolta el noi, sinó els motius pels quals aquest noi conflictiu en particular, no la joventut en general, és seguidor d'un grup musical que presumeix d'actituds violentes: els continguts agressius atreuen particularment els nois agressius i els desperten aquestes reaccions, però no tots els menors d'edat consumidors de pel·lícules o vídeos d'alt voltatge es comporten de manera violenta. Un estudi demostra que els aficionats a l'òpera veuen amb més bons ulls el suïcidi, com a mitjana, que la resta de la població. A algú se li acudiria estigmatitzar Verdi i mantenir els més joves allunyats d'aquest gènere per por que arribessin a tallar-se les venes?

Ningú s'estranyarà si afirmo que la violència té avui molta més cobertura mediàtica que la que tenia en el passat. Si fa trenta anys una colla d'adolescents agredia un noi a la sortida del col·legi, els detalls d'aquella escena lamentable difícilment es podien propagar lluny del lloc on havia passat. Avui, aquest mateix assetjament no tarda a circular de mòbil en mòbil entre els qui han participat en la pallissa i els seus amics, després de ser enregistrat en directe, o acaba penjat al YouTube, on segur que rebrà nombroses visites. Aquesta observació no justifica els nivells inassumibles de violència amb què conviuen els nostres joves, però permet que ens situem en el mapa real d'aquesta malaltia social. De fet, els estudis mostren que el punt més elevat d'agressivitat juvenil a Occident va tenir lloc a la dècada dels anys vuitanta del segle passat, i des de llavors no ha parat de baixar.

No ens consola, però és bo saber-ho. De la mateixa manera, el fet de tenir clar que l'agressivitat no l'aprenen els nanos en un concert *heavy*, sinó molt abans i de forma més inconscient, ajuda a identificar l'arrel d'aquest problema, que els experts situen al voltant de la família del menor i en la xarxa social on creix. Un pare maltractador o abusador és la millor garantia que el fill recorrerà als punys per expressar-se tan aviat com el desenvolupament de la musculatura li permeti fer-ho. Igualment, haver rebut pallisses per part de germans més grans també inocula el virus de l'agressivitat en els més joves.

De vegades no cal arribar a aquests extrems per parlar de violència. Ben sovint identifiquem aquest problema amb els comportaments dels nois, a qui la testosterona posa a l'abast de la mà la temptació de manifestar l'agressivitat físicament, però Steven Kirsch també alerta sobre la violència que les noies adolescents poden arribar a desenvolupar en forma de menyspreu i assetjament moral a altres menors. Són assetjaments que, si bé no causen blaus ni fractures als ossos, poden arribar a tenir un impacte encara més greu en l'autoestima de les víctimes, més que una pallissa a bufetades.

Entre l'encongiment d'espatlles i el diagnòstic precipitat i ple de tòpics, el tema de la violència juvenil demana anàlisis profundes, grans dosis de sensibilitat i molta observació detallada per part dels responsables públics i les persones que es dediquen a tractar amb els menors. Hi ha molt dolor social en joc, a part del personal, quan el destí d'un adolescent es debat entre aprendre a reconèixer els seus impulsos i a controlar-los o entregar-se de forma suïcida a la delinqüència.

Fins fa poc se sabia que entrar en l'adolescència massa aviat tenia conseqüències negatives sobre la conducta. Tanmateix, però, no s'havia analitzat l'efecte que té sobre el comportament dels joves el fet de viure l'adolescència massa de pressa. Això ho han estudiat recentment investigadors de les universitats Penn State, Duke i Davis, als Estats Units. Els autors de l'estudi van concloure que els nois que passaven més ràpid que la mitjana per la pubertat tenien més sovint episodis d'ansietat i depressió, i eren més proclius a expressar-se recorrent a mals comportaments. Es creu que quan els canvis que viu una persona en aquesta etapa es comprimeixen en menys temps, no es produeix una correcta adaptació a aquests canvis i el jove no es troba emocionalment preparat per aclimatar-s'hi. Desterrem, doncs, algunes idees equivocades, com ara que la violència és cosina de la pobresa. L'antropòloga de la Universitat de Califòrnia Teresa Caldeira, experta en desenvolupament urbà, ha investigat la criminalitat que s'ha donat al Brasil els últims trenta anys i, després de comparar l'evolució dels delictes i la renda per càpita de la nació, va poder constatar que no seguien cap procés paral·lel. Al contrari, en l'increment dels índexs de violència que es van registrar en uns moments determinats, com ara a mitjan dècada dels anys vuitanta, van intervenir factors externs i nous, com per exemple la massiva presència de droga, especialment crac, que es va detectar en aquest període.

Oferim poca ajuda als joves susceptibles de generar comportaments agressius si no focalitzem correctament les causes que els porten a triar aquest camí. Però els donem menys suport quan ràpidament correm a estigmatitzar-los i considerar-los titulars d'un problema aliè a nosaltres. És una mentida gran i cruel: tots els estudis coincideixen a assenyalar que ningú neix així del ventre de la mare. Al contrari, vosaltres, jo i qualsevol entre nosaltres podem acabar actuant d'una manera agressiva si ens sotmeten a uns determinats condicionants i a uns nivells alts de pressió. La violència també forma part de la condició humana, també ens passa per dins.

REBEL·LIA ADOLESCENT PER EVITAR UN DIVORCI

La meva germana té un caràcter fort, de vegades histèric, i una baixa tolerància a la frustració, mentre que el seu marit és permissiu, sense caràcter, passiu. Entre tots dos no hi ha una bona convivència, i fins i tot han arribat a pensar en la separació. Tenen dos fills de nou i quinze anys; la més gran té parella i va malament en els estudis. S'escapa de casa, recorre al pare quan vol alguna cosa perquè sap que és permissiu, i no respecta la mare. Cada cop que hi té un enfrontament, recorre a la família del nòvio i es torna més rebel. Hem intentat parlar-hi, però no vol escoltar i torna a reincidir i a mostrar-se desobedient. Tot això passa en una família desestructurada, sense comunicació ni valors. Em plantejo si no seria millor el divorci, malgrat la situació de la meva neboda adolescent. Com afectaria un procés de separació a cadascú? El respecte que ara mateix no existeix entre la mare i la filla es podria fomentar altra vegada?

(octubre del 2011)

Respon: Gabriel González

Pot ser que el que estigui fent la teva neboda sigui cridar l'atenció perquè els pares no se centrin en els seus problemes i la parella no es trenqui. El raonament té sentit si es considera que quan va començar a presentar comportaments disfuncionals els pares es van centrar en ella, i això va permetre, en un principi, que el problema fos l'adolescent i no la relació de parella.

Caldria treballar el joc de relacions que s'està presentant entre tots. El més important és establir els processos perquè, passi el que passi, es puguin crear unes relacions que permetin que no es facin mal els uns als altres. Cada cas és diferent i caldria analitzar de quina manera s'hi ha de fer front en aquest cas que ens planteges, però un divorci no ha de ser traumàtic per necessitat, independentment de si té lloc durant la infantesa o en l'adolescència. La vulnerabilitat dels fills dels divorciats depèn de característiques com la intel·ligència, la independència, l'autocontrol i l'autoestima. Entre els vuit i els catorze anys, els fills de pares separats poden mostrar problemes d'adaptació personal i escolar, per bé que normalment ho acaben assumint.

MALTRACTADA PEL PROPI FILL

El meu fill ha estat des dels dotze anys fins als vint sense voler veure'm. Fa dos anys el vaig acollir novament a casa perquè no podia estar amb el seu pare, que el maltractava, i ara ell em maltracta psicològicament a mi. Quan el vaig recuperar em vaig sentir feliç, però ara visc la continuació del maltractament que vaig rebre del seu pare quan vaig decidir separar-me'n. No sé què fer. El meu fill abusa de la meva feblesa i no em respecta, em fa mal, cada cop estic pitjor. Després d'haver passat vuit anys amb el seu pare, ara l'imita. És possible desaprendre els comportaments apresos?

(gener del 2011)

Respon: Gabriel González

El teu fill ha d'observar en tu un altre tipus d'estratègies que no siguin les que has desenvolupat fins ara. Ha de veure amb claredat que no permetràs determinades coses, i això és una qüestió d'actitud, no del que es diu. El teu fill ha de sentir que la teva actitud cap a ell és diferent. No es tracta de cap síndrome d'Estocolm, es tracta d'amor de mare. Pots fer que el teu amor iniciï un procés de canvi en el teu fill. L'important és que el noi entengui que no l'hi permetràs tot, que vegi que quan actua com desitges tindrà el teu suport, però que si et maltracta no el rebrà. Quan es comporta bé, és important fer-li veure que així és com t'agrada que sigui la relació amb ell.

Si no fos possible, utilitza les mateixes estratègies que vas fer servir amb el seu pare. Amb ell vas haver de separar-te per tallar el patró de maltractament que s'havia generat. Al teu fill li pots plantejar una cosa com ara: «Saps que t'estimo, i que vull que estiguis amb mi, perquè sentir-te a prop em fa feliç. De tota manera, si no pot ser, el que ens queda és separar-nos, i no és el que m'agradaria. Per no arribar a aquest punt, no sé gaire bé com fer-ho, però m'agradaria que m'ajudessis». Si li mostres que necessites ajuda per no arribar a una situació que no desitges, és possible que comenci a oferir-te senyals perquè, amb el seu suport, aquesta situació canviï. Però el canvi l'has de començar tu.

TORNAR A VIURE EL *BULLYING* ADOLESCENT

Tinc vint-i-vuit anys i quan era un adolescent vaig patir assetjament al col·legi. Em van destrossar psicològicament. La qüestió és que han passat gairebé quinze anys i fa unes setmanes vaig començar a sortir amb un grup d'amics una mica més joves que jo. Tot anava perfectament, fins que vaig agafar confiança i els vaig confessar la meva homosexualitat. Des de llavors, un d'ells no para de molestar-me. Sé que ho fa de bon rotllo, però va ser com tornar a aquella època, que considerava plenament superada. Vaig pensar que ja no m'afectaria, però he tornat a sentir el mateix que llavors. Segueixo sense aprendre a defensar-me i no sé respondre a les agressions i els insults. Què puc fer?

(febrer del 2012)

Respon: Esperanza López

Estudis recents asseguren que els adolescents consideren normal el maltractament en l'entorn escolar, i que el viuen fins i tot amb una actitud de resignació, perquè el perceben com una cosa que sempre ha existit i existirà, la qual cosa justifica la resposta passiva dels espectadors de l'assetjament. Altres anàlisis relacionen la violència en l'adolescència amb el sentiment de soledat, el desig de reputació social i la insatisfacció amb la vida.

En el teu cas, sembla que has tornat a reviure aquestes mateixes sensacions en relacionar-te novament amb adolescents que, en colla, valoren els que són diferents amb prejudicis. Val la pena que t'esforcis a ampliar el teu cercle d'amistats a persones més semblants a tu en edat, gustos i inquietuds. Busca activitats socials que et facin conèixer gent nova. Mentrestant, no consentis que la teva orientació sexual sigui motiu de burla o escarni per a ningú. Demana explícitament a aquest noi que no continuï fent broma sobre aquest tema perquè et molesta. Si això no el fa canviar de conducta, és la prova que no en pots esperar una autèntica amistat.

Capítol 3

Quan ens formem. Educar bé avui perquè demà no calgui desaprendre

1. L'educació emocional

A les nou, lliçons de control de la ira. A les onze, assertivitat. A les quatre, pràctiques de discussió i negociació. Els dimarts i dijous, tècnica de superació de la por. Els dilluns i dimecres, gestió de les afeccions i la dependència emocional. Els divendres, exercicis per superar la frustració. Si avui em presentés al despatx del Ministeri d'Educació on es dissenyen els programes d'ensenyament que segueixen els nens de cinc a dotze anys i proposés aquest horari escolar, és probable que em prenguessin per boig. Però tan segur és el menyspreu que avui em dedicaria l'administració educativa si els fes aquest suggeriment, com que en el futur els menors cursaran assignatures amb aquests noms, o uns de semblants.

Tot i que ja no som allà on érem, i l'escola d'avui no és la de la llista dels reis gots memoritzats de cor i la disciplina de la plantofada que vaig conèixer, la veritat és que encara som lluny de tenir un sistema d'ensenyament que situï les emocions al lloc que haurien d'ocupar, que no és el de la repressió, com ens va tocar sentir als de la meva generació, ni el del menyspreu o el de la reducció a zero, com va ser durant molts anys, sinó el del centre mateix de la formació dels més joves.

Sorprenentment, nois i noies de dotze anys comencen avui en dia l'Ensenyament Secundari Obligatori sabent operar amb polinomis sense haver après abans a desxifrar els senyals que delaten l'estat anímic dels seus companys de taula. Aprenen a conjugar els temps verbals del subjuntiu sense haver rebut cap ni una indicació sobre com gestionar les pròpies subjectivitats. Resolen arrels quadrades sense que ningú els parli abans de les arrels de les seves emocions.

Però com els anirà de bé o malament la vida a aquests futurs adults no dependrà tant del domini que assoliran amb els nombres i les lletres en aquests anys d'estudi i formació com de l'encert que manifestin resolent les equacions sentimentals en què es trobaran immersos. I de la mateixa manera que és veritat que venim al món amb els pilars de l'emotivitat instal·lats de sèrie, i un bebè sap com i quan ha de somriure sense que ningú l'hi hagi ensenyat, és igualment veritat i segur que el desenvolupament d'aquesta capacitat innata per sentir i intuir, com també els secrets per gestionar el riu interior de les emocions, els hem d'aprendre mitjançant l'exemple, la pràctica i la guia educativa.

Algun dia, les generacions futures s'estiraran els cabells preguntant-se com vam poder sobreviure sense que les escoles ensenyessin als nens el mal que pot fer un gest de menyspreu, o com s'ha de sufocar un rampell de ràbia, o quins exercicis s'han de fer per mantenir l'autoestima tonificada. Ens diran primitius, que és el que ara diem nosaltres als nostres avantpassats llunyans, i ens sembla molt estrany que poguessin tirar endavant sense la tecnologia ni els sistemes d'ordenació social de què avui disposem.

I, malgrat tot, encara sento reticències davant aquest clam, de vegades plantejades des de la ignorància, i d'altres posant l'èmfasi en la dificultat que representa incorporar aquestes disciplines als sistemes educatius que ja coneixem. Que això que reclamo sigui nou no vol dir que sigui fatigós o costós. Més complicat és el volum de dades científiques i tècniques que qualsevol adolescent afegeix al seu coneixement abans d'acabar el batxillerat. I ja els veieu, resolent equacions de segon grau amb tretze anys. Com si fossin uns petits savis, aprenen a orientar-se amb traça en aquests laberints matemàtics, però arriben a la universitat sense que ningú els expliqui en què consisteix la resiliència, que és un salvavides mental amb què podrien convertir cada dificultat en una oportunitat d'èxit.

És urgent, i ara que la crisi econòmica està obligant les administracions a reescriure els patrons de tots els serveis públics seria una ocasió perfecta, que els programes educatius de les escoles determinin els instruments docents necessaris perquè els nois incorporin almenys cinc habilitats imprescindibles. La primera té a veure amb el desenvolupament de la consciència emocional. Res de la revolució educativa que estic proposant tindria sentit si els més joves no aprenen abans a identificar què coi els passa per dins quan les emocions es posen en moviment. Aprendre a reconèixer la dosi justa d'ansietat que necessitem per estar alerta en situacions de risc i diferenciar-la del pànic que ens paralitza la ment i el cos és una de les lliçons que més agrairan els nois quan siguin grans. I això, amb molt poc esforç i un escàs cost econòmic, es podria ensenyar perfectament a les escoles.

Conseqüència immediata d'aquest coneixement és el que té a veure amb l'habilitat de gestionar les emocions. Avui, la psicologia ens posa a disposició un complet menú de tècniques per a la millora de l'autocontrol personal, la relaxació, la concentració i l'enfortiment de l'autoestima que, introduïdes en la rutina diària dels més petits, els permetria créixer, gairebé sense adonar-se'n, sabent dominar els nivells d'estrès, els dèficits d'atenció o les mancances de confiança personal. I això són tècniques i exercicis mentals fàcilment practicables en l'entorn escolar. De la mateixa manera que en l'actualitat l'educació física i l'esport formen part de les agendes escolars, què esperem per introduir també en aquests programes la gimnàstica emocional?

Hi ha dues habilitats més, també emparellades, que és imprescindible incloure en els plans escolars: la consciència social de la pròpia persona i el desenvolupament de les facultats per relacionar-nos amb els altres. Entre els professionals del món acadèmic es plantegen debats sobre les dimensions de les capacitats humanes, però hi ha un punt sense controvèrsia: la intel·ligència, o és social, o no és intel·ligència útil per a les persones. I aquesta realitat, atesa la magnitud tan gran que estan aconseguint els actuals sistemes de comunicació i les xarxes socials, que han canviat la manera que teníem de relacionar-nos, està avançant en el sentit de convertir-se en l'única i autèntica clau mestra de la nostra felicitat. En el futur, ens anirà millor o pitjor a la vida segons com ens entenguem de bé o malament amb els altres, i no tant a causa de les habilitats personals o la sort que hàgim tingut en néixer en una família o en una altra. Una escola de marcat accent social i mentalitat global truca a la nostra porta.

Hi ha una cinquena habilitat que hauria de ser més tinguda en compte als col·legis i els instituts quan es tracta de dissenyar els programes lectius, i és la que té a veure amb la preparació dels menors per a la presa de decisions i l'entrenament en la resolució de conflictes, un aspecte que contribuirà en últim terme a un major benestar personal i social. Absurdament, es proporciona al jovent una multitud de coneixements tècnics, però tant nois com noies assoleixen la majoria d'edat sense haver rebut mai instruccions sobre la manera de gestionar una situació d'emergència o quins passos han de seguir per dur a terme una negociació amb individus semblants a ells. I no obstant això, la realitat és que per cada cas vital en què necessitaran recórrer a la preparació acadèmica que han adquirit s'hauran d'enfrontar a mil situacions en què una bona formació en l'art de decidir i la capacitat d'arribar a acords els hauria estat més útil que cap altra cosa.

Per sort, hem avançat una mica en aquesta frontera i cada cop hi ha més fòrums educatius que comencen a situar la gestió de les emocions al centre mateix dels programes d'ensenyament. Seguint el camí obert per investigadors pioners com Daniel Goleman, el pare del concepte de la intel·ligència emocional, o Linda Lantieri, especialista en l'aplicació d'aquestes idees en l'educació, avui hi ha uns quants projectes que han vist clar que aquest és el camí que s'ha de seguir, com el Collaborative for Academic, Social and Emotional Learning (CASEL) nord-americà, o els desenvolupats a Espanya per la Universitat Camilo José Cela de Madrid, la institució educativa SEK, el catedràtic Rafael Bisquerra de la Universitat de Barcelona, coordinador de l'informe FAROS de l'Observatori de Salut de la Infància i l'Adolescència de l'Hospital Sant Joan de Déu de Barcelona, i alguns professors que a títol personal intenten treballar amb els alumnes aquestes aptituds perquè creuen que seran fonamentals per al seu desenvolupament com a adults.

Es tracta, com Goleman mateix recorda, que quan pensem en els nostres fills tinguem present aquesta idea: «És un error creure que la cognició i les emocions són dos camps separats. Pertanyen a la mateixa àrea cerebral. De manera que ajudar els nens a gestionar millor les emocions significa que poden aprendre millor». Depèn de nosaltres.

Ensenyar a gestionar les emocions des de la infància

Com es pot ensenyar a gestionar les emocions i entre quines edats hauria d'incorporar-se aquest aprenentatge?

(febrer del 2012)

Respon: Gabriel González

La gestió de les emocions es pot ensenyar i aprendre des de la infància, ja que els nens, encara que no entenen les paraules, sí que comprenen els gestos i perceben les sensacions. Als dos anys és un bon moment per començar a explicar-los què passa quan un està enfadat, espantat, sorprès o alegre. Un bon instrument són els contes i els jocs, ja que a través seu els ensenyem a identificar les pròpies emocions i a aprendre'n reflexionant i pensant alhora.

Amb el temps podem anar utilitzant la paraula per explicar les emocions i com fer-les anar. Podem parlar amb els menors sobre què senten, on situen aquesta emoció i com la noten. Els nens tracten de buscar en el llenguatge paraules per definir el seu dolor, la seva angoixa i, en general, qualsevol emoció. A partir d'aquí se'ls pot preguntar com s'ho han de fer per conèixer, identificar i solucionar el que els està passant. No es tracta que evitin les emocions sinó que les reconeguin, les identifiquin i les acceptin.

No tan sols ho ha de fer la família, això, també l'escola ha de constituir un gran espai capaç d'ajudar a progressar en aquests processos. El diàleg i la comunicació s'aniran fent cada cop més complexos a mesura que els menors creixin, però la base és la mateixa: identificar l'emoció, acceptar-la i començar a gestionar-la.

Com es pot ensenyar als nens a ser assertius

Tinc una amiga amb un nen de cinc anys que està preocupada perquè a la seva classe hi ha un company que el maltracta psicològicament. La professora ha dit a la mare que el seu fill és immadur i que es comporta com un bebè, perquè quan el renya es posa a plorar. La veritat és que és un nen educat, amable i afectuós. Els seus pares li han donat una educació correcta, però suposo que a l'aula les coses es compliquen. Com es pot educar en la fortalesa sabent gestionar la mala educació dels altres sense perdre la teva?

(març del 2011)

Respon: Sandra Borro

A més d'educar un nen en valors, amabilitat i respecte, també cal ensenyar-li a ser assertiu i a solucionar els conflictes que es generen amb els companys d'una manera pacífica, dialogant o intentant arribar a acords. Seria interessant saber si el nen comparteix temps de lleure amb altres menors de la seva edat, i si els pares també han observat la mateixa reacció al parc o mentre juga amb els amics.

Quan és atacat o molestat, el nen ha d'aprendre a manifestar la seva pròpia posició davant la situació i a expressar la seva insatisfacció, el seu dolor o el seu desconcert, i demanar que parin de molestar-lo amb fermesa i decisió. També ha de tenir la valentia de comentar el problema amb els adults i sol·licitar que l'ajudin si els atacs no paren. Si un mateix s'estima i es respecta, també és capaç d'estimar i respectar l'altre. I l'única manera de fer-ho és desenvolupant una sana autoestima que ens permeti estar segurs de la nostra vàlua única i personal, que ens ajudi també a fer valer els nostres drets sense trepitjar els de l'altre.

La meva filla té atacs d'ira

La meva filla de vuit anys té atacs d'ira, i ja n'hi agafaven de ben petita. Es posa com fora de si mateixa, insulta, ho llença tot. Després, quan la crisi passa, plora i demana perdó. Diu que s'ha posat nerviosa. És molt sensible, i normalment és molt bona. M'agradaria saber a quin especialista la puc portar.

(març del 2012)

Respon: Sandra Borro

La ira és una emoció bàsica que tots els éssers humans experimentem davant unes situacions determinades. Es produeix quan la persona s'altera perquè no troba la manera de resoldre un problema difícil i comença a comportar-se d'una manera violenta i descontrolada. És una autodefensa caracteritzada pel vigor, la força i la resistència, raó per la qual és molt necessari que els nens aprenguin a controlar aquestes emocions ja des de ben menuts.

Cal ensenyar al nen a relaxar-se, a comptar fins a deu i a expressar el seu enuig d'una manera més saludable, mitjançant paraules, jocs o dibuixos. No pot cridar, ni llençar coses, però pot anar a la seva habitació o demanar ajuda per calmar-se. La música, els massatges i les abraçades són una manera de relaxar el cos i permetre que la contrarietat es dilueixi i les paraules puguin fluir. Potser hi ha alguna situació que l'atemoreix o l'estressa, a casa o a l'escola, i que no és capaç d'expressar. També podria ser que, per por als seus atacs d'ira, hàgiu cedit en molts terrenys i li hàgiu concedit més privilegis dels necessaris. De vegades, per no enfrontar-se al fill, els pares, esgotats, acaben convertint-lo en un petit dictador. Si vols rebre ajuda professional, consulta un psicòleg clínic infantil juvenil, que podrà valorar individualment la teva filla i analitzarà la situació familiar per proposar l'abordatge terapèutic més adequat.

Recursos per a pares de nens amb TDAH

El meu fill de vuit anys té TDAH (trastorn per dèficit d'atenció amb hiperactivitat). El que més destaca en el seu comportament és la impulsivitat i la manca d'atenció en allò que no li aporta una satisfacció immediata. No és ell, només, qui necessita pautes de comportament sinó jo també, perquè sóc conscient que no sé gestionar bé els atacs de ràbia i negativisme que té el meu fill per culpa de la impulsivitat. Normalment acostumo a enfrontar-me a ell amb enuig. Què hi puc fer?

(març del 2011)

Respon: Gabriel González

És important i bàsic reconèixer que com a pares també es necessiten tècniques i estratègies per afrontar situacions de diagnòstic de TDAH. Indubtablement, el primer pas és entomar el diagnòstic, entendre'l i saber què representa, tant per al nen com per a la família. És bàsic tenir una actitud positiva i buscar suports tant de la xarxa social pròxima com de professionals. Descobreix què té d'especial el teu fill, troba la part amb més potencial i les capacitats de què disposa i posa-les sobre la taula. Tenir un dèficit d'atenció per hiperactivitat no significa que no sigui capaç de fer coses. És possible, fins i tot, que sigui capaç de fer-ne moltes més que la mitjana.

A partir d'aquí se'l pot ajudar a satisfer les seves necessitats físiques i emocionals, a superar llindars de frustració baixos, oferir suport a la seva autoestima i enfortir la capacitat de resoldre els problemes que se li plantegen. És evident que en aquest procés no tan sols és el menor qui ha d'aprendre com sortir-se'n, sinó també l'adult. Sobretot pel que fa a la gestió de les emocions: cal reconèixer-les, estudiar-les i aprendre'n. Així, el millor exemple per al teu fill és que tu puguis gestionar els teus propis sentiments. Això el pot ajudar a controlar la impulsivitat i les empipades.

2. I tu en què ets intel·ligent?

El 1905, el psicòleg i pedagog francès Alfred Binet i el seu alumne, el psiquiatre Théodore Simon, van crear el primer sistema per mesurar la intel·ligència basant-se en els resultats obtinguts amb un test i en funció dels paràmetres que es descrivien en una escala perfectament tabulada. Aquella troballa va obrir una nova frontera en la investigació de la condició humana que ha donat grans resultats després de dècades de recerca per conèixer, ponderar i calibrar el funcionament conscient del cervell i la seva capacitat per relacionar-se amb l'entorn i entendre'l. Al camí que Binet va iniciar amb aquells primitius qüestionaris psicològics devem no pocs descobriments sobre com funciona l'aprenentatge, especialment entre els menors. No endebades la revista científica *Science* va declarar l'escala Binet-Simon un dels grans descobriments del segle XX.

No obstant això, aquesta frontera de la psicologia ha causat, sense que Binet ho pretengués ni tampoc els especialistes que van continuar la seva obra, una greu miopia per part dels investigadors que, al llarg dels anys que van seguir, es van dedicar a determinar el potencial que correspon al cervell, com també entre els pedagogs encarregats de dissenyar els sistemes educatius aplicats a les generacions d'escolars posteriors. L'absoluta rellevància que durant tant de temps ha tingut la variable del coeficient intel·lectual (CI) per mesurar la capacitat intel·lectiva de l'ésser humà ha representat un menyspreu total per la resta d'habilitats mentals, que difícilment podien veure's reflectides en els famosos tests, però que igualment formen part del nostre capital personal, com les habilitats artístiques, les empàtiques i socials, les físiques, o les del mateix autoconeixement.

No ens hauria d'estranyar: és una trampa que forma part del subtil i tàcit complot que durant segles ha condemnat a un segon pla les emocions i la intuïció i en canvi ha afavorit la raó i el pensament lògic deductiu. Hem hagut d'arribar al segle XXI perquè la neurociència ens pugui convèncer que estàvem ben equivocats en embadalir-nos d'aquesta manera amb el que ens cridava la raó, malgrat que ens feia equivocar contínuament, sense escoltar el que amb tant d'encert ens murmurava la intuïció.

Avui ja sabem que aquesta altra forma de coneixement interior, impredictible i difícil de mesurar, és tan vàlida com aquella altra que tant apreciàvem, calculàvem i orgullosament comparàvem amb els famosos tests d'intel·ligència. Més encara: en les situacions en què no disposem de tota la informació necessària per decidir, la intuïció ofereix més marge d'encert que la raó. De la mateixa manera, avui també sabem que les capacitats intel·lectuals de l'ésser humà són moltes més que les que reflecteixen les xifres i els percentatges del CI. On queda anotada l'habilitat d'un compositor per crear una simfonia increïble, o la d'un pianista per interpretar-la fins que aconsegueix fer estremir l'audiència? Quin índex mesura la facilitat d'una persona comunicativa i empàtica que és capaç de liderar i mobilitzar un grup humà en una direcció determinada? Quina escala serveix per ponderar la destresa d'un acròbata, un mag o un ballarí que ens deixa bocabadats amb la seva actuació al damunt d'un escenari?

Com diu l'expert en educació i desenvolupament de la creativitat Ken Robinson, no sense una certa ironia i amb segones intencions, «el test d'intel·ligència només mesura la capacitat per fer tests d'intel·ligència». Si únicament tinguéssim les habilitats que es tabulen en aquests qüestionaris, la major part de la cultura no hauria existit mai. Ni l'art, ni la creativitat, ni la capacitat d'emocionar els altres apareixen reflectits en aquests paràmetres numèrics. No obstant això, hem viscut sotmesos a la dictadura del CI durant tot un segle. Actualment ja es mesura l'EI (de l'anglès *Emotional Intelligence*), és a dir l'habilitat d'una persona per entendre les pròpies emocions i les dels altres. Investigadors de la Universitat de Virgínia-Commonwealth, als Estats Units, han publicat recentment un estudi on es demostrava que l'EI és un bon predictor del rendiment a la feina. És a dir: les persones amb un EI elevat són més bons treballadors.

Una de les conseqüències més lamentables d'aquesta coixesa mental amb què hem viscut tant de temps ha estat la desequilibrada valoració que hem donat a les assignatures en els programes acadèmics. Sense que ningú ens expliqués mai per què, els escolars i batxillers vam créixer durant generacions al voltant de calendaris docents que afavorien matèries com les matemàtiques, la llengua o la història i menyspreaven la formació artística, les habilitats corporals o les disciplines escèniques, arraconant-les dins dels horaris en els trams de menys interès i anomenant-les injustament *maries*. I no parlem de l'educació emocional, que mai a la vida en vam tenir notícia.

Se'ns deia que d'aquesta manera els joves es preparaven millor per a la vida. De debò? Aquesta afirmació no se sosté en el món que avui vivim. I, de fet, en el passat tampoc tenia sentit. ¿Em pot convèncer algú que les ingents hores que els de la meva generació, la següent i encara la següent, vam dedicar a l'estudi de la trigonometria o l'anàlisi sintàctica han fet de nosaltres persones millors, més felices i amb més recursos per defensar-nos en el món que si haguéssim dedicat part d'aquest temps a entrenar-nos en la cooperació i la feina en equip, la pràctica d'una disciplina musical o l'exercici d'una art plàstica? Permeteu-me que en dissenteixi.

Erròniament, ens hem cregut allò que les ciències ens endinsaven en l'univers de les seguretats, mentre les arts ens feien perdre el temps en el territori dels sentiments, útils per a l'entreteniment, se'ns va dir, però no per a l'economia ni per procurar-nos un futur segur. Ens vam empassar allò d'«Estudia una cosa seriosa i treballa intensament les matemàtiques», sense pensar si acabaríem sent tots matemàtics, o si hi teníem aptituds. Amb un menyspreu similar, ens vam atipar de sentir que estudiar art, música o disciplines escèniques no servia de res. I de què li servirà ser tan entès en números al noi més preparat en àlgebra de l'institut, si després no és capaç d'entendre's amb els qui seran els seus companys a la feina perquè mai ningú li ha ensenyat a ser assertiu, negociador, ni empàtic?

D'acord amb la gràfica comparació que fa Howard Gardner, professor de Cognició i Educació de la Universitat de Harvard, als Estats Units, sostenir que només hi ha una única forma d'intel·ligència equival a dir que només tenim un ordinador al crani, el del pensament lògic deductiu, i que no tenim els altres processadors mentals que ens permeten ballar, cantar, pintar, seduir, dialogar... Amb un gran encert, ell reivindica l'existència del que anomena «intel·ligències múltiples», perquè no és el mateix ser hàbil amb la música que tenir un gran sentit d'orientació espacial, o una gran capacitat comunicativa, o una expressió corporal òptima. I totes aquestes habilitats que hem esmentat són formes d'intel·ligència no menys útils en la vida, ni menys vàlides que la que tradicionalment hem assumit per única. I tampoc menys susceptibles de ser incorporades als plans acadèmics com a matèries d'estudi.

De totes aquestes intel·ligències, sens dubte, la que amb més urgència hem de fer pujar de rang en els programes escolars és la que té a veure amb la dimensió social de les persones. És vital que els nostres menors adquireixin a l'escola les habilitats necessàries per saber treballar en equip, abans que la vida els obligui a improvisar models de col·laboració en l'entorn laboral que al cap de poc viuran. De la mateixa manera, en un món tan social com el que hem construït, és imprescindible que els joves aprenguin els secrets de la gestió d'equips i que descobreixin com desenvolupar habilitats empàtiques.

Temps enrere les persones feien moltes coses totes soles, però ara tot consisteix a treballar en grups d'una manera coordinada. Això fa que hagi passat a ser tan valuós saber com fer-nos una idea de la situació, col·laborar afectivament amb els altres, construir confiança, combatre les reaccions pròpies i les dels altres i potenciar l'esperit col·laborador. Aquests factors socials i emocionals entren en la categoria de la comprensió d'un mateix. I no deixen de ser un tipus d'intel·ligència: la intel·ligència interpersonal.

Com puc motivar un nen que acaba de començar l'ESO

Tinc un fill amb problemes d'aprenentatge en el sistema tradicional d'ensenyament. Acaba de començar l'ESO i, malgrat l'esforç que ha fet, els resultats han estat dolents. Què podem fer els pares per incentivar aquests nens abans que el sistema els esclafi i els rebutgi com a inservibles?

(febrer del 2012)

Respon: Sandra Borro

A la majoria de les escoles, els nens es veuen enfrontats a un sistema educatiu que no té en compte les diferències individuals. Si hi afegim com resulta de difícil per a molta gent canviar d'opinió i deixar enrere els vells models educatius, és veritat que el teu fill i molts altres joves tenen un problema greu.

El paper dels pares és comprendre els fills i oferir-los eines adequades perquè aprenguin a afrontar les dificultats que se'ls presenten cada dia. Des de la família es poden ampliar els temes explicats a classe a través de llibres, documentals o visites a museus i llocs d'interès cultural. Seria fantàstic que els nens aprenguessin i gaudissin alhora, i que els professors mostressin entusiasme i tinguessin al seu abast tots els mitjans necessaris per fer que la classe fos dinàmica i interessant, però sempre hi haurà alguna assignatura que no els agradarà tant, i en la qual el nen s'haurà d'esforçar per recordar informacions que, *a priori*, no li interessen gens ni mica. És el preu que, de moment, els nostres futurs universitaris han de pagar, almenys fins que la pròxima reforma educativa tingui en compte els progressos de la ciència en aquest àmbit.

Falta de concentració en els estudis

Tinc una filla de vuit anys que està fent tercer de primària. El problema és que des de fa uns mesos es distreu a classe i no aconsegueix concentrar-se. També li passa en altres moments, com a l'hora de fer els deures. Quan això passa estic al seu costat en tot moment, però no aconsegueixo que es concentri, i per culpa d'això comet molts errors simples. No ha passat res important a la nostra família, ni hi ha hagut canvis que l'hagin afectat, per tant no sé quin és el conflicte. Quan se li explica alguna cosa ho entén de seguida, però al cap d'una estona se n'oblida o no se'n recorda.

(juny del 2011)

Respon: Gabriel González

Els nens de vuit anys solen ser molt actius i estar plens d'entusiasme. Algunes característiques d'aquesta etapa poden ajudar-nos a trobar formes d'actuar amb ells per establir hàbits que els estimulin i que els ajudin a centrar-se. Així, la seva sensibilitat davant els afalacs i el reconeixement ens permet, tant als educadors com als pares, reforçar-los les activitats que els ajudin a procurar-se hàbits saludables. Per exemple, és bo fer que el nen senti que és important centrar-se a l'hora de dur a terme una activitat, que aprengui les conseqüències dels seus actes, i que trobi solucions als problemes que se li plantegen.

En tot cas, hem de descartar d'entrada qualsevol altre problema, com ara un trastorn per dèficit d'atenció. Per això és important acudir a un especialista. Amb tot, es poden tenir actituds que els ajudin a desenvolupar les seves capacitats. És útil deixar de banda els hàbits perjudicials i reemplaçar-los per conductes que faciliten complir les obligacions i els objectius marcats. Per a això no es necessita ser un expert, es tracta simplement d'estar atent i facilitar-li les eines necessàries perquè el nen desenvolupi aquestes capacitats. Els pares són els qui millor ho fan, perquè saben trobar estratègies per facilitar-los aquests processos. Amb vuit anys és normal que els nois picotegin d'aquí i d'allí, i els hem d'ajudar a desenvolupar hàbits d'organització, de concentració i de motivació que els permetin créixer adequadament.

Passar de bon a mal estudiant en arribar a la universitat

Al col·legi i a l'institut treia molt bones notes, però quan vaig començar a estudiar una enginyeria superior el meu rendiment va caure en picat. De fet, no vaig aprovar cap assignatura. Ho vaig tornar a intentar més endavant en una altra escola superior, però al cap de tres anys d'anar de més a menys ho vaig deixar i em vaig posar a treballar. Més endavant vaig començar una enginyeria tècnica i vaig tornar a fracassar. Fa vint anys que treballo allà on vaig començar, amb una categoria professional d'FP1 i exercint una tasca que menyspreo. Per què tot i treure tan bones notes durant la primària i la secundària vaig fracassar tan estrepitosament a la universitat? Per què companys d'institut amb més dificultats que jo tenen avui feines més bones? Realment tot depenia del meu esforç, o potser és que dec tenir un defecte que va passar desapercebut fins que vaig arribar a la universitat?

(setembre del 2011)

Respon: Paula García-Borreguero

Són diversos els factors que poden haver influït en aquesta situació. D'entrada, ser bon estudiant en l'etapa escolar no garanteix continuar sent-ho a la universitat, entre altres causes perquè el nivell d'exigència augmenta, especialment en les enginyeries. Seria interessant analitzar quins eren els teus hàbits i la forma d'estudi durant l'etapa universitària. En termes generals, és important tenir en compte factors externs com l'espai, el silenci, la il·luminació, el mobiliari, els descansos... Però també interns, com els pensaments durant el temps d'estudi, per evitar pensar en els problemes i conflictes personals, la dificultat de la matèria o la gestió dels fracassos.

Com es pot triar bé l'escola del nen

Sóc mare soltera d'un nen de cinc anys. Voldria saber si hi ha estudis sobre la importància de l'educació en contraposició a l'ambient familiar i el factor qualitat de vida. Busco alguna cosa que m'ajudi a triar escola. Si el nen no surt enginyer, m'ho retrauran tota la vida. Com enfrontar-me a aquesta decisió? Què he de prioritzar, que sigui bo per al meu fill i per a mi?

(agost del 2011)

Respon: Noelia Sancho

És important que entenguis que aquesta no és una decisió que et lliga per a tota la vida. Si un cop començat el col·legi tant el nen com tu no acabeu d'estar-ne satisfets, es pot plantejar un canvi més endavant. Si quan té cinc anys estàs pensant en quan en tingui vint-i-cinc, sempre t'estaràs amoïnant.

Només tu, que coneixes el teu fill, pots decidir què serà el millor. L'estil educatiu que es rep a casa és molt important en aquesta primera infància. Que el nen tingui la possibilitat de jugar al parc amb altres criatures no es contradiu amb el fet que faci més amics a l'escola, encara que la tingui lluny. Però sí que és veritat que la socialització en els menors afavoreix el desenvolupament intel·lectual global. En tot cas, té molts anys per davant, per madurar i decidir. Potser no serà enginyer perquè decidirà dedicar-se a una altra cosa. L'important és que prenguis la decisió pensant què pot fer més feliç el nen, no la gent del teu voltant.

3. Canviem les escoles per canviar el món

Si assumim que l'única manera que hi ha de canviar el món és intervenint sobre les generacions que l'habitaran i el governaran en el futur, comprendrem fàcilment que per operar aquesta transformació, abans cal fer-ne una altra: la que se centra en els agents encarregats de formar aquests nous terrícoles. Ras i curt: canviar el rumb que portem passa per modificar la mentalitat i la manera de funcionar dels professors i els actuals sistemes d'ensenyament. Sense això, no aconseguirem mai l'objectiu.

La urgència per posar de cap per avall els plans educatius que segueixen avui els nostres fills als col·legis i instituts, com també la necessitat de sacsejar les persones que tenen encarregada la tasca d'impartir aquests programes formatius, és un clam que transcendeix els entorns docents i afecta profundament tota la societat. La de l'educació és una ferida que ens fa mal a tots, i la seva gravetat va més enllà de les queixes que ben sovint se senten sobre el tema: abandó escolar, falta d'entusiasme per part de professors i estudiants, pèrdua de valors, ineficàcia quan cal respondre a les necessitats professionals de la vida contemporània. Les conseqüències d'aquests símptomes són més grans de cara al futur que referides al present. Cada error didàctic que cometem amb els nois que avui tenen entre cinc i quinze anys l'acabarem pagant d'aquí a dues dècades. Cada renúncia que fem en aquest terreny ara, es convertirà en una hipoteca signada contra el nostre futur com a comunitat.

Estic parlant d'un problema que se situa molt per sota dels encerts o errors del programador acadèmic de torn, i que no té res a veure ni amb la LOGSE ni amb les diferents i successives lleis educatives aprovades al nostre país durant els darrers trenta anys. Em refereixo a l'enorme forat que s'ha obert entre la realitat que viuen els nanos actualment i aquest altre món que professors i mestres els mostren a les aules. De vegades aquesta distància acaba desembocant en contradiccions alarmants.

Si mirem enrere, comprovarem que en l'últim mig segle tot ha canviat al nostre voltant: els costums, els sistemes laborals, les formes d'oci, la manera de comunicar-nos... Res no és com era fa cinquanta anys, o potser trenta. No obstant això, les escoles, els programes educatius, els calendaris escolars i els llibres de text són els mateixos que en el passat, o estan inspirats en paradigmes pedagògics semblants. L'escola, des de la llar d'infants fins a la universitat, continua orientada a la formació d'individus productius i útils per a l'economia, dotats de cultura i ben preparats personalment, o això es pretén. Però resulta que ni l'economia ni la cultura ni l'experiència personal de l'ésser humà és avui la mateixa que era en la generació anterior. Com és possible que encara consentim que les fàbriques d'habitants del futur continuïn funcionant amb la vista posada en patrons anquilosats que només miren cap al passat?

Actualment, la informació viatja a les nostres butxaques a bord de telèfons mòbils de la mida del palmell de la mà, i les distàncies han desaparegut gràcies a la ubiqüitat d'internet i de les xarxes socials. Tot i això, quan diem «escola», avui continuem pensant en un professor, dalt d'una tarima i al costat d'una pissarra, que s'adreça a una colla de nois i noies asseguts en fileres de pupitres. Ben bé com fa cent anys. Qualsevol dada que el mestre els reveli la podran trobar fàcilment als seus terminals digitals en qüestió de segons, però la fórmula del docent que deixa anar la lliçó als alumnes sense parar-se a pensar com són, com senten, ni com reben aquesta informació que els proporciona, continua sent la que domina en la majoria de centres educatius.

Cal millorar molts aspectes de les nostres escoles i models d'ensenyament, però el més urgent és dur a terme un canvi radical en la formació dels professors que comporti replantejar el seu ofici. D'entrada, cal resoldre un buit a través del qual estem perdent un gran capital humà en els escenaris educatius: és vital que els professors aprenguin a gestionar el cabal emocional dels alumnes, la qual cosa implica saber com bateguen, quines mancances afectives presenten, de quines potencialitats disposen, com poden atreure la seva atenció i estimular la seva capacitat de concentració.

L'any 2011 la revista *Science* va publicar una anàlisi que comparava la capacitat d'aprenentatge d'alumnes preuniversitaris que utilitzaven mètodes interactius amb la dels que seguien sistemes tradicionals, i va quedar demostrat que els que s'entrenaven en discussions de grup o debats a classe obtenien més bones qualificacions i asseguraven que estaven més motivats per a l'estudi de la matèria.

Com assenyala Robert Roeser, psicòleg de la Universitat de Portland, als Estats Units, i expert mundial en educació, no es tracta tant de considerar els coneixements acadèmics que es transfereixen als nens i adolescents com de vigilar la manera com aquests es converteixen en joves i adults al llarg de fases evolutives diferents. I això implica crear entorns positius perquè es doni aquest correcte desenvolupament del menor, estar molt pendents de les seves necessitats i dotar-lo de models de comportament responsable i de gestió de les emocions. Els bons professors no analitzen el contingut i l'imposen al nen, sinó que analitzen el nen i l'atreuen cap al contingut per ajudar-lo a entendre'l.

Conèixer una matèria no significa que se sàpiga impartir-la. Tampoc el fet d'obtenir un deu en matemàtiques implica ser un noi més madur que un altre que les ha suspès. I aquí es tracta de facilitar l'arribada a l'edat adulta de generacions d'homes i dones més sans per dins i per fora, evitant caure en els errors educatius que s'han comès en el passat. Hi ha docents que encara es riuen de mi quan els explico que acostumo a preguntar a les meves nétes què han desaprès al col·legi. No és un acudit, això que faig, és una advertència molt seriosa. Que aquest concepte —el de la necessitat de desaprendre— no hagi estat entès encara per la comunitat educativa és una bona mostra de com som de lluny de disposar d'un sistema d'ensenyament adequat.

El professor Howard Gardner pronostica que en el futur els docents s'assemblaran més a «guies personals» dels menors i seran menys proveïdors de lliçons acadèmiques, que és el que la majoria són ara. És a dir: seran més mestres —aquest concepte tan devaluat, però tan valuós— i menys professors. Estic d'acord amb aquest expert en ensenyament; caminem indefectiblement cap a aquí, ens hi porten el vent de l'evolució i l'avenç tecnològic.

Però compte: per arribar fins a aquest escenari caldrà canviar prèviament, de dalt a baix, la manera d'ensenyar que se segueix als centres escolars, que avui continua sent horitzontal, sense matisos, homogènia i igual per a tothom, sense considerar qui i com rep aquest ensenyament. És necessari que avancem cap a un sistema de formació personalitzada, flexible i àgil, que atengui les particularitats de cada menor i no converteixi l'educació en una producció en sèrie. Si tots som diferents, i tenim mancances i potencialitats variades, és absurd que als col·legis es continuï ensenyant a tothom de la mateixa manera.

Fa uns anys això hauria semblat una utopia, però avui la tecnologia permet fer-ho realitat. Les possibilitats que ofereixen internet i les xarxes socials per compartir espais virtuals acabarà fent caure els murs de les aules, tard o d'hora, per situar d'una vegada per sempre l'alumne al centre de la tasca docent i alliberar-lo del paper de simple receptor de lliçons que ara mateix representa. I aquesta revolució ja ha començat. Als Estats Units hi ha empreses de programari educatiu i comunitats acadèmiques que fan realitat aquesta altra visió de l'aprenentatge. ¿I això no conduirà a escoles més despersonalitzades, en no estar supeditades al contacte físic?, pregunten alguns. L'assessor en sistemes educatius Curtis W. Johnson, autor del concepte de la «innovació disruptiva» de les aules, desconfia d'aquests temors i assegura que aquest altre model permetrà un tracte més pròxim i estret entre el professor i els alumnes, i també entre ells mateixos, que el que hi ha als nostres col·legis i instituts actuals.

Es tracta de «personalitzar l'experiència de l'aprenentatge», recorda Johnson. En aquesta escola de què parlo s'haurà destruït també, finalment, un altre mite que ha condemnat al fracàs multitud de cervells durant incomptables generacions: l'obsessió pel resultat, la fixació en l'examen, la dictadura de la qualificació acadèmica. Algun dia, professors, programadors educatius i alumnes entendran que el que importa en l'aprenentatge no és la meta, sinó el camí. Faig meva aquesta reflexió de Richard Gerver: «Hem oblidat que el millor de l'educació està en l'experiència, en el moment, en l'alegria de descobrir alguna cosa, en la satisfacció de tenir una pregunta i poder buscar una resposta, no necessàriament en la resposta».

No m'agrada la mestra de la meva filla

Tinc una filla de tres anys a qui hem ensenyat a no pegar, a compartir i a saludar quan arriba a l'escola. Però allà deixa que li peguin, l'han mossegat als braços i a les mans, i la mestra diu que ha d'aprendre a defensar-se. Em sembla que l'educadora mai els diu bon dia, als nens, i que quan hi ha baralles els fa crits. Quan tenim una reunió de tutoria no em diu mai res bo de la meva filla. D'escriure lletres i fer treballs de classe, sí que n'està aprenent, però veig que no fomenten altres aspectes que considero importants. Noto la mestra nerviosa i saturada de la feina que implica atendre vint-i-cinc nens. Què puc fer?

(maig del 2011)

Respon: Sandra Borro

Cal tornar la passió per l'ensenyament als professors i el plaer de l'aprenentatge als alumnes. Lamentablement, el sistema educatiu actual és tan ordenat i reglamentat, i està tan centrat en els resultats, que els professors perden la passió per capacitar, guiar i ensenyar. Això provoca que la passió no es transmeti als nens ni reverteixi en la seva experiència d'aprenentatge.

Tot el que passa a l'escola és important, i el que els mestres puguin transmetre a la teva filla també ho és. Has de buscar un centre educatiu que coincideixi amb els valors i l'educació que vols oferir a la nena. Les criatures necessiten percebre que hi ha coherència entre el que viuen a casa i el que se'ls ensenya al col·legi perquè puguin desenvolupar tot el seu potencial creatiu.

Fer deures a casa és bo?

Cada cop es parla més de la ineficàcia de les tasques escolars que es fan a casa. Al meu parer, saturen els nens després d'una llarga jornada escolar i fan que no tinguin temps de jugar ni dedicar-se a alguna disciplina extraescolar com la música o l'esport, que són tan enriquidores o més que les altres. Si volem que els nens facin els deures, que juguin, que descansin i que sopin, i a més que se'n vagin a dormir a una hora adequada, ens falten hores al dia. És realment necessari per al desplegament intel·lectual i l'educació dels nostres fills que estudiïn també fora del col·legi? Pot arribar a ser una causa del fracàs escolar?

(juny del 2012)

Respon: Noelia Sancho

En principi, fer deures a casa no és negatiu, sempre que sigui en la mesura justa. Els deures haurien d'ajudar el nen a crear hàbits d'estudi fora de l'aula, a treballar de manera independent del professor o els pares i a valorar el binomi esforç-resultat. Però és igualment important que el menor tingui temps de jugar, practicar esport, descansar i desconnectar. I a tot plegat cal concedir-hi la mateixa importància; de la mateixa manera que insistim perquè s'assegui a estudiar, també hem d'aconsellar-li que faci descansos, que baixi a jugar al parc o que es relacioni amb la família. Això sempre cal adequar-ho a l'edat del nen, sense provocar-li massa cansament i estrès, perquè podria arribar a fer que tingués fracàs escolar. De vegades les activitats extraescolars ocupen tota la tarda.

Part d'aquest debat es relaciona amb la posada en qüestió del model educatiu: necessita un canvi? Diferents opinions d'experts i diversos estudis assenyalen que mentre la societat avança i la revolució tecnològica canvia les nostres vides, l'escola continua seguint un model magistral i memorístic que potser ja no és tan útil.

4. Els secrets de la creativitat

Si una empresa de caçatalents rebés l'encàrrec de localitzar urgentment els currículums d'un grup d'universitaris caracteritzats pel fet de tenir un alt potencial creatiu, estic convençut que en primer lloc els buscaria a les facultats de Belles Arts, abans que a les escoles d'Enginyeria o de Ciències Exactes. Amb tota seguretat, una decisió així els privaria de tenir en la seva selecció de candidats un bon grup de cervells científics també especialment genials, però haurien d'assumir aquesta pèrdua com un mal menor. És la conseqüència que durant segles hàgim donat per bona l'equació mental que separa absurdament els continguts acadèmics dels emocionals i la ciència de la creativitat.

Avui, la creativitat continua sent considerada un territori propietat dels artistes, i és vista erròniament com una habilitat prescindible i secundària, com passa amb tot allò que s'ha relacionat amb l'entreteniment, els sentiments, la intuïció i les magnituds que es resisteixen al mesurament numèric. En l'actualitat disposem de prou investigacions per confirmar com n'estava, d'equivocada, aquesta visió. Finalment sabem que la creativitat no té res a veure amb la matèria sobre la qual s'aplica, sinó amb l'actitud de qui fa les preguntes; que no té per què ser més fèrtil, en termes de creativitat, el llenç d'un pintor que el laboratori d'un bioquímic o el pla de desenvolupament empresarial d'un emprenedor; que no hi ha raons per considerar més creatiu Picasso que Steve Jobs, ni Steven Spielberg que l'últim premi Nobel de Física.

Ara només falta que fem el pas de normalitzar aquesta capacitat humana i deixem de veure-la com una facultat exclusiva de genis de la pintura, la poesia o les arts escèniques, i que passem a percebre-la com un potencial que tots tenim, i que tots podem aplicar diàriament en la nostra quotidianitat per resoldre problemes, treballar millor, obtenir més rendiment dels nostres esforços i tenir unes condicions de vida òptimes.

Per arribar aquí caldrà començar per incloure la creativitat en els programes educatius dels col·legis i instituts, ja que, de la mateixa manera que s'exercita la musculatura i el pensament lògic deductiu, avui sabem amb seguretat que aquesta capacitat també es pot ensenyar, practicar i millorar. ¿Us podeu imaginar com serien unes classes de gimnàstica creativa situades en el calendari escolar entre l'hora de matemàtiques i la d'educació física?

Aquesta idea, la trobem menys estranya quan ens disposem a analitzar la naturalesa de la creativitat. De vegades els antropòlegs i els zoòlegs tenen dificultats per situar els límits que separen la intel·ligència humana de la que també correspon a altres animals desenvolupats, però hi ha un punt en què coincideixen: som els únics éssers vius dotats amb una potent imaginació que ens permet revisitar el passat, anticipar el futur i predir el punt de vista de la persona que tenim al davant.

La creativitat consisteix a fer treballar la imaginació per generar idees noves que aporten valor. I resulta que no tots tenim la mateixa habilitat per dur a terme aquest procés mental. Hi ha qui té una facilitat especial per associar i combinar conceptes i percepcions completament diferents i distants, i d'aquesta combinació aconsegueix treure'n conclusions originals, com si brollessin per generació espontània, i n'hi ha que, al contrari, són més hàbils concentrant-se en una matèria, i que aconsegueixen abstreure's de l'entorn per ser més analítics i conscienciosos amb l'objecte d'estudi.

Aquesta variabilitat té a veure amb una funcionalitat del nostre cervell, que està dotat d'uns circuits neuronals molt especials anomenats inhibidors latents. Són els responsables que una persona es pugui aïllar de tot el que passa al seu voltant per fixar-se detingudament en un objecte. Quan algú va en el metro envoltat de soroll i d'impactes visuals, i malgrat aquest bombardeig aconsegueix anar llegint el seu llibre com si estigués sol en una habitació silenciosa, són els seus inhibidors latents els que li permeten experimentar aquesta sensació d'abstracció. Disposar-ne és un avantatge, però també comporta un inconvenient, ja que les persones que poden concentrar-se millor en l'objecte de la seva anàlisi són menys hàbils, generalment, quan es tracta de processar, entendre i incorporar al seu pensament tot el que passa més enllà. I això els fa ser menys creatius.

Generalment, els artistes són més creatius que els científics, perquè els inhibidors latents no els funcionen amb tant de rigor com en aquests darrers. En comptes de concentrar-se únicament i en exclusiva en l'objecte de la seva investigació, cosa que els permetria acabar sabent cada cop més de menys coses, els artistes mantenen la ment oberta a l'eixam de missatges, suggeriments, idees i tota mena de referències que els arriben de l'exterior, de vegades coherents i d'altres embogides. I a partir de tot plegat aconsegueixen obtenir noves idees i conclusions.

Hi ha persones més creatives que d'altres, com també n'hi ha de més analítiques i detallistes. I no es tracta que tots ens convertim en mags de la improvisació de la nit al dia, ni en genis de la creativitat, però sí que hauríem de disposar d'un sistema educatiu que ens permetés mantenir ben tonificada aquesta facultat. Sobretot perquè estic convençut que viure és un procés creatiu, i només si ets capaç de crear la teva vida la pots recrear. Únicament si estàs obert a escoltar i a percebre altres opinions i altres pistes estaràs en disposició de canviar d'opinió.

Coincideixo plenament amb Ken Robinson, expert mundial en investigació i desenvolupament de la creativitat, quan sosté que dir que algú no és creatiu és com afirmar que no sap llegir quan és analfabet. En realitat, aquest algú no ha estat alliçonat en aquest sentit, ningú li ha ensenyat com funciona, tot plegat. És una persona millor si disposa d'aquests coneixements? No necessàriament, però almenys podrà controlar més la pròpia vida i permetre's desenvolupar les capacitats amb què va arribar al món. Després la podrà aplicar per convertir-se en un creador genial, si aquest és el rumb que ha de prendre la seva biografia, però de moment li servirà per ser un treballador més eficaç, un empresari més subtil o un ciutadà més hàbil i resolutiu a l'hora de resoldre els problemes que ha d'afrontar en la seva vida.

Es pot ensenyar a la gent a ser més creativa. I hi ha pautes i recomanacions que són fàcils d'entendre i de seguir. Una, principal i bàsica, té a veure amb la matèria en què treballem: sempre serem més creatius si ens dediquem a una tasca o a un ofici que ens estimula i ens atreu, perquè la passió és un element que té la qualitat del combustible a l'hora de fer disparar la creativitat.

No hi ha creativitat si no estem entusiasmats amb el que fem.

Ser creatiu implica incorporar una actitud de curiositat i joc a l'experiència de la vida. No cal limitar-la a l'àmbit professional, es pot aplicar a qualsevol espai de la nostra existència. N'hi ha prou amb recordar com descobríem les coses quan érem petits. No era gaire diferent de com ho fan els investigadors més excelsos del planeta, o els creadors més sofisticats, o els laboratoris de R+D més avançats: mitjançant el primitiu, natural i instintiu sistema d'assaig i error.

La creativitat és això: provar, jugar, apostar, experimentar i fallar. Somio en el dia en què els nens i adolescents rebin a l'escola lliçons per equivocar-se. Els ensenyem matemàtiques, llengua, història i filosofia. Com és possible que a hores d'ara no ens hàgim adonat de la necessitat d'ensenyar-los que han d'insistir en l'assaig i l'error si volen descobrir coses per ells mateixos? Obrim la ment.

Com puc retrobar la inspiració

> Sóc músic i compositor, i el meu problema és que quan sorgeix una idea per compondre una cançó i començo a desenvolupar-la perdo la motivació i la il·lusió amb molta facilitat. El moment fonamental és quan començo a plasmar la idea i a donar-li forma a l'ordinador, i aleshores sorgeixen els dubtes sobre com fer les coses. Llavors el meu cap comença a perdre el contingut fins que es buida del tot i abandono la tasca. I és molt frus-

trant, perquè tinc l'ordinador ple de temes inacabats. Temps enrere vaig tenir problemes de depressions i vaig seguir tractament farmacològic, suposo que això em deu estar influint, però no ho sé.

(febrer del 2012)

Respon: Gabriel González

A l'hora d'engegar projectes personals, de vegades tenim la sensació que van perdent gas. Això pot ser degut al fet que hi ha alguna cosa en nosaltres que ens fa por, com ara fer front als canvis o al repte d'iniciar un projecte nou, i abans que puguin fracassar per circumstàncies externes som nosaltres mateixos els qui boicotegem el que amb tanta il·lusió hem iniciat.

És important que analitzis què passa al teu voltant, que d'una banda et fa començar un tema i després deixar-lo a mitges. Revisa si hi ha res que et faci por, quines sensacions i emocions t'envolten en aquests moments. Podria ser el temor de no ferho bé, de no quedar satisfet amb el resultat, o que et critiquin. Hi pot haver raons diferents que fan que tu mateix t'impedeixis acabar-ho, o potser és que simplement se't desinfla la inspiració.

Revisa també la raó que et mou a crear, quines emocions es mobilitzen quan compons. A partir d'aquí estaràs en condicions de buscar què et pot tornar a motivar i què has de fer per trobar la inspiració altra vegada. Passa revista a les teves passions perquè et facin reprendre novament el que t'estimula i et motiva.

Busco la manera d'expressar-me artísticament

Em trobo enmig d'un problema emocional. M'he aventurat a estudiar algunes àrees artístiques, però no sé què m'agrada realment. Quan era petit la meva mare em va discriminar pel meu gust per les caricatures i l'*anime* japonès. Amb el temps vaig desenvolupar interès per la fotografia i l'escriptura, però els meus cosins i altra vegada la meva mare em deien que m'havia begut l'enteniment. Tot plegat em va anar provocant inseguretats que no he aconseguit superar, i veig que em limiten la creativitat i la confiança cap a les altres persones.

(abril del 2012)

Respon: Rosa Català

L'aventura d'estudiar la branca artística es correspon amb les teves capacitats. Des de la infància que t'agrada el dibuix i a continuació t'ha arribat l'interès per la imatge i l'escriptura. Totes aquestes disciplines estan relacionades amb la creativitat. Encara que durant molts anys no hi hem dedicat atenció, a tot plegat, l'educació dels nostres temps comença a reconèixer, finalment, la necessitat d'incorporar el valor de les aptituds artístiques per desenvolupar òptimament la gamma de possibilitats i potencialitats de cada alumne. Tenir en compte els punts forts de la personalitat individual, les qualitats i les habilitats amb què cadascú està dotat, és un bon paradigma per aconseguir millores en tots els camps, ja siguin científics, tecnològics, artístics o socials.

Els corrents psicològics més actuals incorporen una mirada molt positiva envers la funció creativa i la consideren imprescindible per aconseguir progressos en la nostra societat. Seguir el camí traçat pel que ens apassiona és el millor estímul a l'hora de reforçar la qualitat de vida, tant la pròpia com la del nostre entorn.

Com puc combatre el bloqueig artístic

M'agradaria que em donessin algunes eines per sortir del bloqueig artístic i emocional que estic travessant. Sóc jove, i a través de l'activitat artística vull curar, si no el meu cos —tinc càncer des de fa tres anys—, almenys sí el meu esperit. Sóc professora de declamació i art escènica i sempre he dibuixat, però ara ja fa uns anys que estic totalment desencantada amb aquest món que en algun moment m'havia captivat. És probable que el desencís comencés després del suïcidi del meu nòvio, amb només vint anys. Em va deixar destrossada.

(setembre del 2010)

Respon: Pablo Herreros

El psicòleg hongarès Mihály Csíkszentmihályi, professor de la Universitat de Claremont, a Califòrnia, va escriure el 1990 un llibre apassionant anomenat *Flow: The Psychology of Optimal Experience* ('Fluir: la psicologia de les experiències òptimes'), que et recomano, i en el qual presenta investigacions i reflexions sobre la sensació de fluïdesa que la gent experimenta quan fa una activitat creativa que l'apassiona. Csíkszentmihályi creu que aquest estat de fluïdesa es dóna quan les persones troben plaer en la qualitat de l'experiència que viuen en un moment determinat, i per aquesta raó continuen dedicant-li moltes hores a la setmana sense recompensa aparent, fins i tot quan l'activitat implica esforços dolorosos, ja que també aporta novetat i descobriment a qui l'exerceix.

5. És hora d'aprendre a aprendre

Una de les capacitats humanes més fascinants que existeixen, i que més preguntes plenes de sorpresa i curiositat ens pot provocar, és la de l'aprenentatge. Comprendre el màgic mecanisme pel qual un bebè de pocs mesos s'adona que el bany tebi de la tarda significa que al cap de poc soparà i que després s'adormirà, o explicar com un adolescent interioritza les aplicacions pràctiques d'un concepte abstracte de física ensenyat a l'institut, suposa endinsarnos en una aventura del coneixement del cervell que pot tenir conseqüències transcendentals. Dels resultats que trobarem en aquest viatge se'n deriven conclusions que revelen claus decisives sobre com som per dins, i que tenen un reflex immediat en el camp de l'educació.

És en aquest terreny on, precisament, tenim les primeres sorpreses. Els principals experts mundials en matèria d'aprenentatge i desenvolupament cognitiu que he consultat coincideixen a denunciar que els mètodes d'ensenyament que en general segueixen la majoria dels centres formatius estan molt allunyats, i de vegades oposats diametralment, dels mecanismes naturals de l'aprenentatge.

Parteixen, em diuen tots, d'un error de base: hem organitzat el sistema educatiu amb els maons de la comunicació oral, i ho hem confiat tot a la transmissió de dades teòriques, amb un menyspreu absolut per la pràctica i sense considerar l'estat en què es troba el receptor d'aquests missatges. Malgrat tot, el que la majoria dels experts en aquesta matèria subratllen és que com més aprenem i millor ho fem és a través de l'exercici i l'entrenament, no pas sentint una lliçó. Hi ha un altre aspecte destacable: el factor que amb més intensitat ens permet lligar els records és l'emocional, al qual mai ningú para atenció a l'hora d'ensenyar una assignatura al col·legi o l'institut.

Però, per comprendre el terreny que trepitgem, hauríem de donar abans un cop d'ull al funcionament d'aquesta meravellosa facultat humana que és l'aprenentatge. Quan un procés mental es posa en marxa, ja sigui el simple registre d'una percepció de l'exterior o l'elaboració d'un pensament abstracte, les experiències ja adquirides constitueixen l'únic referent que el cervell pot fer servir per prendre nota del nou esdeveniment, interpretar-lo, memoritzar-lo i aprendre'n. Curiós, però cert: fins i tot quan parlem d'innovació i de projeccions cap al futur, en un primer moment només tenim el passat com a únic punt de suport.

És així com funciona el cervell: li agrada treballar sobre segur i necessita anar fent comparacions contínuament entre el que coneix i la novetat abans de donar llum verda a l'estímul nouvingut. De manera instantània, cada cop que un senyal exterior ens crida l'atenció s'engega un procés desenfrenat de recerca d'arxius en la memòria. Només d'aquesta manera podrem atorgar el rang corresponent a aquest missatge, el situarem en el context adequat i hi trobarem sentit.

En aquest instant, que de vegades dura unes mil·lèsimes de segon, la ment tria entre dues opcions possibles: descarta el nou estímul i l'ignora, o bé se sent encuriosida i interessada. Però perquè passi això darrer cal que en primer lloc es desfermi una emoció. És aquest espurneig, més que el record del passat que serveix de referència, el que engega el mecanisme de l'aprenentatge.

Fins no fa gaire ignoràvem la mecànica interna del procés cognitiu. No sabíem com una part de la memòria a curt termini es transforma en memòria a llarg termini concedint durabilitat als records i incorporant-los a l'experiència. Avui sabem que, a escala neuronal, hi ha un grup de proteïnes implicades en aquest procés, però des del punt de vista cognitiu són les emocions les encarregades de col·locar la catifa vermella perquè hi circulin les percepcions que es convertiran en memòria. Us plantejaré un repte, un exercici: recordeu per un instant un dia de la vostra infantesa escolar en què vau aprendre alguna cosa especialment significativa: una lliçó que us va cridar l'atenció, una dada curiosa, un professor que us va captivar en aquella aula. M'hi jugo el que vulgueu que, si furgueu en aquest record, hi trobareu una emoció fortament adherida.

Si calgués donar un parell de recomanacions als professors encarregats d'exercitar i posar a prova la facultat dels menors per aprendre, la primera seria, sens dubte, que dotessin de prestància emocional les lliçons acadèmiques que imparteixen. És la manera més segura que hi ha perquè aquests coneixements es facin un lloc en la memòria dels estudiants, que els interioritzaran. Com adverteix Daniel Schacter, professor de psicologia de la Universitat de Harvard i especialista en memòria i neuropsicologia, no és casual que en el procés de fixació de la memòria estigui present l'hipocamp, com ho està quan es tracta d'imaginar el futur. És a dir, quan recordem i quan imaginem passem per les mateixes duanes cerebrals de l'emotivitat.

Tinguem present que mil hores de teoria, dictat d'apunts i crides a l'estudi i l'esforç memorístic de l'alumne no valen res al costat d'un minut d'experiència i pràctica. Que ens quedi clar: no aprenem veient ni sentint, sinó fent.

A aquells lectors que ara mateix es troben en fase de formació acadèmica, o als que han acabat els estudis no fa gaire, els convido que pensin en l'assignatura que més els va agradar del curs passat, que intentin recordar el que els van preguntar en l'últim examen que van afrontar i, si aconsegueixen fer-ho, que diguin amb sinceritat si avui serien capaços de superar aquella prova. Estic segur que la immensa majoria dirà que no. Increïblement, els nostres joves dediquen una aclaparadora quantitat d'hores, en l'etapa de la vida en què són més esponges, a escoltar lliçons dictades a classe i a memoritzar-les de cor la nit abans de l'examen per oblidar-les tot seguit l'endemà. ¿És així com aspirem a tenir un model educatiu que realment formi les persones? Així esperem que els nostres fills i néts aprenguin a l'escola?

Després d'analitzar els sistemes que se segueixen en la majoria dels centres acadèmics del planeta, Roger Schank, un dels principals experts mundials en teoria de l'aprenentatge i un visionari de la intel·ligència artificial, es va sentir animat a començar una croada contra el model d'ensenyament tradicional, basat en la memorització i la repetició de lliçons com si fóssim lloros. Schank defensa que només aprenem de debò el que experimentem, no el que un professor ens explica o recita en una classe. Pensem per un instant en un nen de dos anys i com aprèn a menjar: ho fa veient menjar els seus pares i practicant a taula ell mateix, al principi tacant-se, però cada vegada amb més encert. Tampoc s'ensenya a parlar a un nen dictant-li temaris de gramàtica o vocabulari, sinó parlant amb ell i fent-lo parlar. No en dubtem pas: l'aprenentatge és social. Els nens aprenen copiant les accions que veuen fer als altres. Més encara, diversos experiments científics han demostrat que aprenen millor i són més capaços de reconstruir una acció quan és feta per una persona, més que per una màquina.

A ningú se li acudiria exigir als futurs conductors de cotxes que tinguessin coneixements sobre la física de l'automoció per donar-los un carnet. De la mateixa manera, pocs s'animarien a pujar a un avió governat pel més gran expert en aeronàutica si no ens assegura que s'ha exercitat durant un munt d'hores en tècniques de simulació de vol. Llavors, per què continuem confiant tota l'educació a aquest avorriment increïble en què avui consisteixen la majoria de les classes per a alumnes i professors? No serveix d'excusa dir que hi ha assignatures que exigeixen ser transmeses mitjançant lliçons teòriques: fins i tot la Història es pot ensenyar d'una manera pràctica.

Es tracta de canviar l'enfocament: en comptes de pensar en les lliçons que cal incloure al programa, fixem-nos en els aprenentatges que l'alumne ha d'incorporar a la seva vida abans que acabi el curs i en com aconseguir-ho més eficaçment. Hi ha un proverbi xinès que m'agrada repetir: «Digue'm el que sigui i me n'oblidaré, ensenya'm el que sigui i me'n recordaré, però fes-me partícip del que sigui i m'ho aprendré».

La relació entre l'aprenentatge i la felicitat

Tinc trenta-dos anys. Em van diagnosticar una depressió severa als vint-i-cinc. Vaig seguir un tractament psicològic i vaig prendre medicació durant quatre anys i el meu estat va millorar molt. Arran d'això em vaig adonar que la depressió no era només un estat d'ànim, sinó que també tenia una part fisiològica, ja que al cap d'uns quants dies de prendre la medicació vaig notar una gran millora física, encara que els problemes mentals seguien presents. Tot plegat em va despertar la curiositat per saber més coses sobre la ment humana. Vaig començar a llegir llibres i articles de neurociència, i ara és un món que em fascina. El més sorprenent és que he descobert que llegir sobre neurociència i aprenentatge m'ajuda a millorar l'estat d'ànim quan la depressió ataca. Sento gairebé una millora fisiològica, com la que experimentava en prendre la medicació. Em pregunto què passa en la ment quan aprenem alguna cosa i exercim una activitat intel·lectual. ¿El nostre cervell segrega alguna substància quan aprenem i pensem, com les endorfines que alliberem en fer exercici?

(octubre del 2010)

Respon: Nika Vázquez

L'activitat intel·lectual i l'aprenentatge de conceptes nous, com també l'exercitació de la memòria, fan que el cervell es trobi en un continu procés de canvi i desenvolupament: és el que anomenem plasticitat neuronal. Quan aprenem conceptes nous, hem de fer un exercici per modificar o desaprendre el que havíem après i afegir-hi idees noves. Això fa que la xarxa neuronal sigui cada cop més extensa i en facilita la regeneració. D'aquesta manera aconseguim que el cervell no es rovelli i estigui en continu moviment, la qual cosa provoca benestar mental, social i emocional.

Els estudis encara no s'han posat d'acord sobre la correlació entre aprenentatge i segregació d'hormones, però en qualsevol cas és bàsic fer les activitats que sentim que ens ajuden a trobar-nos millor. Buscar el camí que ens ha de dur a la felicitat és, al cap i a la fi, l'objectiu vital que tots desitgem.

Trastorns de l'aprenentatge i la creativitat en els nens

Tinc dos fills de dotze i setze anys que presenten greus problemes en matemàtiques i lectoescriptura. L'escola els vol enviar a fer unes proves i també demanen que els portem a un logopeda. No sé si sotmetre els meus fills a tot això, ja que d'altra banda no veig que tinguin grans dificultats per aprendre. No sé què fer, perquè tinc por que els fiquin coses al cap que puguin arruïnar el seu futur com a artistes; dibuixen molt bé i són molt creatius. I és probable que no els entenguin perquè són diferents. De vegades tinc la sensació que volen que tots els nens vagin pel mateix camí.

(juny del 2012)

Respon: Sandra Borro

Els trastorns específics del desenvolupament de l'aprenentatge escolar (TEA) són molt més freqüents en nens que en nenes, i en un primer moment solen passar desapercebuts perquè els menors no presenten problemes en altres àrees i el seu rendiment en aquestes matèries de vegades és fins i tot superior a la mitjana. L'escola pot haver suggerit que els teus fills facin aquestes proves per ajudar-los en les seves dificultats, però són els pares els qui en definitiva sempre tenen l'última paraula.

Un logopeda és un expert en el desenvolupament de la comunicació humana capaç de fer una teràpia d'estimulació del llenguatge oral i escrit, a més de proposar ajudes i mètodes per facilitar l'aprenentatge escolar. El professional que atengui els teus fills mai intentarà influir o interferir en el desenvolupament de les seves capacitats. El seu objectiu serà ajudar-lo a superar les dificultats escolars de la manera més relaxada possible.

Por del talent matemàtic

Tinc vint anys i sempre m'ha anat bé tot el que es relaciona amb les ciències i les matemàtiques, i malament el que té a veure amb les relacions entre persones. Això em genera dos problemes. El primer és que no he tingut mai amics, ni m'ha agradat estar envoltat de gent, ja que normalment sóc molt insegur i tinc la sensació que molesto. I el segon és que, amb el pas del temps, les disciplines que em van bé han seguit millorant. Mentalment, se m'ha anat generant com una mena de subconscient que, en unes situacions determinades, sembla que fa les coses sense que jo hi hagi d'intervenir: quan veig un problema matemàtic, la resposta se'm presenta d'una manera gairebé instantània. Per exemple, resolc un sistema de quatre equacions i quatre incògnites en qüestió de segons. La poca gent que ho sap diu que tinc un do, o que sóc un geni, però a mi em fa una mica de por. Vull saber si a algú més li passa això, o si és massa estrany i hauria de consultar un especialista.

(febrer del 2011)

Respon: Nika Vázquez

Pel que comentes, és molt probable que tinguis un talent matemàtic. Les persones amb aquesta mena de talent es caracteritzen pel fet que disposen d'elevats recursos de manipulació de dades numèriques. Els qui tenen una bona capacitat de raonament matemàtic gaudeixen sobretot amb la màgia dels nombres i les seves combinacions, i són capaços de trobar i establir relacions entre objectes que altres persones no solen trobar. L'eficàcia d'aquestes persones acostuma a ser una mica irregular, sovint és molt elevada en les àrees en què predomina la informació quantitativa, i en canvi és discreta quan domina l'activitat verbal.

Els possibles problemes d'aquest talent es poden donar en la motivació, perquè són alumnes a qui la gran preferència que manifesten per les tasques matemàtiques els porta a menysprear i rebutjar les altres disciplines escolars. Així doncs, la intervenció per al talent matemàtic s'hauria de centrar en l'ampliació de tasques i continguts en matèries de tipus quantitatiu en la mateixa línia que els talents acadèmics. Cal restaurar la motivació i el nivell de rendiment i també l'entrenament d'habilitats comunicatives i d'interacció social. Per fer això, pots demanar a un professional que t'ajudi a desenvolupar aquestes habilitats i a perdre la por a la teva capacitat; d'aquesta manera la podràs desenvolupar lliurement, i com tu vulguis.

Intel·ligència, superdotació i emocions dels meus fills

Tinc dos fills. El primer, de nou anys, és capaç de fer una multiplicació de dues xifres i donar el resultat fent ell sol el càlcul de memòria, cosa que al col·legi li corregeixen, dient-li que ha de passar per fer la multiplicació i la suma després, que no pot escriure només el resultat. És a dir, no sap fer una multiplicació de manera convencional. Al col·legi no causa cap problema, però noto que no li fan gaire cas. De fet, mai li posen un deu, encara que l'examen no tingui cap error, cosa que prefereixo, perquè així no és el cervellet de classe. Voldria saber si això és normal o si l'hauria de visitar un especialista.

En canvi, la meva segona filla, de cinc anys, no parla bé, no construeix correctament els temps verbals, ni fa servir bé les vocals, ni res. Noto que no té memòria, estudia anglès, valencià i xinès amb el meu altre fill, però no sap res. Ja fa tres anys i hauria de saber dir alguna cosa en algun idioma, però només repeteix el que se li diu, no ho reté. Què puc fer?

(maig del 2011)

Respon: Sandra Borro

Els nens superdotats tenen maneres diferents de resoldre els problemes i aprenen d'una altra manera. Les formes d'aprenentatge repetitives, basades en la memòria, poden ser útils per als alumnes estàndard, però són molt perjudicials per al superdotat, que aprèn descobrint per ell mateix, investigant amb grans salts intuïtius, sentint que domina el procés d'aprenentatge. Davant d'un alumne superdotat, el professor no és el transmissor de coneixements, sinó el tutor que li facilita els mitjans d'investigació perquè pugui fer els seus descobriments, i qui vetlla pel seu estímul emocional constant, que permet la motivació. Per confirmar si el teu fill és superdotat o dotat de talent caldria que se sotmetés a un examen psicològic fet per un professional amb l'acreditació corresponent, que us hauria d'assessorar, tant als pares com als educadors.

Quant a la teva altra filla, intenta no fer comparacions amb el germà que la puguin fer sentir inferior i no vulguis que aprengui altres idiomes si encara no parla correctament la llengua materna. Un logopeda o un psicòleg infantil podrà establir algunes pautes o treballar amb la nena aspectes del seu desenvolupament que requereixin estimulació.

Capítol 4

Quan ens enamorem. Els laberints de l'amor

[illegible]

Des [illegible]
quan [illegible]
[illegible]

[illegible]

[illegible] els serveis del [illegible]
entre els [illegible]
[illegible]
[illegible]ador.

Ens [illegible]
fusió o [illegible]
tar, d'altres [illegible]
de fer [illegible]
els darrers anys, la ciència [illegible]
plex, difícil de [illegible]

1. L'instint amorós: les raons del cor

Des que naixem fins que morim posem en funcionament una incalculable quantitat de projectes, idees, ambicions i múltiples afanys. Aquest trasbals continu d'energia i somnis en què consisteix el fet de viure no disposa d'altre combustible ni de cap altra raó de ser que l'amor. És el principi de tot, el motiu pel qual som aquí i el nord que guia la majoria dels passos que fem, de vegades conscientment, d'altres sense adonar-nos-en, al llarg d'aquesta meravellosa aventura que és l'existència.

Precisament per això, pel fet que és tan medul·lar i decisori en les nostres vides, l'amor és també un dels principals generadors de patiment i maldecaps per a homes i dones. Ho reciten els poetes, ho murmuren les parelles, ho canten les cançons: el cor té raons que el cap no coneix. I en aquesta dificultat per entendre els camins pels quals ens condueix un impuls tan pur i sincer se'ns en va la vida, entre instants de felicitat absoluta i d'altres de laments.

No és casual que, des que la Fundació Eduard Punset va començar a oferir els serveis del grup de Suport Psicològic Online, els temes sobre l'amor hagin estat els més sol·licitats i tractats, amb moltíssima diferència, pels usuaris. No és casual perquè, si alguna cosa som per dins, en última instància, és amor.

Ens fa mal el cor. Qui més, qui menys, tothom ha passat moments de confusió o desassossec a causa de l'amor, de vegades perquè n'hem trobat a faltar, d'altres perquè en tenim i no l'entenem, i d'altres perquè no som capaços de fer compatible el nostre instint amorós amb el de la persona estimada. En els darrers anys, la ciència s'ha endinsat en aquest terreny movedís i complex, difícil de calcular i mesurar, amb la sana intenció d'identificar i explicar els mecanismes que el posen en marxa. No es tracta de convertir l'amor en una ciència exacta, sinó de comprendre per què ens passa el que ens passa quan sentim el que sentim.

I una mica hem avançat, en aquesta frontera del coneixement humà. Sense que el misteri de l'amor hagi estat revelat, i reconeixent que el seu encís ens segueix fascinant i ens fa perdre el cap com el primer dia, avui tenim perfectament localitzat un complet menú de neurotransmissors, àrees cerebrals i mecanismes interns que expliquen d'una manera comprensible aquest impuls màgic i li donen raó de ser. Això no ens estalvia patir per culpa seva, ni ens prevé contra les seves trampes, però serveix per saber com és de fràgil el terreny que trepitgem.

I la principal conclusió a què arriben tots aquests descobriments és que l'instint més poderós, clar i natural que acollim al nostre interior és l'amorós. Som un conjunt d'éssers a bord d'un planeta que gira a una mica més de cent mil quilòmetres per hora al voltant d'una estrella. No exagerem si diem que en aquest viatge cavalquem un cavall, el de l'amor, que ens fa anar desbocats.

És la força que es troba present en totes les nostres decisions, d'una manera semblant a com participa en la lògica de la natura mateixa. La veu que sentim quan ens veiem impel·lits a acostar-nos a la persona estimada no es diferencia gaire de la que va moure els dos primers bacteris que es van unir per posar en funcionament els primers ens cel·lulars, i parla el mateix idioma que senten totes les espècies animals quan es llancen a l'aventura de la criança. És la força de la supervivència dels gens.

Després d'escodrinyar aquest impuls en multitud d'estudis, sondejos i prospeccions, tots els psicòlegs i neuròlegs coincideixen a assenyalar que la bellesa i la joventut són els dos factors que més actuen en l'atracció amorosa i sexual entre les persones. Aquest camp magnètic no el mou cap altre motor que l'interès de l'espècie per assegurar-se la supervivència, i per això s'acosta on hi ha més garanties de salut. Això és fàcil de dir si parlem de joventut, però i la bellesa? Per què ens atreuen més els més agraciats? I en última instància: on està escrit aquest cànon i per què té aquestes mesures? Com es decideix qui és més guapo?

Tenim un radar que detecta la bellesa i fa que ens hi dirigim. Tanmateix, hem considerat certa la idea que l'estètica és un territori situat en el camp de la subjectivitat. Ja sabeu, és allò que diem de «tants caps, tants barrets». Però, de tota manera, avui ja podem afirmar que hi ha un seguit de pautes que fan que trobem més bonica una cara que una altra. A la Universitat de Tel Aviv, a Israel, van computeritzar aquest mecanisme: van introduir en un ordinador les opinions que un grup de persones havien donat sobre l'atractiu d'un seguit de cares, i fet això l'ordinador era capaç de classificar de més guapos a menys els rostres que se li mostraven, i els resultats que obtenia coincidien amb les opinions dels humans.

És a dir: hi ha un seguit de trets que estimulen l'instint d'atracció. En realitat, el posseïdor d'aquests senyals físics anuncia que té uns gens magnífics per a la reproducció. Els homes alts i forts, amb la barbeta i les celles molt marcades, delaten un contingut molt elevat de testosterona, una hormona que serà molt útil per a la fertilitat. De la mateixa manera, s'ha descobert que les dones desperten més interès entre els homes quan les mides dels malucs i la cintura mantenen una relació de 0,7, un nombre que recorda la proporció àuria present en la natura. I tampoc és casual: Helen Cronin, filòsofa de la ciència i experta en darwinisme de la London School of Economics, recorda que aquesta combinació de cintura estreta i malucs amples és la idònia per facilitar el part.

Per sota de tots aquests missatges físics n'hi ha un de més poderós i subtil: en conjunt delaten el grau de simetria orgànica d'aquestes persones. Novament, l'interès per aquest factor no és capritxós, sinó que respon a raons poderoses, també relacionades amb la salut. La manca de simetria en els organismes vius, des de les plantes fins als humans, està directament implicada en la supervivència, de manera que un grau d'asimetria més elevat, provocat sempre per mutacions genètiques, és la promesa d'una tolerància menor a les malalties, les infeccions i els defectes fisiològics. Des d'un parameci fins a un ésser humà, tenir una morfologia simètrica és garantia de més supervivència.

Estudis fets amb bebès confirmen que s'interessen més pels rostres més simètrics. De la mateixa manera, els homes i les dones que presenten una fluctuació asimètrica més baixa —és a dir: amb uns índexs de desproporció física inferiors— són els que tenen més èxit a l'hora de trobar parella. En realitat, com assenyala Randy Thornhill, biòleg evolutiu de la Universitat de Nou Mèxic i expert en els mecanismes de l'atracció sexual, són els gens els que parlen, i diuen: vull estar a prop d'allà on m'anuncien menys mutacions, perquè això em fa tenir l'esperança que la meva descendència també serà més simètrica, i per tant més sana.

Tota una maquinària perfecta s'encarrega de dictar aquesta ordre que acaba fent que el cervell d'un enamorat s'assembli al d'un maníac obsessiu. La química de l'amor s'escriu amb les lletres dels noms d'hormones i neurotransmissors com l'oxitocina, la vasopressina, la testosterona, la serotonina i la dopamina. Els circuits cerebrals responsables de generar sensacions com el plaer i el desig experimenten fases d'una especial excitació en situacions com l'amor a primera vista, l'enamorament o el coit. Un estratagema bioquímic i neurològic es posa en funcionament per fer-nos sentir l'impuls de ser fidels a la persona estimada, fa que ens sentim recompensats quan estem al seu costat i ens fa desitjar la consolidació de la parella. No és casual que el nivell de testosterona en els homes disminueixi quan són pares, perquè això els allunya de les temptacions adúlteres i els concentra en la tasca de la criança, ni que les dones alliberin molta oxitocina després del coit, la qual cosa reforça l'afecte amb el seu company.

¿Això vol dir que tot el que gira al voltant de l'amor és dictat per les substàncies i xarxes neuronals implicades en les trampes de Cupido? No. De la mateixa manera que en els humans les feromones influeixen menys a l'hora de condicionar la conducta sexual —són les servituds, o els avantatges, de tenir un sistema olfactiu pobre i poc desenvolupat—, som una espècie en què la complexitat cerebral ha sofisticat el mecanisme amorós fins a arribar a tenir en compte factors com la memòria, la imaginació o el moment en què hi ha la trobada.

Helen Fisher, antropòloga de la Universitat de Rutgers, als Estats Units, i una de les principals expertes mundials en la investigació sobre l'amor, recorda que en els humans és molt important el component cultural en el procés que desencadena l'amor a primera vista. Cada experiència amorosa ens deixa una marca a l'hipocamp, on conservem la memòria, i aquest guardià dels records estarà vigilant el dia que es torni a desfermar l'atracció per una altra persona. Per això és tan important la predisposició emocional que tinguem davant la possibilitat d'enamorar-nos una altra vegada. Les pocions de l'amor només existeixen en la literatura romàntica. Per sort, en la vida real, encara que avui coneixem substàncies i reaccions que abans ignoràvem, aquest mecanisme continua sent un misteri.

És enamorament o és atracció?

Tinc quaranta-cinc anys, estic casada i tinc una filla adorable. El meu matrimoni no ha anat mai del tot bé. Amb el pas dels anys, el gran amor que professava al meu marit ha passat a ser indiferència, i aquesta sensació m'ha fet sentir lliure i poderosa. Ara ningú em pot fer mal de debò. El problema és que fa cosa d'un mes vaig sentir un impacte irracional en notar la mirada d'una persona. Crec que vaig experimentar el que anomenen amor a primera vista. El coneixia d'abans, i mai havia sentit res per ell, però des d'aquell moment no me l'he pogut treure del cap. Fa dues setmanes que no puc menjar i dormo molt malament, al llarg del dia penso en ell constantment. Intento creure que és homosexual, perquè té quaranta-nou anys i no està casat, i m'esforço a donar una interpretació alternativa a les mirades i les atencions que em dedica, però no sé quina actitud adoptar. No el conec tant per basar aquest enamorament en dades objectives. Necessito pautes que em permetin aclarir la situació en què em trobo.

(agost del 2011)

Respon: Nika Vázquez

És molt freqüent una confusió conceptual a l'entorn de l'amor i l'atracció. Se sol parlar d'amor per fer referència també al desig sexual. Hi ha estudis que defensen l'amor com a simple intensificació de l'atracció, mentre d'altres parlen de diferències qualitatives entre els dos conceptes. Realment no són el mateix. De vegades els confonem per culpa de la idea de l'amor romàntic, caracteritzada per una passió irresistible amb sentiments intensos, una intensa atracció física i activitat sexual.

En tot cas, mantenir una relació de parella és una tria personal. El benestar, la seguretat i l'autoestima haurien de ser premisses bàsiques quan es tracta d'estrènyer una relació íntima amb una persona, i lluitar per aquests principis hauria de ser una màxima en la nostra vida. Parar-nos a analitzar què volem aconseguir és l'inici del canvi. Les xarxes socials i el suport emocional que les persones que ens envolten ens poden donar constitueixen un element bàsic, ja que ens permeten trobar força i energia per viure amb plenitud.

Amor-passió o amor-afecte

Sóc una noia de trenta-dos anys, i en fa gairebé deu que estic amb la meva parella, dos dels quals casats. Fa uns mesos vaig conèixer un noi, i a poc a poc me'n vaig anar enamorant, fins al punt que hem quedat unes quantes vegades per estar plegats. Ell és l'ideal de persona que sempre havia volgut: físicament, psicològicament, per la seva posició social... Però ja m'ha deixat clar que no vol res formal amb ningú i l'únic que li interessa és una relació passional. Ara he decidit oblidar-me d'aquesta persona i intentar centrar-me en la meva parella, però se'm fa impossible. No el veig com abans, sento que ja no n'estic enamorada, però no m'imagino la vida sense ell. Em sento fatal, perquè m'estima amb tota l'ànima i jo li vull correspondre, però veig que no ho puc fer. És possible tornar a enamorar-te de la teva parella?

(gener del 2012)

Respon: Montserrat Soler

El fet que hagis abandonat una relació que potser es caracteritzava per l'amor-passió, sense compromís, pot ser el primer pas per tornar a trobar l'amor-afecte que tenies. També et podria ajudar renovar la mirada que tens de la teva parella i de la vostra relació, centrant-te en les actituds i els valors que compartiu, l'amistat, la companyonia i l'afecte. En l'amor tenen pes els components cognitius, emocionals i pragmàtics. És a dir: el que es pensa, el que se sent i el que es fa. El compromís és una de les característiques de l'amor-afecte. El manteniment de la parella requereix atencions constants.

En el llibre *Sobrevivir a la pareja*, Linares i Campos comenten que quan hi ha hagut una infidelitat en una parella, si el membre que ha estat infidel s'interessa per recuperar el vincle i restaurar-lo, llavors cal estimular l'esperit pràctic i procurar guanyar espais plaents, sense forçar la marxa.

L'atracció sexual en una relació

Tinc vint-i-cinc anys i des de sempre m'he fixat en els nois pel seu atractiu. L'última relació que vaig tenir em va fer arribar a la conclusió que necessitava una persona que m'estimés per com jo era realment i vaig decidir que en el futur no donaria tanta importància al físic i valoraria la compenetració i l'entesa. Fa gairebé tres anys vaig conèixer algú molt especial, amb qui vaig sentir aquesta connexió de valors, i vaig pensar que, tot i que era un noi normal físicament, valia la pena intentar-ho. Quan aconsegueixo no donar importància al físic i gaudeixo dels moments que passo amb ell, sóc feliç. Però altres vegades m'agradaria aprendre de debò a apreciar la meva parella pel que m'aporta i no ser tan superficial.

(juliol del 2012)

Respon: Noelia Sancho

El que de fet proposes és fomentar l'atracció interpersonal en les teves relacions per sobre de l'atracció sexual. Això no és negatiu, però és probable que en les relacions sentimentals o sexuals que vulguis establir l'atracció sexual també sigui important. Ha existit al llarg de la història per garantir la procreació i l'evolució de les espècies, i ajuda a establir la unió amb un altre ésser i a fer que la reproducció sigui possible. Pensa que l'atracció interpersonal té ingredients per fer una relació més duradora, però l'atracció sexual la fa més passional. Pots decidir que vols renunciar a algun d'aquests aspectes, o bé que els vols tenir tots dos.

Recorda, però, que l'atracció sexual no tan sols té a veure amb el físic. L'olor, la veu o la manera de moure's són factors que també condicionen l'atracció sexual cap a algú. La veritat és que en el mateix procés de no donar importància al físic ja n'hi dónes, i això pot bloquejar el que sents. És millor que et relaxis i gaudeixis amb aquesta persona. Deixa't fluir, si hi ha química anirà sorgint i ja decidiràs. Per què renunciar a res?

2. Homes i dones, diferents davant l'amor

Si tinguéssim la possibilitat d'espiar el que amb sinceritat, en el fons de la intimitat, sent, pensa i viu una dona enamorada quan està en presència del seu amant, observant les expectatives reals que té posades en aquesta relació, i a continuació féssim el mateix experiment amb el seu company sentimental, comprovaríem que poc que té a veure el relat de sensacions, emocions, percepcions, aspiracions i somnis que l'una i l'altre acullen al seu interior. I, malgrat tot, les parelles d'enamorats no paren de celebrar el goig que experimenten per haver descobert la seva ànima bessona, contentíssims tots dos de coincidir en tantes coses, eufòrics de ser al costat de la seva mitja taronja i il·lusionats de viure aquests moments feliços en què l'un sembla que és capaç de llegir el pensament de l'altre, i viceversa.

El més curiós i sorprenent és que en aquesta pel·lícula d'equívocs i falsedats ningú menteix ni actua guiat per cap voluntat intencionada d'engany. Diguem que cadascú es limita a ser conseqüent amb la natura que li és pròpia i a complir amb el seu destí. Ella respon a l'arquitectura neuronal, la circulació hormonal i la distinció emocional que l'impulsa. Ell, amb les seves eines i a la seva manera, fa el mateix. I Cupido executa a la perfecció la missió que té encomanada: fer compatibles les maneres de ser de l'un i de l'altre, dissimulant les diferències que els separen, potenciant les similituds que els uneixen i trenant miraculosament les expectatives que cadascun dels dos, de forma individual, es planteja davant la relació que mantenen; així aconsegueix que la unió es consolidi.

La manera en què homes i dones vivim l'impuls amorós és tan radicalment diferent que un extraterrestre que arribés avui a la Terra i es dediqués a fer una anàlisi forense de l'amor, observant escrupolosament i sense passió les diferents reaccions físiques i mentals que cadascú experimenta per separat en el cas amorós, se sorprendria del fet que ens seguim estimant malgrat la distància que ens arriba a separar.

Són diferències que tenen la raó de ser en com està acoblat en homes i dones l'òrgan més sexual que portem al nostre interior: el cervell. Encara que la pulsió que mou l'enamorat és la fusió amb l'altre, no té res a veure el que activa l'atracció de la dona per l'home amb el que fa que l'home se senti atret per ella. La literatura romàntica és plena de pàgines que donen mil voltes a l'entorn del misteri, però avui la ciència es troba en condicions d'identificar els mecanismes d'aquest equívoc. L'antropòloga Helen Fisher ho resumeix d'una manera gràfica i taxativa: l'home s'enamora i s'excita amb els ulls, i la dona ho fa través de l'oïda i la memòria.

Aquest important matís té a veure amb la diferent implicació que uns i altres mantenen en la criança de la prole, que és la conseqüència que persegueix l'enamorament. Els ulls del mascle s'han entrenat durant generacions en la selecció de la femella que pot aportar uns gens millors, i amb més garantia de salut, a la seva descendència. En canvi, la femella, a part d'això, vol assegurar la presència d'un bon pare i un company fidel que es comprometi en la criança, raó per la qual ha refinat el seu instint al llarg de mil·lennis per detectar els senyals que li permetin conèixer i predir el comportament de la parella. ¿Això vol dir que la pulsió amorosa de l'home és més primitiva i la de la dona és més evolucionada i sofisticada? Podem admetre-ho: és un fet que en la libido femenina hi ha un component mental molt superior al masculí.

Ho podem comprovar fàcilment si analitzem el moment del coit. Així com la dona necessita aconseguir una inhibició gairebé absoluta de la part emocional durant l'acte sexual i s'ha d'aïllar de sensacions com la por o l'ansietat per arribar a l'orgasme, en el cas dels homes aquest factor no és tan important, i es dóna més preponderància a les sensacions de plaer físic i genital. Diguem que l'home és capaç d'abstreure's dels condicionants emotius, i que la dona en canvi necessita sentir-se alliberada de preocupacions que l'estressin.

Aquestes diferències cavalquen sobre la diferent arquitectura neuronal que estructura els cervells d'homes i dones. Les actuals tècniques de neuroimatge ens han permès observar que les àrees cerebrals que s'activen en els uns i els altres varien notablement quan fan les mateixes tasques. Investigadors com el britànic Simon Baron-Cohen, catedràtic de psicopatologia del desenvolupament de la Universitat de Cambridge, sostenen que els homes són més hàbils per entendre i aplicar sistemes amb un funcionament predictible, la qual cosa inclou de les matemàtiques a la música, passant pels aparells tecnològics i mecànics.

En canvi, les dones se'n surten millor amb la comunicació, les feines que requereixen empatia i l'entesa interpersonal. El doctor Ruben Gur, de l'Institut de Ciències Neurològiques de la Universitat de Pennsilvània, afirma que el rostre d'una dona ha d'estar realment molt trist perquè un home se n'adoni. Els homes no perceben les expressions subtils.

De què ens estranyem quan ens trobem amb malentesos en el terreny amorós? Com voleu que no hi hagi conflictes entre una dona i un home quan aquest té l'àrea preòptica medial —la zona de l'hipotàlem on resideix l'impuls sexual— 2,5 vegades més gran com a mitjana que ella? ¿Com voleu que no es plantegin situacions de confusió entre els mascles, els cervells dels quals solen tenir més actives les àrees vinculades a la defensa territorial, com ara la zona premamil·lar de l'hipocamp, i les femelles, que per norma general tenen un sistema de neurones mirall, encarregades de processar tota la informació empàtica, molt més eficient i desenvolupat i amb una amígdala —regió crítica per a l'expressió emocional i el comportament social— amb més cèl·lules glials que els mascles: entre el 31% i el 50%? Jo crec que el miracle en si és que ens entenguem tot i ser tan diferents.

Quan parlava sobre aquest tema amb Louann Brizendine, directora de la Women's Mood and Hormone Clinic de Califòrnia, aquesta neurobiòloga em posava un exemple de la seva experiència personal, que resumeix perfectament la distància que separa homes i dones respecte d'aquesta pulsió que ens uneix tant. Es lamentava que si un dia arribava disgustada de la feina i explicava al seu marit que havia tingut un problema al laboratori, ell li contestava: «Saps? El que has de fer és això, això, i això». És a dir: d'una manera gairebé automàtica, l'home es focalitzava en la solució, no en com es trobava ella, i volia resoldre-li el problema sense considerar el seu estat emocional. Però el que ella hauria preferit sentir és: «Estimada, sé com et sents». Aquí rau, en última instància, el nucli de les nostres diferències a l'hora de relacionar-nos.

És un fet: som diferents. Així com l'home s'enamora més de pressa que la dona, de cada quatre suïcidis causats per una relació que s'acaba, tres els cometen els homes i només un les dones. Voler assignar els casos de violència de gènere a la superioritat física i violenta dels homes ens privaria de reconèixer una realitat: l'instint de possessió, aplicable tant al territori com a les persones, és molt més important en els mascles que en les femelles.

Tenim vivències diferents perquè partim d'organismes diferents i fins i tot és diferent la manera de relacionar-nos amb facultats com l'humor. Els psicòlegs Eric Bressler, del Westfield State College de Massachusetts, als Estats Units, i Sigal Balshine, de la Universitat de McMaster a Hamilton, al Canadà, van analitzar com influïa el sentit de l'humor en la manera com ens enamorem i van concloure que les dones solen sentir-se atretes pels homes que les fan riure. En canvi, a ells no els atreuen les dones gracioses, sinó les que els riuen les gràcies.

¿Estem condemnats, doncs, a sentir eternament testimonis de dones que es queixen que les seves parelles no les entenen, i d'homes que se senten perduts a l'hora de relacionar-se amb les dones que estimen? Potser sí. És això que tant ens diferencia el que tant ens atreu.

HOMES, DONES I SENSIBILITAT

Sempre he mostrat les meves emocions i moltes vegades m'han titllat de ser massa sensible. A la meva família, la meva mare ho és exageradament, i en canvi el meu germà és molt fred i tot just manté contacte amb la mare o amb mi. Entenc que té vida pròpia, jo també en tinc, però sembla que ell no té sentiments; no truca per interessar-se per nosaltres i fa l'efecte que només li importa el seu propi benestar. M'agradaria saber controlar les emocions, no sé dissimular quan hi ha alguna cosa que no m'agrada o estic disgustada, i això fa que els altres em vegin com una persona pessimista o feble. No m'importa gaire el que opinin els altres, però de vegades em sento molt sola i incompresa.

(març del 2012)

Respon: Rosa Català

Investigacions de científics italians i britànics sobre les diferències de sensibilitat entre homes i dones han demostrat que les dones tenen una mitjana més alta en els nivells de sensibilitat. Les diferents maneres de procedir d'homes i dones, com les que comentes, poden tenir conseqüències positives o negatives, segons com les gestionem. Les diferents visions del món i les relacions possibiliten un enriquiment mutu si sabem valorar les aportacions originals de l'un i l'altre. Aquest tipus de percepcions, si són en negatiu, poden atreure sentiments desagradables d'incomprensió.

Sense una determinada dosi d'autoestima, valorar aquestes diferències pot ser molt poc satisfactori. Un dels factors principals és la capacitat d'establir una identitat pròpia que generi autoconfiança. Quan hi ha parts del nostre caràcter que ens resulten incòmodes i ens jutgem d'una manera massa exigent, podem provocar episodis dolorosos. Mirar amb més benevolència cap al teu interior augmentarà sens dubte la puntuació positiva de les teves actuacions.

Com expressen les emocions, els homes?

Voldria saber com podria expressar-me millor emocionalment. Sóc un noi de vint anys i sento que no estic ben dotat pel que fa a l'expressió emocional. No dic que no tingui sentiments, és només que les meves expressions són molt limitades en aquest sentit. Em mostro poc afectuós en moments en què hauria de ser-ho. M'agradaria que em proporcionéssiu algun suggeriment o alguna pauta.

(juliol del 2011)

Respon: Nika Vázquez

Les dones solen ser emocionalment més expressives que els homes, reconeixen millor les emocions dels altres i són més perceptives i empàtiques. Un dels motius que s'ha estudiat per explicar aquesta diferència és l'expressivitat maternal, diferent segons el sexe del fill. Segons aquesta teoria, les mares solen mostrar més expressivitat amb les noies que amb els nois. Aquesta desigualtat en l'educació emocional acaba desenvolupant actituds i aptituds molt diferents. Les noies s'aficionen a la lectura d'indicadors emocionals i a l'expressió i comunicació d'emocions, mentre que els nois, en general, són socialitzats des de petits per evitar expressar sentiments.

Hi ha programes d'entrenament emocional on es treballen aspectes com l'atenció emocional, que consisteix a observar els propis sentiments i els dels altres, i la facilitació emocional, entesa com l'habilitat per assimilar l'emoció en el pensament.

No dubtis pas que aquesta facultat humana, com tantes altres, es pot millorar mitjançant l'ensenyament i l'entrenament.

L'ESTIMO, PERÒ NO TENIM RES EN COMÚ

Sempre m'he considerat una persona independent, tot i que feia temps que volia tenir parella i poder compartir moltíssimes coses. Ara tinc una relació amb un home que m'agrada molt, però de vegades em torno boja jo sola. Ell és bastant seriós i jo molt alegre, i alhora observadora. Sovint passo molta estona en silenci quan estic amb ell i això fa que li pugi la mosca al nas. Fa poc es va molestar perquè li vaig dir que l'estimava, tot i que només feia un mes i mig que sortíem. Li vaig demanar si ell també m'estimava i em va dir que l'estava posant entre l'espasa i la paret. També noto que no tenim gaires temes de conversa. Abans de dir-li que l'estimava no notava aquestes coses, em sentia més a gust amb ell. Però últimament estic travada. Potser és que faig veure que sóc qui no sóc.

(juny del 2011)

Responen: Nika Vázquez i Sandra Borro

Quan una persona s'enamora, tendeix a idealitzar l'altra atribuint-li unes qualitats que realment no sabem si té, però que voldríem que tingués. L'afecte sol durar molt de temps, de vegades tota la vida, i en canvi l'enamorament i la passió neixen de sobte, i poden morir de la mateixa manera. Això passa perquè, amb el temps, ens adonem de com és realment l'altra persona, i les fantasies i les idealitzacions desapareixen.

Ets una dona independent i divertida, i et vas adonant que no tens res en comú amb la teva parella actual. Tens necessitat d'expressar el que sents, i ell s'espanta en veure't tan oberta i segura parlant de les teves emocions. Però si no preguntes el que vols saber i no dius el que ell no vol sentir, al cap d'un temps oblidaràs qui ets i deixaràs de ser tu mateixa per aconseguir tenir parella.

Tots els homes i dones necessitem estimar i ser estimats, comunicar-nos afectivament, ser reconeguts, valorats i sentir-nos vinculats a algú. Però no hem de perdre la nostra identitat. Si ho fem, al cap del temps ens sentirem tristos i buits.

La meva parella no lluita per mi

Vaig començar una relació fa tres anys, mentre ell seguia amb la seva nòvia, cosa que a mi, òbviament, em molestava. Al final la va deixar. Vam seguir d'amagat perquè ell temia que un amic seu trobés malament la nostra relació. Gairebé mai anàvem a actes socials junts, ni de vacances. Tot plegat em causava la sensació que la relació no avançava com calia. Ens passàvem els dies discutint, i al final l'he deixat. Ara parlem, però ell amb prou feines lluita per recuperar-me. Diu que té por que tot segueixi anant malament. No sé què fer. M'ho he passat molt malament i necessito veure un esforç per part seva.

(juliol del 2012)

Respon: Cecilia Salamanca

Amagar una relació als altres pot generar estrès en la parella i impedir que la relació avanci de manera satisfactòria, ja que és normal que es plantegin inseguretats i sentiments de tristesa. Que l'altra persona no s'esforci per recuperar-te pot significar que actualment no està interessada a continuar la relació o que necessita temps per reflexionar sobre el que passa. Travessar una ruptura és dolorós, però quan algú decideix acabar una relació hem d'aprendre a respectar-ho. Pregunta't què esperaves de l'altra persona i si realment ho has obtingut. Tenir parella no sempre és sinònim de felicitat. Triar malament el nostre company ens pot portar a relacions plenes de malestar. Analitzar per què la relació no ha funcionat i centrar-te en les característiques que vols que l'altra persona tingui et pot ajudar a entendre el que passa i a prevenir possibles fracassos d'ara endavant.

3. Fidels a la infidelitat

Si quan jo era jove ens haguessin explicat que al cap d'uns anys hi hauria empreses privades dedicades a fomentar i facilitar la infidelitat d'una manera pública i legal, fins i tot amb anuncis a les tanques publicitàries dels carrers, no vull pensar on haurien posat el crit els vigilants de la moral catòlica que en aquells anys estaven tan presents en les nostres vides, fins ben endins de la nostra intimitat. Darrerament, però, han proliferat les entitats que, gràcies a l'eficaç plataforma per a la trobada personal discreta i discrecional que ofereix internet, es dediquen a posar en contacte homes i dones casats convidant-los a ser infidels i a mantenir trobades sexuals esporàdiques, i d'amagat de les seves parelles.

«La vida és curta, tingues una aventura», proposa una de les companyies més conegudes d'aquesta nova veta de mercat. En realitat, l'innovador negoci que representen aquestes pàgines de contactes no fa sinó treure de l'ostracisme i normalitzar obertament una pulsió humana que ens ha acompanyat des de la nit dels temps. Em refereixo al desig, la curiositat, i de vegades la necessitat, de mantenir trobades de tipus sexual o afectiu fora de la parella habitual.

La temptació de la infidelitat ens ha acompanyat sempre al llarg del viatge secular que ens ha portat de les estepes africanes a les ciutats ultramodernes. De vegades ha estat socialment permesa, i d'altres, reprimida per la ideologia moral del moment. I ni en els temps de més laxitud de costums, la promiscuïtat va aconseguir superar l'èxit de la monogàmia com a opció majoritària d'organització familiar —en certes cultures va triomfar la poligàmia, però sempre de manera regulada, mai promovent les trobades sexuals sense ordre ni concert—, ni en els moments de més repressió moralitzant l'instint de la infidelitat es va arribar a esborrar del cervell humà.

No correspon a la ciència la tasca d'establir pautes morals, ni és objectiu d'aquestes pàgines endinsar-se en el pantanós debat de les bondats i els inconvenients que comporten les opcions de la fidelitat i la promiscuïtat. La psicologia, la neurologia i la biologia evolutiva s'aturen molt abans d'entrar en aquest territori: es queden en la constatació que tant la parella estable com la infidelitat són manifestacions ben normals en el comportament d'homes i dones. L'objecte de la ciència és la indagació en els principis i les causes que promouen les dues opcions.

I és que tan humana és la monogàmia com ho és la relació adúltera. Judith Lipton, psiquiatra del Swedish Medical Center de Washington, i David

Barash, psicòleg i biòleg evolucionista de la Universitat de Washington, són dos dels principals experts en l'estudi dels models d'organització dels éssers vius basant-se en vincles afectius i sexuals. Després d'analitzar com s'organitza el regne animal en general, van observar que, de quatre mil espècies estudiades, només una vintena, entre les quals els humans, opta per la parella estable i fidel. Aquesta raresa els fa considerar la monogàmia «una opció no natural». No suggereixen que sigui artificial o perjudicial per a la salut, sinó que respon a principis culturals apresos. Diguem que la monogàmia és tan poc natural com ho són l'escriptura, les disciplines artístiques o els hàbits alimentaris que normalment seguim.

Som monògams per sistema, però no podem reprimir una pulsió promíscua que ens batega a l'interior. Lipton i Barash sostenen que el model que més s'aproximaria a la nostra particular manera de relacionar-nos amb la fidelitat seria el manteniment de successives parelles estables que, tot i néixer amb aspiracions de durabilitat, al mateix temps es veuen superades per l'establiment de nous llaços amb altres companys sentimentals.

Els investigadors consideren l'instint infidel un dels motors que regeixen els nostres passos per la vida. Estudis fets amb parelles nord-americanes revelen que entre el 20 i el 40% d'homes casats, i entre el 20 i el 25% de les dones amb parella, mantindran una relació extramatrimonial al llarg de la vida. Com podem no considerar humà un impuls que reconeix haver sentit i seguit mitja humanitat? Com podem veure aliè a la nostra naturalesa un comportament que té com a resultat el naixement d'almenys un fill no legítim per cada deu nens? Això assenyalen les proves d'ADN fetes entre pares i fills en països avançats com el Regne Unit.

La fisiologia sexual de mascles i femelles explica claus de la diferent actitud d'uns i altres pel que fa a la fidelitat. Davant la producció gairebé infinita d'espermatozoides dels mascles, que se senten impel·lits a portar tan lluny com poden el seu codi genètic, la dona només produeix uns quatre-cents òvuls al llarg de la vida, de manera que la seva preocupació es concentrarà a aconseguir que una cosa tan valuosa i escassa rebi la visita de l'esperma amb el millor missatge possible.

Això significa que la dona és, ja de fàbrica, menys infidel? Segons Tim Birkhead, professor d'Ecologia del Comportament de la Universitat de Sheffield, al Regne Unit, les dones també són promíscues. Potser no tant com els homes, però sí molt més del que ens pensem habitualment. Segons l'opinió d'aquest investigador, la diferència és que els interessos de la femella no coincideixen amb els del mascle. Al cap i a la fi, només la femella sap, sens dubte, que la criatura que cuida i porta a coll du els seus gens, perquè l'ha vist sortir del seu ventre. En el cas dels mascles, aquesta seguretat no és tan absoluta, i per tant la predisposició que mostren a dedicar energia a cuidar una descendència que pot ser que no porti el seu missatge genètic és menor. Tampoc no és casual que la funció d'alletar sigui exclusiva de la mare: davant l'esforç que suposarà fer-ho, només ella sap que val la pena, perquè té la garantia total que l'ésser que alimenta és el seu hereu genètic.

Investigadors de la Universitat McGill de Montreal, al Canadà, van fer un estudi sobre les diferents maneres en què homes i dones reaccionen davant la infidelitat i l'efecte que té la infidelitat en les relacions que mantenen. Després d'avaluar la conducta de més de set-cents mascles i femelles heterosexuals, van concloure que els homes no consideren els flirtejos tan amenaçadors per a la supervivència de les parelles com els passa a les dones. Elles prefereixen protegir les seves relacions si veuen que un home atractiu entra en escena, mentre que els homes, quan coneixen una altra dona atractiva i disponible, tendeixen a mirar més negativament la seva parella.

No podem oblidar que la infidelitat també comporta un gran avantatge en termes evolutius, perquè en promoure la producció de fills de progenitors diferents fa augmentar la diversitat en la descendència, que és un dels objectius que persegueixen els gens. Helen Fisher creu que a la Prehistòria la infidelitat va proporcionar nombrosos avantatges tant als homes com a les dones, i que d'aquesta manera es van perpetuar les bases biològiques i el gust per aquesta opció fins als nostres dies. La teoria evolutiva assenyala diverses raons per les quals la promiscuïtat pot ser avantatjosa també per a les dones. Una d'aquestes raons és que podrien estar buscant un pla B que els proporcionés la protecció i els recursos necessaris davant l'eventualitat que la seva parella actual les abandoni. D'altra banda, les dones podrien fer servir les seves aventures sexuals amb l'objectiu de trobar un company més desitjable, ja sigui pel fet de tenir millors gens o de disposar de més recursos, cosa que li permetria augmentar la descendència, o bé per tenir cries més sanes o amb més varietat genètica en el llinatge.

Hi ha un gen de la infidelitat? Investigadors de la Universitat de Binghamton de Nova York, als Estats Units, van posar de manifest en un estudi que el comportament sexual entre les persones podria estar influït per la variació d'un dels gens del receptor de la dopamina D4 (el gen DRD4), associat amb comportaments de recerca de plaer, com ara ingerir alcohol o l'ús de jocs d'atzar. Els científics van observar que els individus amb una variant d'aquest gen eren més propensos a tenir relacions sexuals no compromeses, o a ser directament infidels, perquè el seu sistema de recompensa i plaer rebia un augment important de dopamina.

Els autors de l'estudi recorden que cal ser prudents amb aquests resultats: la relació entre el DRD4 i la infidelitat és associativa, la qual cosa significa que no tots els que presenten aquesta variació genètica cometran infidelitats. Més encara, hi ha molts individus que són infidels sense tenir aquest genotip. L'estudi simplement suggereix que les persones amb aquesta variació genètica tenen més possibilitats de comportar-se d'aquesta manera. Proporciona només una altra pista sobre com influeix la biologia humana en la nostra manera d'actuar.

L'espècie humana sembla abocada a navegar entre aquestes dues aigües: la del compromís monògam, que aporta estabilitat a la criança, i la de l'instint infidel, que respon a la crida dels gens per propagar-se i promoure la diversitat. Que mantenir l'equilibri entre aquests dos corrents no és tasca fàcil ho confirmen per exemple els boleros, incapaços de comprendre com es poden tenir dos amors alhora sense parar boig, i els centenars de testimonis que arriben al nostre gabinet de suport psicològic en línia per fer consultes sobre aquest problema. Estem condemnats a trenar una llarga cua de cors trencats? Aquest és un dilema que mai quedarà del tot tancat, com tants altres caps pendents de lligar que portem al nostre interior.

Monògam per vocació i infidel per naturalesa

Vaig començar a sortir amb una noia de molt jove, i hi vaig estar tres anys. Ho vam deixar perquè tots dos ens vam ser infidels, tot i que jo ho vaig saber primer. Al cap de poc li vaig confessar que jo també ho havia fet, perquè tot quedés clar, i perquè veia que ella se sentia molt malament. Vam estar un any separats i després hi vam tornar. Ara fa set anys que estem junts, encara que amb distància entremig, per estudis. Durant aquest temps l'he respectat els tres primers anys, i els següents m'he dedicat a anar amb unes i amb altres. Sóc partidari de la confiança i la sinceritat, raó per la qual vaig decidir posar fi a la relació així que em vaig adonar que aviat podríem passar més temps junts, i després d'explicar-li el que havia fet. Ella m'ha perdonat i m'ha ofert l'oportunitat de seguir, però jo no ho he acceptat. He actuat bé?

(agost del 2011)

Respon: Nika Vázquez

Amb les diferents parelles que tenim hi ha uns pactes, normalment implícits, que són les normes que regeixen la relació. Aquestes normes poden estar relacionades amb la convivència, la fidelitat, els plans de futur. És convenient fer-les explícites, apuntar-les conjuntament en un paper, negociar els diferents punts que en formin part, i fer-ne una revisió cada dos o tres anys.

Cal revisar la llista perquè hem d'assumir que les persones estem en evolució contínua, de manera que els pensaments, els valors i les creences, com també les decisions i els sentiments, poden variar amb el temps. Si fa uns anys la fidelitat era un punt innegociable per a una parella, potser en un altre moment seran més importants valors com la seguretat o la companyia, i potser el fet que un dels dos hagi estat infidel ja no tindrà el valor que podia tenir temps enrere. Comunicar-te amb la parella és bàsic per valorar quins aspectes són importants per a l'un i per a l'altre. A partir d'aquí, decidir seguir plegats o deixar-ho és decisió vostra.

Sentiment de culpa davant la infidelitat

Fa cinc anys que estic amb la meva parella, amb qui he trobat una estabilitat i una comprensió que mai havia tingut. L'estiu passat em va confessar que havia estat amb una altra. A continuació vaig tenir una relació amb un company de feina que m'atreia, no sé si per venjança o per no reprimir-me. Vaig seguir amb el meu nòvio, sé que l'estimo i que és perfecte per a mi, però en el fons res ha tornat a ser com era abans. De fet, tot està perdonat, però sóc incapaç de controlar l'atracció que em genera l'altra persona. Mai havia sentit ni gaudit tant amb ningú, tot i que estar amb ell no és cap opció perquè a penes som compatibles. No sé com alliberar-me d'aquest sentiment d'estar dividida, i de la culpabilitat que em provoca. Em sento mala persona i tot plegat em farà parar boja, perquè quan estic amb l'un no paro de pensar en l'altre, i al revés.

(abril del 2012)

Respon: Noelia Sancho

La culpa és un dels aspectes psicològics que es poden presentar en les infidelitats, siguin consentides o no. En aquest cas, el teu cervell i el teu cos podrien estar passant un període de dissonància cognitiva. Les persones que es troben en aquesta situació es veuen obligades a decidir per resoldre la discrepància: o canviem de manera d'actuar, o canviem de manera de pensar perquè sigui coherent amb la nostra conducta.

Has intentat mantenir aquesta situació raonant-la i explicant-te-la a tu mateixa, però no t'està ajudant a sentir-te millor, així que potser hauries de seguir un altre camí i prendre una decisió més dràstica si vols avançar. És possible que aquesta decisió impliqui triar, i triar de vegades comporta perdre alguna cosa. Potser és això el que et fa mantenir aquesta situació, no voler renunciar a res. Planteja't quina opció consideres més bona, només tu pots decidir quin camí vols agafar.

Em sento malament tenint fantasies amb altres homes

Estic casada, tinc un fill, sóc feliç. El meu matrimoni ha passat els seus alts i baixos però ha tirat endavant. El cas és que de vegades trobo a faltar alguna cosa. No ho sé, potser sentir un amor més fort o romàntic. Tenim principis semblants, però som diferents. Sento que sóc més romàntica, idealista i activa que ell, i alhora tinc present l'exemple dels meus pares, divorciats, i dels seus anys dolents, que van ser gairebé tots, sense comptar que la meva mare tenia amants. D'alguna manera crec que això m'influeix en la meva vida personal. De vegades tinc ganes de tafanejar, buscar amistats noves, conèixer algun home, encara que no m'imagino enganyant el meu marit. Per què em passa, això, sent com sóc una persona lleial que no s'imagina enganyant a ningú?

(febrer del 2012)

Respon: Cecilia Salamanca

La imaginació és una qualitat que de vegades ens juga males passades. Si viure la infidelitat de la teva mare cap al teu pare va ser dolorós, és lògic que quan t'imaginis en aquesta situació sentis malestar. Però has de ser conscient que només es tracta d'una idea i que de fet estàs anticipant una situació que en l'actualitat no existeix. Les fantasies sexuals que provenen dels somnis són creades per la imaginació i presenten la qualitat de no tenir límits i d'acostar-nos al plaer. S'han d'acceptar com a pensaments vàlids i útils. No has de percebre les fantasies sexuals amb una persona que no és la teva parella com res que sigui negatiu o pecaminós, ja que aquestes fantasies ens fan éssers lliures i independents, i alhora únics.

Acceptar-nos a nosaltres mateixos i gaudir del present evitarà que patim insatisfacció crònica, l'estat en què s'anhela el que no es té, i no se sap el que un vol o necessita. Si concentrem l'atenció en el moment present, evitarem sentir-nos d'aquesta manera, i potser ens adonarem que tenim tot el que volem. I si aprenem a deixar-nos portar, sempre ens quedarà la imaginació.

Restablir la confiança després d'una infidelitat

Fa sis anys que estic casat i tres més que tinc parella. Tenim dues filles. L'any passat va ser molt difícil, econòmicament i familiarment. Ella se'n va anar tres mesos al seu país a veure el seu pare, i durant aquest temps li vaig ser infidel. Arran d'una discussió entre la meva dona i la seva germana, aquesta li va insinuar el que jo li havia fet. L'hi vaig confessar l'endemà, perquè em sentia molt malament. A partir d'aquí tot ha anat empitjorant. Al principi semblava que m'ho perdonaria, però va ser que no, i em va dir que no era només això, la infidelitat, que tenia més coses acumulades, i que no podia més. De manera que ens hem separat. M'ho estic passant molt malament, no sé com afrontar-ho tenint lluny les meves filles i, sobretot, no sé com demanar-li que em doni una oportunitat.

(setembre del 2011)

Respon: Nika Vázquez

Quan una persona descobreix que la seva parella l'ha enganyat, es presenten en qui ha estat infidel sentiments de culpa, vergonya per la traïció i malestar per l'incompliment de les normes establertes en la parella. En aquests casos la comunicació serà essencial, sobretot per tornar a restablir la confiança.

Aquest restabliment ens permetrà saber que no serem defraudats ni enganyats, i que no ens faran mal. El procés per aconseguir-ho és individual, i cadascú el viu d'una manera particular. Normalment, durant les primeres etapes de la pèrdua se sent dolor i tristesa, ja que l'experiència sol ser viscuda com un dol perquè alguna cosa s'ha trencat. Posteriorment es pot presentar la negació del tema i discussions pel que passa. Algunes persones necessiten establir un nou pacte que permeti fundar novament la parella. Això permet deixar el dolor per aquest episodi en una etapa anterior i avançar en el que és viscut com una nova relació.

4. La criança: els reptes de crear una família

Seria un experiment curiós i revelador aconseguir que les parelles d'enamorats que acabaran casant-se i formant famílies amb fills poguessin donar un cop d'ull, en el moment més àlgid del fervor amorós, al mapa afectiu i emocional en què es mouran al cap de cinc, deu o quinze anys, quan el temps i la rutina hagin polit les ànsies de fusió que ara mateix experimenten fins a ferles impossibles de reconèixer, i l'arribada de nous éssers a l'escenari que habiten els hagi obligat a resituar-se i reinventar-se fins a extrems insospitats durant el festeig.

És probable que moltes d'aquestes parelles, si poguessin veure el futur que suposadament els espera, fugissin espantades, i que d'altres neguessin aquest pronòstic en no sentir-se identificades amb l'evolució que experimentaran. Tanmateix, en el joc de l'amor, les etapes de la consolidació de la relació, el descens de la passió i la irrupció dels fills són fases que també formen part de la partida.

L'aventura amorosa no acaba en la borratxera hormonal de l'enamorament, sinó que va més enllà. Reptes com la formació d'una unió estable i a continuació la d'una unitat familiar suposen desafiaments per als quals no totes les parelles estan preparades. Si ja ens queixàvem que ningú ens havia ensenyat mai a gestionar les pròpies emocions al col·legi, ni a entendre o predir les dels companys de classe, el nostre analfabetisme emocional es converteix en alarmant quan ens endinsem en les estacions més madures de la relació amorosa i afrontem els desafiaments de la creació d'un niu.

En aquest nou període, el trasbals d'energies seguirà camins del tot diferents dels que seguia abans. Paral·lelament, seran unes altres les emocions que es posaran en marxa. Els pensaments i els esforços es concentraran en tasques com ara establir unes bases sòlides de convivència, de vegades considerant afers tan pedestres i poc romàntics com buscar una casa o resoldre la intendència dels nounats, i és normal que es disposi de menys temps per al gaudi sensitiu o l'atenció a la parella. Són mesos i anys durant els quals, en general, hi ha menys petons i menys carícies cap a l'altre i més feina, afanys i preocupacions.

En aquest nou escenari és fàcil perdre's. Si entenem l'empatia com la capacitat per sentir com a propi el que sent l'altre, hem de reconèixer que l'instant en què l'amor explosiu dels primers moments d'una relació romàntica dóna pas a la formació d'una parella estable —en què els sentiments d'identificació no són tan forts com al principi— suposa un repte enorme per a la capacitat empàtica de l'ésser humà.

En aquest instant, la màscara de l'enamorament ja no hi és, i per tant no pot dissimular els defectes de la persona estimada ni potenciar els aspectes més comuns dels dos caràcters. Així, emergeixen sense embuts les diferents personalitats dels amants. Alguns estudis corroboren que la proximitat cultural, ideològica i fins i tot de procedència geogràfica entre els membres de les parelles suposa un factor de garantia per a l'èxit de les relacions. Enfrontats a la necessitat de posar-nos en la pell de l'altre, sempre serà més fàcil fer-ho amb algú amb qui compartim valors, gustos o maneres de ser.

Passada l'etapa de la fusió amorosa i la de recerca d'un sistema de convivència, és hora de negociar els nivells de llibertat que regiran en el futur les rutines de cadascú. I aquí la paraula clau és aquesta: negociar. Conviure en parella és una negociació contínua que només reeixirà si s'estableix des del respecte més absolut per l'altra part. Ben sovint, les aspiracions de realització personal de cadascú xoquen amb les dificultats intrínseques de la formació de la família, la criança i la rutina diària. Tenir cintura emocional per batallar en aquestes tempestes quotidianes no és fàcil, però és la condició indispensable per a la supervivència de l'amor i la parella.

Un equip de psicòlegs d'una consultora nord-americana va proposar a un grup de parelles que passaven un moment difícil un exercici basat en associacions de paraules. Volien descobrir la percepció sincera que cadascú tenia de l'altra persona. Van arribar a la conclusió que l'element que fa inviable salvar una relació és el menyspreu. Quan en algun dels dos hi ha rastres d'aquesta emoció tan bàsica i negativa, no hi ha res a fer: la ruptura és inevitable. No em cansaré d'advertir fins a quin punt subestimem aquesta emoció verinosa, sense adonar-nos del mal que fa en les relacions personals, i que poc que ens en prevenim. Hauríem d'aconseguir extirpar-la del nostre ecosistema emocional, perquè l'antítesi de l'amor no és l'odi, sinó el menyspreu.

Els reptes de la parella es multipliquen quan arriba l'hora de la criança.

L'experiència del naixement dels fills aporta alguns dels sentiments més encisadors, bells i intensos que coneixem en les nostres vides, però ens obliga a canviar del tot el repartiment de rols que manteníem fins aleshores. Les societats patriarcals del passat resolien aquest afer fent recaure en les dones tant la intendència de la criança com la formació emocional dels nens. Aquest patró anquilosat ja no serveix. L'alliberament de la dona i la seva incorporació al món laboral han fet que aquest desequilibri es reajusti, tot i que en aquest sentit encara hi ha molta feina pendent. Gran part de la població masculina té pendent d'assumir a hores d'ara que l'educació emocional dels seus fills no és només cosa de mares i mestres, sinó que també els incumbeix a ells.

Ningú ens ha ensenyat a ser pares. De fet, fins avui han estat poques les investigacions que s'han fet en el camp de l'entrenament de la paternitat. Ningú s'havia molestat a calcular, per exemple, fins a quin punt el divorci pot ser hereditari. Jay Belsky, psicòleg del Birkbeck College de la Universitat de Londres, ha observat que l'absència de la figura paterna incrementa les possibilitats que les filles de parelles separades acabin divorciant-se quan siguin adultes. Créixer sense aquesta referència fa que desconfiïn més dels homes, a banda de fer-les madurar més de pressa i ser més promíscues.

Sorprèn que en un terreny com el de la família, en el qual tenen lloc tants fets situats a la base del desenvolupament personal dels individus, hi hagi una mancança tan important de patrons o models que serveixin de referència. Si hi ha un entorn on una bona educació emocional podria tenir raó de ser és el de la llar.

Absència del pare i relacions afectives d'adult

El meu pare no ha estat mai present en la meva vida. ¿Viure sense una figura paterna podria afectar les relacions que pugui tenir amb altres homes?

(febrer del 2011)

Respon: Gabriel González

L'absència d'una figura paterna pot implicar més dificultat per aconseguir un vincle sa en les relacions interpersonals i adquirir una visió del món més integrada. En aquest sentit, quan hi ha les dues figures, els menors poden identificar com és una relació entre persones adultes, ja que els pares seran el primer model. Si un dels dos falta, no es fan els primers aprenentatges de les relacions home-dona, però de fet aquests models es poden anar substituint al llarg del creixement del menor, que es pot fixar en altres relacions.

Els experts han deixat clara la necessitat de la figura paterna per al creixement equilibrat d'un menor. Però molts adults han sobreviscut sense aquesta figura. És possible que la dona que creix sense pare pugui buscar en les seves relacions amoroses l'home que buscava en la infància. O al contrari: pot acabar tenint relacions amb homes basades en la desconfiança i l'engany. Tot depèn de com la persona hagi integrat la situació i sigui conscient que les seves relacions amoroses poden estar determinades per la manca d'aquesta figura.

Conflictes de parella després del naixement d'un fill

Tinc trenta-vuit anys i en fa nou que estic casat. Després de tres anys intentant tenir una criatura, hem tingut bessons, que van néixer prematurs i van estar a la UCI neonatal. Després del naixement, a la meva dona li va canviar el caràcter i va començar a tractar-me d'una manera molt seca i distant. Al principi no volia que ningú toqués els nens. No se'n volia separar, i si li proposava que féssim alguna cosa nosaltres dos sols o amb amics s'empipava. Jo no vaig voler deixar de sortir amb els amics comuns i ella m'ho retreia: considerava que no complia les meves obligacions de pare. Al final la convivència es va fer impossible i vaig anar a veure una psicòloga, que em va proposar que també hi anés la meva dona, però ella no va voler. Deia que era només jo qui havia de canviar de manera de fer. Al final la seva família es va plantar a casa per recollir les coses de la meva dona i emportar-se els nens. He insistit que intentem una teràpia de parella, però ella s'hi nega i diu que no ha fet res dolent. Des de llavors em deixa tenir els nens només un parell d'hores al dia, i cap quan considera que no poden sortir. D'una banda voldria tornar, per estar amb els nens i recompondre la família, però de l'altra no vull estar amb algú que s'ha portat així amb mi. No sé què fer.

(desembre del 2010)

Respon: Sandra Borro

Després d'haver desitjat i buscat un fill durant tant de temps, el naixement dels bessons va fer que l'única prioritat de la teva dona fossin els nens, i en realitat és bo que fos així, almenys durant una temporada. Aquest procés és natural, ja que el contacte estret amb els bebès li permet coneixe'ls i atendre les seves necessitats d'una manera adequada. Durant el primer any de vida els nens necessiten molta atenció, i és el moment en què les necessitats individuals de cada membre de la parella han d'estar supeditades als interessos comuns de la criança i la cura dels nens.

La teva dona es devia sentir molt sola quan tu te n'anaves amb els vostres amics, i segurament els seus pares la devien consolar i ajudar oferint-li el suport i l'afecte que ella t'estava reclamant a tu. Si vols tornar enrere i recuperar la teva família has de parlar amb ella i acceptar les seves condicions. Recorda el que us va unir i us va animar a formar una família i pensa que els teus fills et necessiten. La millor manera d'expressar el teu amor per ells és evitar els retrets i establir les bases d'una nova relació.

Treballar o ser mare?

Tinc molts dubtes pel que fa a la maternitat. Penso a tenir fills i m'emociona la idea, tot i que, quan de debò em paro a meditar-ho, el que sento és por i vertigen. Tinc una relació estable i tots dos desitgem tenir un bebè. La qüestió és que no disposo d'un patró social que pugui seguir per sentir-me còmoda i criar el meu fill sense frustracions. Fa dos anys que treballo pel meu compte i m'ha costat molt esforç aconseguir clients. La meva feina és la meva passió i el meu pilar, i no vull ser mare tradicional, ni una superdona, ni permetre que els avis criïn el meu fill. La meva parella no deixarà la feina per estar amb el seu fill, hauré de ser jo. Suposo que si ens ho podem permetre el portarem a la llar d'infants. Però i si no podem? Hauré de canviar la meva feina actual per la de criadora? No ho tinc clar.

(agost del 2010)

Respon: Sandra Borro

Actualment, un home o una dona amb una professió que els satisfà personalment i els aporta beneficis econòmics no haurien de renunciar-hi, ni tampoc renunciar al seu dret de ser mare o pare. Hi ha moltes fórmules per fer compatible la maternitat i la paternitat amb la feina, com ara compartir la cura del nen i de casa amb la teva parella, els avis i la llar d'infants.

En el teu cas, si es tracta d'una feina difícil de fer durant l'embaràs, pots buscar algú que et substitueixi temporalment fins que t'hi puguis reincorporar. Encara que no guanyis tants diners, podràs mantenir els teus clients. Després aquesta persona podria continuar col·laborant amb tu perquè no hagis de passar tantes hores fora de casa. Com que es tracta d'una feina *freelance*, fins i tot et podries combinar l'horari amb el del teu marit per no haver de portar de seguida el bebè a la llar d'infants.

Vull tenir fills, però la meva parella no

Tinc un problema difícil de solucionar. He fet trenta-sis anys, en fa vuit que som parella i cinc que vivim plegats. Jo vull tenir fills, però ell no. Al principi de la relació ell em va dir que en algun moment els voldria tenir, i jo em vaig aferrar a això. Però segueix sense saber quan arribarà aquest dia, o si arribarà. És molt frustrant perquè l'estimo, però em plantejo deixar-lo abans que la relació es torni insuportable. No em veig capaç de renunciar a la maternitat, però se'm fa molt difícil deixar la meva parella, amb la qual he estat molt feliç.

(setembre del 2011)

Respon: Gabriel González

Aquest és un tema complicat, ja que es tracta de compaginar els projectes personals amb els de parella, i això sol generar conflictes. No hi ha cap solució general correcta, sinó la que cadascú decideixi prendre. El teu desig seria formar una família amb la teva parella, però per a això cal l'acord entre tots dos. Necessiteu un espai on pugueu desenvolupar aquesta conversa, per tenir les coses clares d'una manera calmada i tranquil·la. És convenient que preparis bé el que comunicaràs, amb missatges assertius, i que escoltis la seva opinió sense esperar res a canvi.

Utilitza les claus de la comunicació emocional que et facilitin un contacte amb els seus sentiments per poder traslladar-li els teus d'una manera coherent. Al mateix temps, anticipa el que vols sentir. No es tracta d'esperar el que et dirà, sinó que et puguis imaginar com et respondrà. Fes-ho possible abans que et passi.

5. El desamor es pot curar

Molt sovint llegim i sentim diagnòstics sobre l'enamorament que el comparen amb el patró de conducta d'una persona drogoaddicta. Salvant tots els matisos, i descomptades les diferències de toxicitat i hàbits nocius que distingeixen l'organisme del toxicòman del de l'enamorat, és inevitable reconèixer la similitud entre tots dos estats, almenys des del punt de vista neurològic i pel que fa al mapa d'expectatives i dependències que l'un i l'altre mantenen respecte de l'objecte del seu desig: en uns casos la substància tòxica, en d'altres la figura estimada.

Tots dos viuen amb una eufòria semblant els instants previs a la trobada, tots dos experimenten un benestar comparable quan satisfan la pulsió d'estar amb la persona estimada o experimenten els efectes de la droga, i en totes dues situacions se sol desfermar la mateixa ansietat quan es talla la relació de forma radical. Ben mirat, els primers instants d'una experiència de desamor sobrevingut, causat per una ruptura no desitjada, s'assemblen a la síndrome d'abstinència d'un toxicòman.

Deixem clar que el desamor és una experiència tan humana, natural i freqüent com ho és la de l'amor. Que aixequi la mà qui no hagi patit directament els rigors del desamor, si més no alguna vegada. Normalment, la seva intensitat és simètrica a la que presentava l'amor en els bons moments, perquè el desamor només es pot desencadenar on abans hi havia hagut molt d'amor.

El seu recorregut també és semblant al que afronta el drogodependent que segueix un procés de deshabituació. Els neurocientífics i psicòlegs recepten a l'enamorat que ha estat víctima d'una ruptura involuntària que abandoni les rutines, els hàbits i els espais que compartia amb el seu amor. Se li prohibeix anar als mateixos bars o als mateixos cinemes i passejar pels mateixos llocs. Tot el que alimenti el record emocional de la persona perduda engreixarà la malenconia i l'ansietat per la separació.

Es tracta de posar en pràctica una capacitat humana que acollim al nostre interior, però per a la qual no ens ha entrenat mai ningú: el desaprenentatge. És lamentable que als col·legis no s'ensenyi als nens que canviar d'opinió no és negatiu, sinó una opció a la qual sempre es poden acollir per garantir el benestar i la seguretat. En última instància, el desamor és una experiència emocional tan brutal que només es pot afrontar amb esperances d'èxit mitjançant la concurrència d'una altra emoció més forta. Les relacions romàntiques que a vegades viuen, cadascú per la seva banda, els membres de parelles que fa poc que s'han separat, tenen mala fama. Però tornar a tenir un idil·li intens i fer-ho de seguida és la millor manera d'allunyar-se de la pèrdua de l'anterior, perquè la nova experiència desencadena missatges que es dirigeixen directament al mateix lloc on va niar aquell sentiment que avui volem oblidar, i actua amb els mateixos instruments.

De poc serveix parlar a les emocions mitjançant el llenguatge de la raó: només entenen el vocabulari de l'emoció. La psicologia ha donat moltes voltes per arribar a la idea, força antiga, que assegura que el mal d'amor s'esborra amb un altre amor. Portat als últims extrems, només un altre amor aconsegueix vèncer un desamor. Avui sabem que la serotonina, que és un neurotransmissor amb efectes sedants sobre el cervell, és la substància que dóna forma al patró neurològic del desamor. La seva mancança es relaciona amb estats depressius, agressius i d'ansietat. No endebades, els antidepressius de la família del Prozac actuen sobre el cervell estimulant la formació de serotonina. Donatella Marazziti, psiquiatra de la Universitat de Pisa, a Itàlia, va estudiar les raons bioquímiques del trastorn obsessiu compulsiu i va observar que els nivells de serotonina eren estranyament baixos, i que aquest patró es donava de forma molt semblant entre els enamorats. ¿Això vol dir que l'enamorament és un trastorn de naturalesa obsessiva? En part sí, perquè, així com els passa als malalts que pateixen d'aquesta malaltia neurològica, els enamorats poden passar llargs períodes de temps abstrets amb la idea de la seva persona estimada, gairebé com si es tractés d'una obsessió.

De la mateixa manera que s'han identificat les substàncies químiques que posen en marxa el mecanisme de l'enamorament, també s'han localitzat les reaccions que provoquen que sentim el que sentim en una fase de desamor. Els amants solen descriure els primers instants d'una aventura romàntica com un viatge en una muntanya russa, pels continus vaivens emocionals a què es troben exposats. En aquells moments, hormones com la vasopressina i l'oxitocina, encarregades d'enfortir el vincle amorós, aprofiten els circuits neuronals sobre els quals sol circular la dopamina, que és l'hormona del plaer, perquè acabem identificant la persona estimada amb un estat de benestar que ens fa sentir recompensats quan estem amb ella.

Alhora, aquests primers instants de l'enamorament són també d'una gran agitació i ansietat. S'ha comprovat que les persones enamorades registren uns alts nivells de cortisol, que és la substància de l'estrès. Plaer i ansietat són els cims i les valls d'aquesta muntanya russa en què consisteix l'inici d'un enamorament. Quan es tracta de desamor, passa tot el contrari: aquí l'estrès s'associa a quadres depressius. S'ha arribat a descriure la «síndrome del cor trencat» com una condició mèdica molt similar a una cardiomiopatia. Les persones amb desamor o un altre tipus d'estrès emocional com el provocat per un divorci traumàtic presenten patrons similars als d'un atac de cor, inclosos el dolor al pit i la dificultat per respirar.

L'explicació és que el cor es troba aclaparat amb un excés d'adrenalina i altres hormones de l'estrès, i les artèries que li proporcionen sang s'estrenyen. És el mateix que passa durant un atac de cor. Estudis de neuroimatge han demostrat que quan s'ensenyen fotografies de les exparelles a persones que han tingut un fracàs amorós, aquestes manifesten un fort augment de l'activitat al còrtex insular, que és la part del cervell que experimenta el dolor físic.

El cortisol és la mateixa substància endògena que els nens petits no poden controlar quan es troben submergits en enrabiades ingovernables o en estats de desesperació associats al sentiment d'abandó matern. Aquesta similitud no és casual, perquè són molts els estudis que demostren el parallelisme que hi ha entre els quadres neurològics del bebè que se sent desemparat i els de l'enamorat que ha estat víctima d'una ruptura. De fet, en tots dos casos s'activen àrees cerebrals similars, i és la mateixa substància, el famós cortisol, el que fa engegar la pel·lícula de por i d'ansietat que l'un i l'altre comencen a viure en aquest moment.

¿Aprenem durant la infància quins són els patrons del desassossec causats per una ruptura amorosa? En realitat, quan som adults no disposem de més eines per fer front al desamor que les que teníem quan érem petits per combatre l'ansietat de la separació, ja que els mecanismes i les hormones que intervenen en un cas i en l'altre són els mateixos. La terapeuta educacional britànica Heather Geddes, especialista a investigar els secrets de l'afecte, està convençuda que la seguretat emocional que el menor aconsegueix en l'entorn de la família i l'escola és la que li permetrà, convertit en adult, fer front a reptes difícils com el del desamor. Un cop més, la infància emergeix com un cofre secret on s'amaga la clau mestra de tot el que ens passa per dins.

Em fa por tornar a ser feliç

Tinc quaranta anys i en fa sis que vaig decidir divorciar-me. Vaig trobar el meu marit amb una altra dona, i després vaig saber que ja feia temps que hi tenia una relació. Passat el divorci he tingut relacions amb dos homes fabulosos que m'han estimat i ho han donat tot per estar al meu costat, però la meva inseguretat i la por que sento em fan actuar irracionalment. M'agradaria saber què puc fer per superar el passat i deixar de viure amb aquesta rancúnia i por pel que em puguin fer. Temo tornar a sentir aquest dolor, tristesa i humiliació i el sentiment horrible de pèrdua que vaig viure llavors i que m'impedeix seguir endavant.

(març del 2012)

Respon: Gabriel González

Després d'una ruptura vivim situacions que ens bloquegen i ens impedeixen acceptar el que es presenta, com ara mantenir relacions satisfactòries. Ens agafen pors i inseguretats pel que ens podrien fer. Fins i tot ens fa por tornar a ser feliços. Això ens fa tallar relacions quan percebem que comencem a ser-ho, perquè no ens tornin a fer mal.

De tota manera, la situació negativa que s'ha viscut no necessàriament s'ha de repetir, i si tornés a passar pensa que tindries eines per afrontar-ho. Has de ser conscient del que experimentes, reconèixer el que et passa i saber d'on vénen aquestes pors. La mala experiència no t'ha de bloquejar les relacions actuals. La situació en què et trobes ve d'un procés que suposadament estava superat. Revisa què ha fet que et mantinguessis en aquesta situació, en què t'ha ajudat estar de dol tant de temps, i què t'impedeix seguir endavant. La rancúnia et manté ancorada a aquest dolor i t'impedeix trobar la felicitat. Contra la tristesa, autoestima. En resposta al desamor, convé no aprofundir en el dolor i, sobretot, tractar de fer un viatge cap a la felicitat, en el qual ens acceptem i ens estimem una mica més. Et queda tota una vida per poder-la refer. Tanca episodis anteriors portant-los al present i et podran ajudar a mirar cap al futur.

Des de la ruptura no m'atreu cap home

Tinc vint anys i en fa tres que em vaig enamorar d'un noi amb bogeria. Al cap d'un any es va acabar tot. Des de llavors no he tornat a sentir cap mena d'atracció per ningú. Em podeu explicar per què em passa, això? Estic preocupada. Vull tenir una relació, però no puc si no sento res per ningú, i això m'angoixa.

(desembre del 2011)

Respon: Sandra Borro

Quan s'acaba una relació, les persones travessen un període de dol que, un cop superat, permet seguir endavant. Però cada individu reacciona de manera diferent davant d'una pèrdua afectiva, i és possible que, en resposta al dolor per la ruptura, la teva ment hagi construït una defensa per no tornar a patir. És el que ara t'impedeix sentir res per altres nois.

No t'obsessionis amb la idea que vols que algú t'atregui, pot ser una meta a llarg termini. El teu objectiu de cada dia hauria de ser tornar a emocionar-te, a establir llaços afectius amb persones del teu entorn i a trobar activitats i situacions que et facin sentir bé amb tu mateixa. Pots aprofitar aquest moment de la teva vida per aprendre coses noves, i també per ajudar els qui ho necessiten. Aquella persona especial capaç de tornar a enamorar-te arribarà quan menys t'ho esperis, i també quan hagin disminuït les defenses que inconscientment has construït a la ment.

La meva vida es va paralitzar quan em va deixar

Estic bloquejada i plena de por. La meva parella em va deixar fa cinc mesos i des de llavors tot just he sortit de casa. És com si la vida s'hagués aturat: m'he aprimat molt, he renunciat a anar a classe i m'he apartat de tot. Ell i jo compartíem una activitat en comú, i també el mateix grup d'amics. Ara no puc sortir amb ells perquè em fa pànic trobar-me'l. No sé com comportar-me, el miro de reüll, el cor se m'accelera, m'agafen ganes de vomitar. Últimament fins i tot em fa por sortir al carrer. He intentat fer-me la forta i anar a llocs on sabia que me'l trobaria, però sempre he acabat tornant a casa perquè m'agafaven atacs d'ansietat quan el veia. L'estimo amb tota la meva ànima. Els meus amics em diuen que s'ha equivocat però que és molt tossut, i que no canviarà. Sento que estic paralitzada.

(setembre del 2011)

Respon: Nika Vázquez

Quan una situació ens causa por i sorpresa, el bloqueig és una reacció freqüent. Els vòmits i la negativa a sortir de casa són efectes secundaris d'aquest bloqueig. Els vòmits, quan tenen un origen somàtic, són sinònim de no poder empassar o suportar una situació. La negativa a sortir de casa i seguir fent una vida normal demostra por d'afrontar la realitat. En tots dos casos és important prendre'n consciència i adonar-se que les pors paralitzen la vida i la possibilitat de ser feliç. No dubtis a buscar algun professional per treballar aquests aspectes. Una teràpia psicològica et podria ajudar molt si veus que el malestar es prolonga en el temps.

Quan tot això passa, els amics poden fer molt de bé, més que cap medicina. Recolzar-t'hi et podria anar molt bé. D'altra banda, parlar amb ell sobre el que et passa, sobre la teva tristesa, les teves pors i les teves inseguretats et podria ajudar a fer front a la situació, i potser entre tots dos podríeu buscar la manera de fer que aquest procés de dol i normalització fos més fàcil. La comunicació és dolorosa, però la incomunicació ho és encara més.

Tinc por que em tornin a fer mal

Després de dues relacions estables, cadascuna de cinc anys, en fa dos que estic soltera i sóc feliç. Tinc vint-i-nou anys, visc sola amb la meva gosseta i la meva vida social és bastant activa. No paro de conèixer nois, i els últims mesos he tingut moltes relacions esporàdiques. He trencat algun cor, i també me l'han trencat a mi en alguna ocasió. La qüestió és que tinc sentiments contradictoris davant la idea de tornar a mantenir una relació. D'una banda ho desitjo, perquè trobo a faltar la seguretat, l'estabilitat i el suport que he sentit quan he tingut parella. Però cada cop que conec algun noi amb qui podria tenir una bona relació, començo a sentir-me insegura i l'aparto de la meva vida. Tinc por que em tornin a fer mal i que se m'enfonsi el petit món que tanta feina m'ha costat construir. Aquests sentiments em fan sentir malament, descol·locada i molt confosa. M'agradaria comprendre'ls i saber què fer per sortir-me'n.

(juny del 2010)

Respon: Rosa Català

Pels teus comentaris s'intueix que sents molta por d'una manera anticipada. Les idees prèvies a la construcció d'una relació amorosa estable i sòlida se t'entelen amb sentiments d'una pèrdua que encara no ha passat. Superar el fracàs no és senzill, exigeix fer els ajustos necessaris per corregir el camí cap a l'èxit. Aprofitar el que la vida ens ofereix és part d'un aprenentatge diari que totes les persones estem capacitades per assimilar i gaudir d'una manera plàcida. Aquests ensenyaments tan rics només els podrem incorporar si els practiquem sense cansar-nos-en. La por és paralitzant i ens pot portar a una espiral sense sortida. Intenta rememorar el ventall de recursos de què disposes i que et fan ser especial i estimada.

Potser un canvi d'enfocament, dirigit conscientment a identificar i alimentar dia a dia els desitjos i la passió, es podria convertir en un motor capaç d'engegar una motivació més poderosa. Confia una mica més en totes aquestes capacitats que t'han portat, i et portaran sens dubte, grans dosis de benestar i vés, amb aquesta actitud, a explorar noves experiències.

Capítol 5

Quan ens relacionem. El pitjor és estar sols

1. L'esclat de les xarxes socials

Una de les anècdotes que m'acompanyen amb més insistència, i que acostumo a referir ben sovint en entrevistes i conferències, té a veure amb el nom del programa de televisió que dirigeixo i presento. Quan el 1996 Jordi García Candau, llavors director de RTVE, em va convidar a fer un espai a la cadena pública i jo li vaig dir el nom que havia pensat, la seva cara d'estranyesa va ser digna d'una fotografia. «*Redes?* I què fas, tu, presentant un programa de pesca?», em va preguntar tot sorprès.

Òbviament, García Candau ignorava a quines xarxes m'estava referint. He de confessar que en aquells moments, amb internet encara en fase de desenvolupament inicial i molt poca penetració entre la població, ni jo mateix havia arribat a imaginar-me la dimensió que aquesta paraula arribaria a assolir en la nostra societat. Faltava més d'una dècada perquè termes com Facebook, YouTube o Twitter circulessin entre la gent com monedes a les seves butxaques i centenars de milions d'éssers humans estiguessin enllaçats amb comunitats d'amics i coneguts a través de les pàgines personals localitzades en aquestes webs. Però de la mateixa manera que reconec això, també he de dir que l'elecció de la paraula no va ser casual. Ja llavors hi havia prou elements per preveure que el futur, si n'hi havia, hauria de ser un futur en xarxa.

Doncs bé, aquell futur ja el tenim aquí. L'esclat de les xarxes socials i la proliferació de tota mena de comunitats virtuals de cap a cap del planeta van obrint les portes a un autèntic canvi de paradigma en la manera com entenem l'ésser humà. El nivell tan íntim de contacte amb els altres éssers de la nostra espècie que ens permeten les noves tecnologies, com també el flux d'influència mútua que a través seu ens podem intercanviar, permet afirmar que som el que som perquè formem part de la xarxa a què pertanyem. Hem deixat de ser un de sol per començar a ser part d'un tot.

Fa uns set-cents milions d'anys, els organismes unicel·lulars van renunciar al seu ésser individual per formar part d'ens pluricel·lulars. Des d'aquí, fins que van arribar a ser les comunitats de cèl·lules en moviment que som en l'actualitat, la història ja la coneixem. Però en l'origen hi havia la voluntat de compartir biomolècules, unir membranes, intercanviar líquids, repartir tasques. En definitiva, de formar part d'una unitat més gran.

Ara nosaltres teixim llaços de circulació de pensament amb comunitats creades per nosaltres mateixos, en les quals l'important ja no és la proximitat física, sinó la rellevància creativa del que intercanviem i la posició que cadascun de nosaltres ocupem en la xarxa. Que el que ara fem anar no siguin fluids ni proteïnes, sinó idees, representa un avenç significatiu i permet sospitar cap a on ens dirigim com a espècie: cap a un ens infinitament més intel·ligent.

Fa milions d'anys que ens movem seguint impulsos alternatius d'expansió i consolidació. Fa cent mil anys, un centenar d'homínids africans van agafar el camí del nord i es van anar escampant per tot el planeta. Aquella decisió va tenir conseqüències que els van afectar per dins. Ja ningú qüestiona que el desenvolupament que van experimentar les connexions neuronals del cervell humà durant el Paleolític no va tenir res a veure amb el desafiament que suposava explorar regions inhòspites o enfrontar-se a animals desconeguts, sinó amb la necessitat d'entendre'ns amb els que ens acompanyaven en aquell viatge iniciàtic.

Fa deu mil anys, el desenvolupament de l'agricultura sedentària va establir per primera vegada dependències socials amb el grup que posaven en dubte el codi de comportament que portàvem a la motxilla, herència dels nostres avantpassats i basat en l'agressivitat i la llei del més fort. Es va imposar un codi nou, més social i menys individual, que descansava sobre una força també nova, que en aquest cas ja no era física, sinó empàtica. Entendre'ns amb els interessos de l'altre, i en certa manera situarnos en posició de xarxa amb ell, es va convertir en la clau per triomfar a la tribu, més que disposar del múscul pectoral més gros que s'acostava a la foguera cada nit. A més, per primera vegada en la història de la nostra espècie aquest canvi de codi de comportament quedava fixat mitjançant el llenguatge, la qual cosa permetia crear una reserva de coneixement acumulat.

Aquella fase d'expansió n'encara actualment una altra de consolidació. Hem passat segles multiplicant-nos i conquerint el planeta, i en aquest moment avancem cap a una etapa de formació d'una unitat nova. Igual que un dia els cianobacteris van infectar la Terra fins que van donar a llum una nova atmosfera plena d'oxigen, en la qual posteriorment es desenvoluparien les plantes i la vida que coneixem, ara l'ésser humà, present fins a l'últim racó del planeta i connectat entre si per mitjà de xarxes, es troba a les portes de crear una entitat nova.

Però rebobinem, no anem encara tan lluny en aquesta evolució imparable i donem un cop d'ull a com la nostra vida en xarxa, avui mateix, ja ha començat a canviar-nos per dins. El meu pare, metge rural a l'Empordà als anys cinquanta del segle passat, patia perquè difícilment tenia temps per atendre la seva correspondència, que se solia limitar a un parell de cartes al dia. No obstant això, avui qualsevol natiu digital rep diàriament mig centenar de correus electrònics, sms i missatges a les seves pàgines personals de Facebook, Tuenti o Twitter.

Haver multiplicat per tres-cents el nombre d'impactes del grup que avui reben diàriament els joves, en comparació amb els que rebia el meu pare, ja crida prou l'atenció. Però a aquesta dada s'afegeix un factor rellevant que no té a veure amb la quantitat, sinó amb la qualitat dels *inputs* que ens arriben del grup, la influència de la qual s'ha comprovat científicament no fa gaire. Atenció: no tan sols ens afecta la reacció del nostre entorn més immediat, sinó també la de les persones que conformen l'entorn del nostre entorn, i la del següent nivell d'amistat. És a dir: el poder d'influència de la bandada sobre els individus és superior al que ens pensàvem.

Els científics James Fowler i Nicholas Christakis han investigat les regles que governen les xarxes socials i la influència que tenen en els seus integrants, tant biològicament com socialment o econòmicament. Així, per exemple, han demostrat que la felicitat d'una persona està condicionada per la dels seus amics, per la dels amics d'aquells amics, i per la dels amics dels amics dels amics. Fowler i Christakis també han demostrat que les persones que somriuen sovint tendeixen a tenir més amics i se solen situar al centre de les xarxes socials, de manera que si somriem tindrem menys probabilitats de situar-nos a la perifèria de la nostra xarxa social.

A partir d'ara serà impossible comprendre un individu sense tenir en compte la relació que aquest manté amb la comunitat, ja que la forma que hagi adoptat per confeccionar la seva xarxa n'acabarà determinant el destí. I no totes les xarxes són iguals. Brian Uzzi, professor de direcció i organitzacions de la Kellogg School of Management, als Estats Units, ha estudiat la manera com es relacionen i com mantenen els contactes personals i professionals els artistes i productors de l'escena de Broadway, a Nova York. Gran aficionat al gènere, l'investigador es va preguntar quin percentatge de l'èxit dels ballarins i músics que ell tant admirava era degut als talents personals i quin a les oportunitats laborals que la seva pertinença a unes determinades «famílies artístiques» els havia ofert.

Després de rastrejar l'activitat de dos mil professionals en gairebé cinc-cents musicals entre l'any 1945 i el 1989, Uzzi va observar que les xarxes que són massa denses, en les quals tothom ho sap tot de tothom, no faciliten la creativitat. Però, d'altra banda, els grups que pequen del contrari, en els quals hi ha poca interrelació interna i ningú coneix ningú, tampoc són eficaços. L'investigador va concloure que l'èxit es donava més sovint en les comunitats d'artistes i productors en què la gent mantenia connexions amb altres persones conegudes, però també amb figures noves. És a dir, els grups tancats i compactes no funcionen, i els esfilagarsats i aïllats tampoc. Segons Uzzi, l'èxit no és conseqüència exclusiva del talent, sinó que en gran part prové de les relacions que les persones mantenen amb altres membres de la xarxa, mitjançant les quals aconsegueixen accedir a experiències que estan més enllà de les seves pròpies vivències.

No és la primera vegada que l'observació social aporta aquesta mena d'impressions. Christakis i Fowler van poder comprovar que les persones més connectades i que participaven en més cercles socials tenien més bona salut i reconeixien ser més felices que els que tenien menys nivell de connexió amb la comunitat.

La xarxa està transformant la nostra manera de pensar. De moment, ens està fent més transparents i ens porta a canviar presència per coneixement. I aquesta tendència és imparable. Els sociòlegs ja parlen sense embuts de la «desaparició del cos» que s'acosta, ja que les nostres relacions no dependran tant de la localització física en què ens trobem com de la qualitat de la comunicació que mantinguem i de la posició que ocupem en la xarxa.

Renunciarem progressivament a més cotes de privacitat, una cosa que ja està passant en les xarxes socials, on compartim fotos i experiències de manera oberta i diàfana, i sense tornar-nos vermells acceptarem que les nostres vivències siguin sotmeses a l'escrutini dels altres. Serem més visibles i menys inaccessibles, tot i que no per això el món deixarà de ser encara opac i incomprensible. Les xarxes socials generaran, ja estan generant, entramats emocionals nous entre les persones, però aquesta realitat no ens ha de generar por ni aprensió. Podem estar tranquils: el que ve està en la nostra naturalesa.

Triar entre socialitzar-se o aïllar-se

Tinc divuit anys i greus dificultats per relacionar-me amb la resta del món. Quan era petita ja era una nena seriosa, i no m'agradava la companyia dels altres. No els suportava, me n'anava amb els grans, però ells em feien tornar amb «els meus». Això m'ha passat tota la vida: sempre he tingut la sensació d'haver d'estar suportant gent de la meva edat que, al meu parer, continuaven sent nens petits, fins i tot a l'institut. Cada relació d'amistat seriosa que he tingut ha acabat en no res i tot plegat m'ha resultat molt dolorós, perquè acabo depenent molt del que l'altre pensa o de com em considera. A més, s'hi ha d'afegir que en poc temps descobria que les persones que més admirava i estimava tenien una cara oculta, i m'he sentit molt decebuda per persones en qui creia.

Em diuen que no tinc altre remei que socialitzar-me i arriscar-me, però per què he de fer res en contra de la meva voluntat? No sento cap mena de necessitat d'estar amb els altres. Tampoc vull ser com tots ells, una més. M'agrada la meva manera de ser, em sento bé, però no agrado a ningú i tinc por que sempre sigui així. He de canviar per agradar als altres? I el que és més important per a mi: ¿els meus problemes són deguts al fet que ja vaig començar malament de petita o és que vaig néixer així i així hauré de seguir?

(octubre del 2010)

Respon: Pablo Herreros

Em sembla que és un bon moment per reflexionar sobre els avantatges i els inconvenients de relacionar-se amb el món. Encara que de manera general els primats ens necessitem els uns als altres —n'és una bona prova l'experiment que va demostrar que el dolor, quan s'experimenta en companyia, es percep amb menys intensitat que quan el vivim en solitari—, hi ha persones que opten per aïllar-se i viure apartades amb més o menys èxit. L'important aquí és d'on neix el desig de fer-ho i no el fet en si, que és decisió de cadascú. Si el que ens motiva és la ràbia, el que farem serà empitjorar les coses, perquè no afrontem el problema i en conseqüència la nostra autoestima en pot resultar malparada.

Tot i que unes determinades experiències t'hagin posat les coses molt difícils, el que t'ha passat no ha de ser determinant en la teva vida. No podem evitar que ens influeixi, però sí que ens determini. S'ha demostrat que, davant d'un mateix fet, les persones reaccionen de maneres molt diferents. Comença per explorar què és el que et passa de veritat i vés fent passos, ni que siguin petits, que et permetin conèixe't millor i que omplin de sentit la manera que tens de relacionar-te amb els que t'envolten.

Infidelitat a través d'internet

Sóc una dona de trenta-tres anys, llicenciada. M'agradaria saber alguna cosa sobre la necessitat que tenen ara moltes persones d'enganyar les seves parelles a través d'internet i sobre el paper dels xats i les xarxes socials a l'hora d'augmentar autoestimes una mica baixes. Tinc la sensació que la persona que és infidel per internet no creu que ho està sent, ja que sovint la infidelitat no es materialitza en forma de contacte real.

(setembre del 2011)

Respon: Montserrat Soler

La comunicació i les relacions a través d'internet, on d'entrada no es té en compte l'aspecte corporal, poden afavorir l'autoestima en les persones que se senten incòmodes amb la pròpia imatge i les que troben difícil mantenir relacions socials. Hi ha estudis que indiquen que les persones amb més tendència a establir relacions sexuals cibernàutiques són les que mostren un perfil caracteritzat per una baixa autoestima, pel fet que tenen disfuncions sexuals, una imatge corporal distorsionada o unes determinades addiccions o inseguretats que les fan sentir angoixades o insegures en les relacions sexuals directes o reals amb un altre individu.

L'amor a través d'internet, en no rebre estímuls dels sentits, afavoreix que es potenciï la imaginació o la fantasia en l'atribució de qualitats de l'altra persona. La infidelitat virtual, que és bastant comuna, és com si fos justament la reproducció de la infidelitat en la vida real. Sembla que els aspectes que afavoreixen la infidelitat són, d'una banda, l'anonimat, i de l'altra, l'excitació que s'experimenta per la conquesta, i pel fet de sentir-se valorat i afalagat per altres interlocutors. Aquesta sensació d'èxit i conquesta és addictiva per a molts usuaris.

Com em puc adaptar a un nou país a través de les xarxes socials?

Tinc vint-i-un anys i me'n vaig anar a viure a Milà fa set mesos per amor. Al principi va ser molt dur, però ara ho suporto perquè estic molt bé amb ell. L'únic problema és que no aconsegueixo fer amics. De vegades em sento sola i em capfico pensant que no m'agrada estar aquí. Treballo en una llar d'infants, però em costa sentir que formo part del grup perquè no parlo prou bé l'italià. Quant de temps es necessita per adaptar-se a una situació així? Em poden donar algun consell per ajudar-me?

(abril del 2012)

Respon: Esperanza López

És magnífic que la vostra relació sigui tan satisfactòria que justifiqui el sacrifici que fas. Aquest és el punt de suport que et pot servir per aconseguir l'adaptació. Fa pocs mesos que hi vius, és poc temps per arribar a tenir vincles que et donin seguretat. Les xarxes socials són importants i ens aporten benestar i satisfacció. Una manera de crear-ne pot ser actuar a través d'alguna associació de persones espanyoles que t'ajudin amb l'idioma. Busca activitats de grup que et permetin entrar en cercles que et siguin d'interès. Practica algun esport que et faci sentir bé, i si és d'equip millor, per conèixer gent. Si t'agrada ajudar els altres, busca una ONG per col·laborar-hi un o dos cops per setmana. També pots interessar-te per aprendre aspectes de la cultura italiana, com l'art o la cuina.

En resum, l'important és que estiguis activa i que duguis a terme activitats que enriqueixin la teva rutina. A poc a poc aniràs trobant satisfacció i coneixeràs persones interessants, perquè n'hi ha arreu del món. El que determina que el nostre grau de felicitat sigui més o menys elevat és l'actitud personal amb què la busquem.

2. Units per l'empatia

Mai aconseguirem valorar d'una manera encertada la importància que va tenir, per salvaguardar la supervivència de l'espècie humana, el desenvolupament del sentiment altruista entre les persones i el canvi que va comportar passar de l'instint egoista com a guia principal a l'hora de relacionar-nos amb els nostres congèneres a un altre de naturalesa empàtica que ens va fer provar una experiència revolucionària i innovadora: sentir el dolor alliè com si fos propi.

Deixem-ho clar: això no va passar de cop i volta, va ser un procés que es va donar al llarg de milers d'anys, però a partir d'aquest gran canvi la nostra espècie va evolucionar fins a ser com avui la coneixem. En el nostre passat més atàvic, hi va haver un moment crucial en el qual comprendre l'altre va començar a ser més útil que disposar de la força física necessària per sotmetre'l al nostre interès. De sobte, comunicar-nos amb les emocions de la persona que teníem al davant va començar a semblar la regla més útil de gestió del grup. Gradualment, els que disposaven de més capacitat per fer-se càrrec dels sentiments dels altres van començar a prosperar a la tribu, i aquest èxit de l'empatia es va convertir en un vector evolutiu damunt del qual ha cavalcat la nostra espècie durant tots aquests segles fins a l'actualitat. Això ha actuat com a cordó sanitari per garantir la supervivència de l'*Homo sapiens*, ja que tot el grup va aprendre a sentir el que cadascun dels membres experimentava quan es trobava en perill, però també ha suposat el triomf d'un tipus d'ésser humà que ha establert el model de convivència sobre la socialització dels interessos particulars.

I aquest vector brutal, imparable, no s'ha aturat, ans al contrari: s'ha perfeccionat al mateix temps que l'home trepitjava l'accelerador de l'evolució com a espècie. En contra del que pugui semblar, l'home d'avui no és més individualista ni es manté més apartat dels problemes dels altres que abans, al contrari: un individu actual és mil vegades més empàtic del que ho era un de l'antiguitat.

En contra de les opinions pessimistes que es miren amb aprensió l'evolució que seguim, hi ha una dada indefugible: els nivells de violència actuals són molt inferiors als del passat. La memòria del segle xx està infestada de guerres, exterminis i barbàries, però això és d'aquesta manera per la condició omnipresent de l'home en tots els racons de planeta i el seu desenvolupament tecnològic a l'hora de dissenyar armes de destrucció més perfectes i massives. Així s'han multiplicat les possibilitats de conflicte i s'ha incrementat el potencial anihilador humà, però aquesta realitat no significa que avui l'home sigui més bel·ligerant. De fet, la història de la guerra demostra que en el temps més recent s'ha matat menys i amb menys acarnissament que en el passat. Proporcionalment, avui mor molta menys gent per causes violentes que fa cinc-cents o mil anys. Al contrari, els nivells d'altruisme i els senyals de preocupació per l'altre s'han disparat. Steven Pinker, professor de psicologia de la Universitat de Harvard, és concloent quan afirma que avui som molt més pacífics que els nostres avantpassats, ja que el cercle on exercim la solidaritat, anteriorment limitat a la família, ara engloba altres àmbits, mentre els qui defensen la violència com a instrument per gestionar el grup es troben en clara retirada i reben clarament el retret de la majoria.

Els senyals d'aquest instint empàtic també es donen en altres espècies, per bé que només en les més intel·ligents. Així ho demostren els experiments del primatòleg Frans de Waal de la Universitat Emory d'Atlanta, als Estats Units, que opina que hi ha nivells d'empatia diferents: n'hi ha un de bàsic, que compartim amb la resta de mamífers, que ens permet sintonitzar amb les emocions dels altres. Però quan, a aquesta qualitat, s'hi afegeix un cervell desenvolupat, que possibilita una intel·ligència més gran, només llavors es donen la solidaritat i l'altruisme, la qual cosa permet no tan sols que ens connectem amb l'estat d'ànim dels altres, sinó que, a més a més, desenvolupem la capacitat d'ajudar-los.

Diversos experiments fets a la Universitat de Montreal van demostrar que els ratolins eren més sensibles al dolor quan estaven en presència d'altres ratolins que expressaven dolor. Era com si s'encomanessin l'ansietat. Els grans elefants adults de Tailàndia fins i tot saben com consolar les cries que estan espantades amb carícies i sons. Sembla com si l'empatia, unida a la intel·ligència, donés com a resultat l'altruisme. I com més evolucionats som, més empàtics, intel·ligents i altruistes ens manifestem.

Tot plegat no és pas casual. Només quan les bandades de mamífers carnívors van comprovar que caçaven millor quan els membres del grup estaven sintonitzats, aquesta capacitat va ser reforçada evolutivament: cal associar-se per sobreviure. Els primatòlegs sospiten que l'instint empàtic basa la raó de ser en la necessitat que els mamífers tenim de rebre atencions maternes. Només una mare sap fins a quin punt és capaç de sentir el dolor del seu bebè quan plora, i això representa una garantia de supervivència per a la cria, i per a l'espècie, que d'una altra manera seria molt més vulnerable. El mateix fet explicaria també que les dones que tenen fills obtinguin puntuacions més altes en els experiments que s'han fet sobre empatia. Es mostren més ben connectades a aquest gran cabal d'emocions que ens uneix a tots els humans. En aquest sentit, admetem que som aquí gràcies a l'amor maternal.

Hi ha experiments que reforcen la idea fins a extrems que arriben a tocar la justícia poètica, com el que va dur a terme el psicòleg Harry Harlow, de la Universitat de Wisconsin, amb macacos bebès. Després d'apartar-los de les mares biològiques al cap de poc d'haver nascut, els van posar en gàbies on havien de triar entre acostar-se a una mare de drap o a una altra de metall que oferia un biberó de llet. Majoritàriament, els bebès preferien la mare encoixinada, encara que no els aportés cap mena d'aliment.

Els neurocientífics han posat de manifest que l'altruisme no és només una qualitat moral capaç de bloquejar instints egoistes, sinó que està fixat a la zona més profunda dels nostres cervells i que per gestionar-lo es fan servir circuits neuronals de recompensa utilitzats en processos tan bàsics com l'alimentació o el sexe. És com si l'evolució ens hagués dotat amb estructures cerebrals que ens premien per fer el bé.

L'empatia és el sistema circulatori que ens manté enllaçats els uns als altres, i les emocions són el fluid que corre pel seu interior, les monedes que ens intercanviem en aquest mercat permanent en què consisteix viure en comunitat. El neurocientífic Jean Decety, de la Universitat de Chicago, als Estats Units, ha demostrat que la percepció que tenim del dolor és superior quan veiem persones que estan patint. De la mateixa manera, altres treballs han demostrat que la sensació que experimentem al davant d'una incomoditat és molt més gran quan hi fem front tots sols que quan ho fem acompanyats.

Òbviament, aquest mecanisme actua amb la mateixa eficàcia quan es tracta de sentiments positius. Experiments fets amb persones que treballen assíduament com a públic de telecomèdies —és a dir: el seu ofici és riure— van revelar que aquests individus es posaven menys malalts que la mitjana i puntuaven més alt en el test de felicitat. Sabem que les emocions són contagioses, i que si arribem a un lloc on les persones alegres i contentes són nombroses, inevitablement acabarem sentint alegria i ens posarem contents. Podem millorar el nostre grau de benestar actuant com si ens sentíssim feliços, i aquesta felicitat l'acabem encomanant als qui tenim al nostre voltant. Això és revolucionari: queda demostrat que l'actitud que manifestem davant la vida pot canviar el nostre cervell, i no al revés.

Un sisè sentit, social i empàtic, està activat en nosaltres de manera permanent i inconscient des que ens llevem fins que ens fiquem al llit, i no l'hem de menysprear com es feia abans. Cal desterrar d'un cop la idea que els nostres instints primaris són només la fam i la set, i hem d'incorporar la capacitat de reaccionar en presència del dolor dels altres, sentint-lo com si fos nostre, a aquesta gamma de mecanismes bàsics humans.

La neuropsicologia ja ha demostrat que la pressió que les alertes físiques exerceixen sobre nosaltres no es diferencia de la que desencadenen les motivacions psicològiques. Igualment, s'ha demostrat que el nostre cervell no distingeix entre la fam i el dolor dels altres a l'hora d'avisar-nos que alguna cosa no funciona com caldria i que hem d'actuar en aquest sentit. El filòsof francès René Descartes estava ben equivocat quan va proclamar la famosa frase «Penso, per tant existeixo». No: l'únic segur que sé és que sento, i és a conseqüència d'això que es desencadena tota la resta. No hi ha una ment separada del cos, ni idees aïllades dels sentiments de qui les sosté. No ens pessiga més la fam que el dolor dels altres, ni la set que l'empatia. Som així.

L'ASSERTIVITAT I LES HABILITATS PER A UNA COMUNICACIÓ EMPÀTICA

Tinc un problema: quan parlo amb algú sobre temes conflictius, sobretot a la feina, no sóc capaç de mantenir una actitud tranquil·la i exposar les meves raons amb serenitat. Sóc respectuosa, però em falla la forma, no sóc capaç d'estar calmada i de seguida em poso a la defensiva. En general, la situació degenera molt de pressa i acabo sentint-me malament. És molt frustrant i em produeix un gran malestar, perquè a més em costa molt alliberar-me d'aquestes sensacions negatives, que acaben contaminant la resta de la meva vida diària. Crec que el que passa és que centro més l'atenció en les coses negatives que en les positives. Estic confosa. M'agradaria que m'orientéssiu o em recomanéssiu alguna lectura que m'ajudés a millorar la meva capacitat assertiva.

(setembre del 2010).

Respon: Montserrat Soler

Hi ha dos tipus de comunicació principals: la passiva-agressiva i l'assertiva. Aquesta última —també anomenada no violenta o empàtica— és la que ens serveix per expressar observacions, sentiments i necessitats deixant de banda el llenguatge d'avaluació i fent referència als nostres propis sentiments i també als que creiem que l'altre està sentint o necessitant. És un estil de comunicació que evita entrar en conflicte. En canvi, en la comunicació passiva s'assumeix la responsabilitat sense tenir-la i l'agressiva és la que busca l'enfrontament. En el teu cas, potser t'aniria bé informar-te sobre la Comunicació No Violenta (CNV), un model desenvolupat per

Marshall Rosenberg que planteja buscar que les persones es comuniquin de manera efectiva i amb empatia. Hi ha una gran varietat de documentació disponible als centres especialitzats per a la pràctica d'habilitats socials, comunicació no violenta i sobre intel·ligència emocional i social.

De l'egoisme a l'empatia

Tinc trenta-cinc anys i des dels quinze i fins als trenta vaig ser consumidor habitual d'alcohol, cànnabis i cocaïna. Fa una mica més de tres anys vaig passar per un procés de desintoxicació, rehabilitació i reinserció laboral que em va ajudar a sortir del pou, encara que als dos anys de tractament vaig tenir una crisi de pànic. Si bé no vaig tornar a consumir, vaig tenir problemes psicològics, vaig abandonar molts dels meus objectius i la por, aquesta odiosa emoció, em va dominar. En aquest darrer any i mig he anat millorant, i he començat a entendre com són d'importants les emocions en la salut i com ho és també la nostra manera de pensar. En la meva infància, i sobretot posteriorment, durant l'addicció a les drogues, vaig desenvolupar una manera de pensar molt narcisista, pessimista i fonamentada en l'ego. Penso que aquest és el meu camp de batalla actual, el més important. M'agradaria rebre informació sobre tècniques psicològiques que em puguin ajudar a corregir aquesta manera de pensar.

(juliol del 2011)

Respon: Noelia Sancho

No és estrany que un procés addictiu comporti conductes egocèntriques; s'observa en molts casos, independentment de si aquest era el teu caràcter anterior. L'obsessió pel consum fa que la persona no pensi en res ni en ningú més, fins i tot quan es fa mal a éssers estimats. És positiu que te n'hagis adonat, perquè és un primer pas per canviar. Com tu dius, conèixer les teves pròpies emocions és molt saludable per a tu, i en aquest cas és intel·ligent per poder entendre millor les dels altres. En aquesta línia és recomanable el llibre *Emocions: una guia interna*, de Leslie Greenberg.

D'altra banda, a més del teu autoconeixement, per desenvolupar l'empatia és important que vagis aprofundint en les relacions que mantens amb la teva família i els amics: passar més temps amb ells, escoltar-los i entendre'ls. Tot plegat ajudarà a fer que es vagi produint el contagi emocional i empàtic. Quan et preocupes pel dolor d'un amic has d'acabar sentint el mateix benestar que quan satisfàs la teva set. Aquesta és la clau, perquè els mecanismes cerebrals, en realitat, no distingeixen una cosa de l'altra. És a dir, la teva capacitat empàtica és aquí, has d'aprendre a escoltar-la.

No sento empatia pels membres de la meva família

El meu problema, o més aviat la meva angoixa, és que no sento empatia pels membres de la meva família. Tinc quaranta-dos anys, una mare de vuitanta-sis amb moltes xacres —encara que en general està bé—, una germana gran que la cuida gairebé permanentment i un germà també més gran que fa temps que està sense feina. Visc amb la meva mare i la meva germana i sóc l'única que treballa, però quan arribo a casa no tinc gens de ganes de sentir les queixes de la meva germana sobre els seus problemes quotidians, que per a mi no són rellevants, ni em ve de gust estar pendent de les demandes contínues de la meva mare. El tema és més llarg d'explicar, però en el fons el que passa és que voldria poder fer la meva vida sense haver de suportar aquesta càrrega.

(gener del 2011)

Respon: Paula García-Borreguero

Pel que em dius, en el teu cas no sembla que es tracti tant del fet que tinguis dificultats per posar-te al lloc dels membres de la teva família sinó que no vols respondre a les seves necessitats. Sí que les entens i empatitzes amb ells, però no te'n vols fer càrrec. Se't percep cansada, farta, saturada dels problemes dels altres. Aquest tipus d'actitud encaixa dins la síndrome de *burnout* (o síndrome d'estar cremat). Es tracta d'un estat d'esgotament emocional, físic i mental que es pot presentar en les persones que habitualment s'ocupen dels altres. Comença a aparèixer l'aïllament, el distanciament afectiu, la irritabilitat, estàs cansat, tens mals de cap...

És important que entenguis que t'has de cuidar. No ja només per tu, sinó pels teus. Has d'estar en bones condicions físiques i emocionals per poder cuidar els altres. Per tant, et recomano que introdueixis mesures des d'ara mateix. Pots començar prenent-te espais de temps per a tu, per desconnectar i descansar. D'una manera assertiva, posa límits a les seves demandes i peticions. Focalitza l'atenció no tan sols en els aspectes negatius, sinó també en els positius de la teva vida, que segur que en tens. Fes exercici, aprèn a fer relaxació, i demana suport als teus amics. I el més important: aprèn a prioritzar els problemes.

3. La comunicació no verbal: tot el que expliquem sense necessitat de dir res

Entre les múltiples lliçons que estem cridats a desaprendre per adaptar-nos al món que ens toca viure, una de les més importants té a veure amb el desorbitat valor que en el passat vam donar a la comunicació verbal, un desequilibri que continua present encara en l'actualitat. El naixement i el desenvolupament del llenguatge va suposar l'autèntic fet diferencial que va acabar de distanciar l'*Homo sapiens* de la resta d'homínids, grans simis i la resta de mamífers de cervell voluminós i intel·ligència desenvolupada que, d'una manera més limitada que la nostra, ja eren capaços d'enviar-se missatges entre ells. Però la parla, i sobretot l'escriptura, van disparar la nostra capacitat comunicativa. La possibilitat de generar informació de forma abstracta i transmetre-la, primer oralment i després mitjançant signes gràfics a altres congèneres, ha estat la pedra de toc sobre la qual s'ha assentat la civilització i la concepció més íntima que tenim de l'ésser humà. No entenem la nostra existència sense poder explicar-la amb paraules.

Tot i això, per bé que el factor verbal ha estat crucial per fer realitat l'home tal com avui el coneixem, l'enorme atenció prestada per la nostra cultura a la irrupció del llenguatge i les seves conseqüències ha presentat un dèficit: hem descuidat la comunicació que som capaços d'establir sense necessitat de recórrer a les paraules. Només ara, quan la neurociència ha entrat amb lupa d'augment a l'interior del cervell i de la psique, comencem a admetre que hem posat massa ous a la cistella del llenguatge oral i molt pocs a la de la comunicació no verbal.

I, tanmateix, la vida és més plena de missatges no verbals que verbals. Anem pel carrer creient que estem atents al que diu la ràdio que escoltem, el que ens explica el company amb qui passegem o el que afirma el diari que llegim. Però ignorem que, mentre tot això passa, ens comuniquem en silenci amb la resta de persones que circulen amb nosaltres per la vorera, ens sincronitzem amb el forner que ens torna el canvi al forn de pa, construïm coreografies mudes amb l'amic que s'acosta a saludar-nos, organitzem grups perfectes i ordenats a la sortida del cinema. I en tots aquests corrents comunicatius no diem cap paraula. L'any 1996 el neurobiòleg Giacomo Rizzolatti confirmava amb l'escàner cranial el que la intuïció ja ens suggeria: que els nostres cervells estan dissenyats arquitectònicament per connectar-se els uns amb els altres, i sense bruixeria pel mig. El descobriment de les neurones mirall ha estat revelador a l'hora d'explicar de manera biològica la natura social de l'home. Resulta que tenim una part del cervell dedicada a registrar l'activitat humana que tenim al davant per reproduir-la a continuació i de forma virtual a la ment. Jo et veig utilitzant un telèfon, preparant una paella o rient d'un acudit i mentalment creo al meu interior una còpia de la teva posada en escena. Sobre aquesta facultat descansen funcions tan bàsiques com l'aprenentatge, i tan sofisticades com l'ofici dels actors.

Però hi ha una cosa més decisiva encara: el descobriment del fet que aquesta xarxa neuronal està especialment connectada amb l'ínsula, una part del cervell directament vinculada al sistema límbic, el niu on descansen les emocions. D'aquesta manera, la imitació que el sistema neuronal du a terme no tan sols reprodueix la manifestació gestual de la persona que tenim al davant, sinó també la seva càrrega emocional. Si el meu interlocutor somriu, indefectiblement el meu cervell dibuixarà un somriure i el meu estat anímic sentirà alegria. Si el que tinc al davant són senyals de dolor o tristesa, la còpia que faran les meves neurones mirall a partir d'aquests senyals acabarà submergint-me en un sentiment d'abatiment. Aquesta és la fàbrica de l'empatia, una mena de passadís secret que permet que ens endinsem en la ment dels altres, que l'entenguem i que sapiguem posar-nos en la seva pell.

Aquesta fotocopiadora emocional amb què ens movem per la vida fa possible que formem una comunitat d'interessos i de sentiments. La confirmació d'aquesta facultat del cervell humà té aplicacions mèdiques importants.

El neurocientífic Marco Iacoboni, de la Universitat de Califòrnia, ha descobert que els pacients amb autisme presenten una activitat més reduïda de les neurones mirall. Això no tan sols permet donar una explicació fisiològica a un problema psicològic, sinó que obre una porta a la intervenció i la cura. Mitjançant tècniques d'imitació, és possible entrenar aquest tipus de neurones i ajudar els autistes a vèncer la incapacitat d'interaccionar emocionalment amb l'entorn.

Iacoboni està convençut que ens trobem en el principi del que anomena «la ciència de les neurones mirall», un canvi de paradigma que ens dotarà d'instruments nous per millorar la convivència. Ser conscients de la dimensió que la comunicació no verbal té entre nosaltres és el pas previ per aprendre a organitzar-nos d'una manera més correcta.

El científic social James Fowler, de la Universitat de Califòrnia, als Estats Units, em va explicar un exemple revelador de la utilitat que els descobriments que es van fent en l'entorn de la comunicació no verbal tenen en la vida quotidiana. Intentant provar la meva intuïció, Fowler em va preguntar: «Trobaries lògic que un arquitecte col·loqués una columna davant la sortida d'emergència d'un edifici públic destinat a acollir grans masses d'individus?». Òbviament, vaig respondre que no. Una primera impressió em mou a pensar que, *a priori*, res hauria d'obstaculitzar la sortida de la gent. Però resulta que davant d'una situació d'alarma tendim a imitar exactament les persones que tenim al costat, instintivament, sense parlar, com farien les bandades d'animals. I si tothom vol sortir en la mateixa direcció, el camí quedarà travat fàcilment. Però si al mig de la porta hi situem una columna, el grup seguirà dues rutes de sortida, raó per la qual l'operació d'evacuació serà més fluida. És a dir: d'aquesta manera reduirem a la meitat el poder d'influència de la bandada per incitar-nos a seguir un camí o un altre mitjançant les manifestacions de la comunicació no verbal.

Ens podem explicar tantes coses sense obrir la boca que realment crida l'atenció que no optem més sovint pel silenci per dialogar entre nosaltres. L'antropòleg britànic Robin Dunbar posa l'èmfasi en la influència que el tacte ha tingut en el desenvolupament de les primeres, i organitzades, comunitats d'humans del passat. Segons aquest investigador, el nostre primer codi comunicatiu i el canal que van utilitzar els homínids primitius, encara més simis que *homos*, es va basar en el tacte per establir incipients vincles d'amistat. Des de l'origen de la nostra espècie, tocar-nos és transcendental a l'hora de transmetre'ns força emocional els uns als altres.

I justament sembla que la rialla deu la seva existència a aquesta màgica capacitat que tenim per entendre'ns sense dir res. Els antropòlegs creuen que quan els grups d'homínids van créixer fins a assolir una grandària impossible de gestionar de la mateixa manera que s'havia fet fins llavors, vam començar a manifestar un altre tipus de senyals que permetien unificar i sintonitzar l'experiència emocional dels membres del grup. Una sessió de carícies o magarrufes només connectava dos individus, però un altre tipus d'activitat de grup, com ara la rialla, en podia posar en sintonia uns quants alhora.

L'objectiu era, i continua sent, assolir la sincronia. La que troben les bandades d'ocells, quan volen en perfecte esquadró en les migracions, o els bancs de peixos, capaços de moure's compactes com si formessin un únic ésser viu. Els humans també ho fem. Només s'ha d'observar com és d'harmoniosa i sincrònica l'evacuació d'un camp de futbol ple d'aficionats. Ningú xoca amb ningú, però ningú rep instruccions sobre com fer-ho. Com seria possible el moviment evitant les topades entre aquesta gegantina massa de persones sense que hi intervingués un nivell prou elevat de comunicació no verbal?

Un altre símptoma que permet observar clarament l'alt índex de sincronia dels humans, i no només de les bandades d'animals, el constitueix el badall. S'han fet nombrosos estudis en aquest sentit, i cap no és concloent, però potser la teoria més argumentada sobre la raó de ser del badall la dóna el primatòleg Frans de Waal, que sosté que aquesta contagiosa manifestació de cansament va sorgir amb l'objectiu d'ordenar els cicles de son i de vigília dels membres d'un grup. Tots aquests símptomes proven que estem connectats a través de la comunicació no verbal. Reconèixer aquest fet ens hauria d'obligar a donar més importància a un aspecte de la condició humana no sempre valorat com caldria. No descuidem el que cada minut, i cada segon, estem comunicant al nostre entorn d'una manera silenciosa, sense fer servir cap paraula.

Llenguatge no verbal per millorar l'autoestima

Tinc problemes d'autoestima, sobretot pel que fa al meu aspecte físic. Podríem dir que estic acomplexada perquè sóc molt prima. Durant una bona part de l'any vaig trampejant el tema; quan arriba l'estiu, però, començo a avorrir-me a mi mateixa, em sento absolutament invisible als ulls dels homes i de vegades fins i tot tinc la sensació que presento un aspecte tan poc saludable que no tinc dret a vestir-me amb roba que no em tapi tot el cos. Penso que no és just: encara sóc jove, de cara no sóc lletja, però malgrat tot passo completament inadvertida, la qual cosa em fa molta ràbia i això és un dels causants de les fases depressives que travesso, gairebé constants en la meva vida. No cal dir que l'expressió «sentir-se sexy» és com d'un altre planeta per a mi... Hi ha alguna recepta que vagi més enllà del típic «Estima't a tu mateixa i començaran a estimar-te els altres»? Pot ser que la causa de la meva manca d'autoestima tingui a veure amb el fet que el meu pare era molt crític?

(juliol del 2010)

Respon: Noelia Sancho

Encara que no t'ho sembli, la frase «Estima't a tu mateixa» té molt de sentit. L'autoestima es va modelant al llarg dels primers anys de vida, de manera que una crítica excessiva la pot privar de créixer, però també es pot treballar i reforçar. T'has aturat a pensar que sovint no es tracta del que tenim, sinó de com ho mostrem o fem servir? La comunicació no verbal ocupa entre el 70% i el 80% dels missatges que emetem. Si aconsegueixes centrar-t'hi en comptes de jutjar el teu aspecte físic obtindràs bons resultats. Però tenir iniciativa i mostrar-se segura és molt més senzill si en el fons ens ho creiem, de manera que no oblidis treballar també aquesta part de tu.

Acceptar el cos que ens correspon és un pas important per anivellar la nostra autoestima. Has de reconèixer que, encara que no sigui perfecte, et permet moure't i aconseguir les teves metes, i et sosté dia a dia. Si t'estimes i t'acceptes a tu mateixa entraràs als llocs somrient i saludant, et presentaràs amb energia, xerraràs amb gent perquè creus que pots explicar coses interessants, reforçaràs el to de veu en comptes de parlar fluix... I tot això és molt més important que els teus volums corporals. Prova-ho.

APRENDRE A DISCUTIR EN PARELLA

Per què la meva parella i jo ens barallem contínuament, si ens estimem moltíssim? Per què no puc comunicar-me amb ell? Faig tot el que puc, però no ho aconsegueixo. I és molt dolorós.

(agost del 2011)

Respon: Nika Vázquez

La comunicació interpersonal és una condició bàsica quan parlem de parella, ja que l'amor que uneix dues persones no és sinó diàleg, entesa i respecte. Sol passar que quan la comunicació s'acaba, és dificultosa o desapareix, la parella també ho fa. Dit d'una altra manera, el que es comunica uneix, el que uneix permet compartir l'existència, i la coexistència entre dues persones fa que totes dues s'identifiquin amb la relació.

És fonamental que siguem capaços d'aprendre a comunicar-nos d'una manera correcta i eficaç. La manera en què es diuen les coses pot alterar la percepció que es té de l'altre i, fins i tot, de nosaltres mateixos. Igualment, la manera en què la nostra parella es comunica amb nosaltres pot enfortir o afectar la pròpia autoestima i també afectar la relació. Un entrenament en assertivitat pot ser clau per comunicar-nos amb l'altre, ja que ens permetrà seguir discutint i intercanviant opinions, però sempre des del respecte i la recerca de punts intermedis i negociacions.

COM PUC MILLORAR LA MANERA DE COMUNICAR-ME AMB ELS ALTRES

Fa un temps que tinc la sensació que tothom m'ignora, que ningú em considera important. Quan parlo m'interrompen, malgrat que jo sempre escolto tot el que em diuen i callo per no interrompre ningú. Ahir explicava al meu nòvio el que m'havia passat durant l'entrenament i ell em va tallar per dir-me que ja feia un parell de dies que notava un dolor al braç; jo vaig callar i no vaig seguir amb el que li explicava, però després em va fer una pregunta sobre el meu entrenament i li vaig contestar que si no m'hagués interromput ja ho sabria, i em vaig negar a explicar-li res. No sé si tot això és un problema d'inseguretat; jo intento mostrar-me segura, però cada cop que crec que ho sóc em passen coses d'aquest tipus i m'enfonso. Què hi puc fer?

(novembre del 2011)

Respon: Montserrat Soler

Quan no aconseguim expressar el que volem comunicar és molt probable que ens envaeixin dubtes sobre nosaltres mateixos. Si en les teves interaccions amb els altres es repeteix una pauta com la que exposes, potser et seria útil poder adquirir habilitats de comunicació. De totes maneres, pensa que quan et molestes perquè t'han interromput i no has pogut expressar el que volies, i després no ho vols explicar, estàs fent el mateix que t'acaben de fer a tu.

Per fomentar la capacitat comunicativa és prioritari que prenguis consciència de com et comuniques, i per fer-ho és important que tinguis en compte el que s'anomenen errors comunicatius, com la interpretació o la suposició. Si penses que no et podràs expressar, el més probable és que aquest pensament et bloquegi i que es presenti el que s'anomena «profecia autocomplerta», en la qual la teva mateixa actitud et pot condicionar el comportament. En la interacció amb els altres et pot ajudar la pràctica de l'assertivitat, que és la capacitat d'expressar el que sents, penses o necessites. Si assumeixes la pròpia responsabilitat sobre com et comuniques podràs identificar les teves possibles reaccions d'estil passiu o agressiu i canviar-les per una comunicació assertiva.

M'envaeixen les emocions i no discuteixo com voldria

Per què cada vegada que discuteixo amb la meva parella pot més la impotència i acabo plorant? M'agradaria poder comportar-me amb serenitat en aquestes situacions i exposar els meus dubtes i les meves raons, però sempre acabo amb llàgrimes als ulls, incapaç de dir-li el que penso. Com podria canviar aquesta conducta?

(maig del 2011)

Respon: Montserrat Soler

És important reconèixer quin és el teu estil de comunicació en la relació de parella i quin és el de l'altre. La dificultat que tens per comunicar-te, la podríem situar en un estil de relació passiva, que es caracteritza pel fet de no expressar obertament i clarament els nostres sentiments, necessitats, pensaments o opinions. Si t'identifiques amb aquest estil de comunicació caldria que analitzessis els motius pels quals et comuniques així amb la parella.

L'entrenament en comunicació assertiva o no violenta requereix prendre consciència plena del que sentim i necessitem, o del que creiem que l'altre necessita o sent. Alguns suggeriments per a la pràctica d'una comunicació assertiva són: buscar el moment adequat, evitar els judicis *a priori*, començar a practicar aquest estil de comunicació en temes no conflictius, mirar l'altre als ulls i comprovar que ens entén. Per entrenar-te en la comunicació no violenta podries consultar el llibre *Nonviolent communication: A language of life* ('Comunicació no violenta. Un llenguatge de vida'), de Marshall Rosenberg.

4. Un amic és millor que un fàrmac

La pulsió que ens mou a interactuar amb els altres està gravada al nostre codi genètic. És aquesta empenta el que ens fa sentir la necessitat de pertànyer a un col·lectiu com si es tractés d'una urgència primària, com ara la gana o la set. Mamem l'empatia des del si matern, creixem com a individus quan les nostres neurones reflecteixen el comportament d'altres persones com si fossin miralls, ens desenvolupem mentre aprenem a sentir el dolor de l'altre com el nostre propi i aconseguim la categoria de persones quan ocupem un lloc en l'ecosistema de grup que ens toca viure.

I tanmateix, sorprenentment, fa segles que ens girem d'esquena als trastorns que deriven del fet de descuidar la dimensió social que ens caracteritza. No ens hem aturat a considerar el mal que causen factors com la soledat i l'aïllament. La gent alça les celles amb una barreja d'estranyesa i condescendència quan afirmo que un amic cura més que un fàrmac.

Però és així: som el que som quan ens barregem amb els altres. Sols, agafats com a individus únics i independents, no anem enlloc, ens falta la referència, som com un artefacte espacial sotmès a un moviment inert en el buit interestel·lar, sense força de fricció, sense res amb què interactuar, sense motiu per existir. Quan ens vam diferenciar com a espècie formàvem part d'una bandada, i des de llavors hem necessitat i necessitem pertànyer a un col·lectiu, sigui del tipus que sigui. De fet, en la nostra vida moderna anem triant cercles socials múltiples i successius en els quals participem amb naturalitat, i dins dels quals ocupem posicions diferents. Però la clau és pertànyer. És l'instint el que ens mou a unir-nos i a compartir projectes, siguin familiars, d'amistat, d'aficions, esportius, empresarials o nacionals.

Per què tenim aquest impuls de pertinença? Ja l'any 1871, en el seu assaig *L'origen de l'home*, Charles Darwin va donar una explicació a aquest instint de bandada que no ha tornat a ser discutida: és més segur formar part d'un grup que caminar tot sol, la pertinença al grup garanteix més possibilitats d'èxit quan es tracta de defugir les amenaces que es presenten. El superior índex de supervivència dels homínids que actuaven en col·lectius, enfront dels que funcionaven de manera independent, va fer de garbell evolutiu i va afavorir els qui sabien organitzar-se en bandades davant dels qui insistien a valorar l'individu per sobre del grup. No hi ha cap indici en l'evolució de les espècies que suggereixi que anar per lliure sigui millor que pertànyer a un col·lectiu.

Probablement, ja llavors es van assentar els patrons de lideratge i gregarisme que han perdurat entre nosaltres fins a l'actualitat. Hi ha múltiples espècies que se sincronitzen a la perfecció de manera horitzontal, sense caps destacats, com les bandades d'ocells o els bancs de peixos, però les situacions de perill a què es van enfrontar els nostres avantpassats ancestrals els devien convèncer que era més eficaç seguir un líder que actuar sense ordre. Aquest instint de grup és animal, però amb nosaltres passa una cosa nova en l'evolució: com va confirmar el psicòleg social Mark van Vugt, en el nostre cas l'instint gregari és anterior a l'impuls d'alguns individus per convertir-se en líders. És com si del desenvolupament de la nostra intel·ligència sorgís, com a conseqüència immediata, una necessitat imperiosa de ser organitzats i guiats.

Si bé la història de la nostra civilització és la de l'emancipació de l'ésser humà, l'instint gregari i l'afany per sentir-nos agermanats amb els nostres congèneres conserva un nivell de salut òptim. N'hi ha prou amb donar un cop d'ull al reforçament de les relacions humanes gràcies a l'esclat de les xarxes socials d'aquests darrers anys. Avui més que mai, som del nostre grup. L'adolescent que accepta de gust passar tot un dia al costat dels seus amics assegut a la porta d'un estadi per veure el cantant que més li agrada manifesta una devoció que demostra com perdura en l'ésser humà el desig d'adorar algú —ara no és un líder, sinó una estrella *pop*— i la necessitat de formar part d'un grup.

El cas és pertànyer a alguna cosa, es tracta de no estar sols. El motiu de pertinença és secundari, l'important és ser membre de la bandada. Això que diem és tan veritat que avui ens pot agermanar més l'escut d'un equip de futbol que els mateixos llaços de parentiu o els vincles racials. En contra del que algunes persones pensen ingènuament, no ens acostem a una societat més individualista, sinó al revés: estem estrenyent llaços, som cada dia més socials i cada cop necessitem més els altres. Tanmateix, la soledat continua sent una de les malalties fantasma dels nostres dies. Les facultats de psicologia acullen prestatgeries senceres plenes de llibres dedicats a estudiar la depressió. L'hem analitzat des de mil punts de vista —sense solució definitiva, per cert—, i, com qui col·loca en un lloc provisional una patata calenta que ningú vol agafar, el mal de la soledat s'ha situat al calaix de la depressió, encara que ni són el mateix, ni reben el mateix tractament, ni afecten les mateixes persones.

De fet, fa poc que la ciència ha començat a considerar la soledat un problema concret que segueix un patró particular. La nostra generació té el repte d'admetre que es pot actuar contra l'aïllament social sense necessitat de recórrer a fàrmacs ni teràpies: només buscant la manera que la persona a qui la soledat fa mal trobi vincles amb altres persones i s'hi pugui recolzar per trobar novament el seu lloc dins del grup. Contra el sentiment de desànim que comporta la soledat, no hi ha antidepressiu més eficaç i sense efectes secundaris que la presència i l'ànim dels altres.

Hem hagut de vèncer moltes resistències per arribar a reconèixer el mal que estava fent la soledat en els sistemes d'organització col·lectiva de què ens hem dotat. No parlo només de danys psicològics, també n'hi ha de físics, com han demostrat els estudis epidemiològics que posen de manifest els forts vincles que hi ha entre la percepció de la soledat i les situacions de suïcidi, alcoholisme, neurosi i alteracions del sistema immunològic.

Són motius suficients per considerar la soledat una malaltia digna de tractar de manera diferenciada. En primer lloc, buscant-ne les causes. En aquest front, descobriments com els de John Cacioppo són reveladors. Aquest psicòleg de la Universitat de Chicago ha fet estudis de genètica del comportament emprant bessons, i ha pogut constatar que el coeficient d'heretabilitat de les diferències individuals en la percepció de la soledat —parlem dels qui se senten sols i viuen aquesta falta de companyia i relacions com una mancança— gairebé arriba al 50%. Perquè ens en fem una idea, l'altura té una heretabilitat del 80%. És a dir: el 80% de les variacions en altura d'una població s'explica pels gens, i la resta és fruit de l'ambient. Aquests estudis assenyalen que el sentiment de soledat presenta un component genètic significatiu. Cacioppo ens comenta que, encara que hi ha nombrosos factors mediambientals que poden induir a la soledat, el fet que les persones se sentin soles havent-hi tanta gent al nostre voltant només pot ser explicat mitjançant la predisposició genètica.

S'ha comprovat que la soledat es relaciona amb alteracions en els sistemes immunològic, nerviós i vascular i que provoca més casos de càncer, infeccions, depressions i malalties cardíaques entre les persones afectades per la soledat que entre les que no es queixaven d'aquest dèficit de companyia.

La pregunta que es deriva d'aquestes dades demana ser escoltada: si disposéssim d'un sistema sanitari preventiu adequat, quantes malalties originades a partir d'aquests trastorns relacionats amb la soledat podríem evitar? Quants avantatges sanitaris podríem obtenir si vigiléssim l'atmosfera anímica d'aïllament social en què aquestes patologies físiques es donen més sovint?

Mantenim una estranya relació amb els nostres vincles de dependència social. Hem passat segles exalçant la soledat i l'individualisme fins a dotar-los d'una mística heroica. Qualsevol gesta aconseguida de manera individual ha estat considerada tradicionalment més meritòria i valuosa que si s'aconseguia en grup, passant per sobre de la nostra naturalesa social i de la superior solidesa que assoleixen els èxits humans que s'aconsegueixen col·lectivament davant dels que s'obtenen sense comptar amb els altres. Fins i tot la literatura, en multitud de textos, ha considerat la soledat un atribut propi de la genialitat.

Mentre passava tot això, una de les principals forces que impel·lien aquests genis solitaris a crear les seves grans obres no era sinó el desig que els altres els reconeguessin la vàlua i els apreciessin en conseqüència. Artistes, literats, pintors i grans creadors en general, quin altre objectiu perseguien quan van crear les seves grans obres sinó l'afecte de la gent, l'aplaudiment del públic, l'admiració dels seus seguidors?

MALALTIA I AMISTATS TRENCADES

Tinc una malaltia que m'impedeix acudir a actes socials familiars, festes i altres esdeveniments socials, però em fa l'efecte que hi ha gent que, tot i saber el motiu de les meves absències, no pot evitar jutjar-me i tenir-me ràbia, i fins i tot crec que n'hi ha que es distancien de mi.

(març del 2011)

Respon: Pablo Herreros

Segurament hi ha més d'una explicació per a cada distanciament de què parles. No crec que puguem reduir tots els processos a una sola causa. Cada tipus d'amistat s'associa a unes expectatives concretes, i és important distingir-les. És fonamental que defineixis el que ha passat amb una anàlisi més objectiva en la qual et facis coresponsable del tema, perquè les relacions sempre es construeixen entre dos. D'una banda hi ha persones superficials que només busquen un company o companya per divertir-se i que no es mostren interessats en els costos de l'amistat, només en volen els beneficis. A aquestes persones els espanta molt la gent que té problemes, perquè no han après a controlar les emocions que es presenten en aquests contextos.

Aleshores, la gent amb problemes greus són com fantasmes que els recorden el que no volen que els passi a ells mateixos, encara que tard o d'hora es veuran en situacions semblants, perquè és llei de vida. Intenta veure el teu cas des de fora, com ho faria un antropòleg o un observador extern que intentés descriure un fenomen social. Situa't en una posició distanciada, sense deixar que la ràbia o la venjança responguin per tu, i podràs identificar més raons per comprendre el que està passant.

Estratègies per gestionar la soledat

Sempre he estat una persona molt independent i rebel, crec que perquè vaig créixer en una família desestructurada i no gaire afectuosa. Sé que tots plegats em veuen com una dona forta i lluitadora que aconsegueix tot el que es proposa, que m'admiren per les coses que faig i per com les faig, però la meva vida social es redueix a això, a una admiració distant. Puc ser molt sociable, però també molt antisocial i fins i tot una mica arrogant, molt sovint sense adonar-me'n i altres vegades sense poder evitar-ho.

La meva vida actual es redueix a casa meva, el meu marit, la meva feina i la meva eterna companya de vida, la soledat. Per la feina del meu marit passo dies, i setmanes fins i tot, sola a casa. Tinc amistats, però no confio de debò en ningú, ja que em fa pànic entregar del tot la meva intimitat. He passat un període molt llarg recolzant-me en l'alcohol i ara ho estic deixant perquè no vull destruir el que tinc de bo a la vida per culpa del que penso que no tinc.

Em sento en un laberint sense sortida, molt confosa i amb molta ansietat. Sé que la soledat que experimento és culpa meva, perquè definitivament no sé relacionar-me de manera adequada, però no aconsegueixo fer-ho millor i les situacions es repeteixen una vegada i una altra com si hagués pujat a una roda sense fi. És possible aprendre a viure en societat quan s'està a punt de fer quaranta anys?

(agost del 2011)

Respon: Pablo Herreros

El sociòleg Robert Weiss descriu la soledat com una resposta natural dels humans a unes situacions determinades, no com una mostra de debilitat, com molts la interpreten. Weiss també recomana distingir bé entre l'aïllament social i el sentiment de soledat. Algunes investigacions sobre la soledat mostren que és un sentiment relacionat inversament amb l'autoestima, i que sol aparèixer en situacions de depressió, ansietat i hostilitat interpersonal, abús de substàncies tòxiques i problemes de salut.

Els psicòlegs canadencs Ami Rokach i Heather Brock van dur a terme un estudi molt interessant analitzant unes quantes estratègies aplicades per individus que havien gestionat amb èxit situacions de soledat. Les estratègies que es van demostrar més eficaces van ser les que tenien a veure amb l'acceptació d'uns nivells de soledat determinats i amb la realització d'activitats relacionades amb el desenvolupament personal i l'empatia. Totes aquestes estratègies se centraven en l'oportunitat de ser un mateix i reconèixer les pors individuals com a requisit previ a la recerca de relacions socials perquè aquestes arribin amb més facilitat. Per tant, de manera paral·lela a la recerca de nous amics o a la recuperació de l'amistat amb persones ja conegudes, seria bo que iniciessis un procés de gestió d'emocions com la por d'estar sol o de ser rebutjat.

Sento que la gent em defuig

Des que era petita he notat que la gent em defuig. Recordo que quan tenia set o vuit anys vaig fer una festa d'aniversari i no s'hi va presentar ningú. La gent no vol saber res de mi, i això, a poc a poc, m'ha anat minvant i minvant l'autoestima, fins al punt que hi ha moments que no sé qui sóc ni què hi faig, aquí. En moltes ocasions m'he plantejat el suïcidi, però d'altra banda sóc una dona molt forta i em sembla que seré capaç d'aguantar, almenys de moment.

Sento una soledat infinita, i em fa ràbia, perquè em fa l'efecte que sóc una persona intel·ligent i valuosa. Noto que quan tinc una discussió amb algú la gent no perdona. Simplement, passa pàgina i s'oblida de mi. I jo em moro de pena. M'agradaria deixar-ho tot. El pitjor és la pena per fallar en aquesta vida, d'aquesta manera tan estrepitosa. Què hi puc fer?

(febrer del 2012)

Respon: Cecilia Salamanca

Si volem tenir unes relacions socials adequades hem d'aprendre a donar afecte i a rebre'n. Si en alguna ocasió has donat afecte i no has obtingut resposta, potser ara tens por de tornar a donar-ne, i quan això passa la gent no rep res de tu i, en conseqüència, tu tampoc. Podries intentar analitzar com et comportes amb els altres i si et convé canviar alguna actitud. És evident que no podem pretendre caure bé a tothom ni tampoc evitar totes les discussions ni tots els conflictes, però podem aprendre a fer que això no ens afecti negativament. En aquest sentit, doncs, hem d'aprendre a utilitzar adequadament les nostres habilitats socials: utilitzar un llenguatge no verbal correcte, pronunciar cada paraula amb el to més adequat, potenciar l'assertivitat, evitar els estils de comportament passius o agressius, saber dir que no i aprendre a demanar ajuda. És un exemple de possibles pautes que faciliten les relacions amb els altres.

Tu mateixa et defineixes com una persona intel·ligent, i segur que tens moltes altres qualitats que ara mateix no ets capaç d'apreciar, potser perquè et preocupes més per agradar els altres que a tu mateixa. Sempre podem intentar millorar i això ens fa ser cada dia una mica més feliços. Busca la felicitat en aquestes petites coses que tens al teu voltant i sobretot no t'oblidis mai de tu mateixa: el que facin els altres no és més important.

Superar la sensació de fracàs i soledat

Tinc vint-i-dos anys i sento que hi ha alguna cosa que no he fet bé a la vida. No tinc amics i no tinc nòvio, perquè vaig considerar que no tenir-ne m'ajudaria a estar més centrada en els estudis, però tinc la sensació que no vaig escollir la carrera correcta i últimament no em surt res bé. No trobo la manera de motivar-me i, tot i que ho intento, no aconsegueixo obtenir bons resultats acadèmics. Crec que ja ni m'ho plantejo, simplement no faig gran cosa. En el fons, el que passa és que m'he decebut a mi mateixa. A mi em semblava que podia fer molt, molt més, però ara començo a pensar que potser m'equivocava. Les persones amb qui anava a l'institut ja han acabat la carrera o estan a punt d'acabar-la, i les veig tan satisfetes... Què puc fer per sortir d'aquesta situació?

(gener del 2012)

Respon: Sandra Borro

Per sortir d'aquesta situació només has de decidir cap a on vols anar. Ets molt jove i tens tot el dret del món a equivocar-te i a canviar d'opinió. Les experiències viscudes t'han ajudat a madurar i a créixer i, en definitiva, t'han portat a ser qui ets. No serveix de res lamentar-se de les decisions del passat perquè no les pots canviar; és millor aprendre de les experiències viscudes i mirar endavant. El que també pots fer és decidir quin és el següent pas en la teva vida. Vols estudiar una altra cosa? Vols tenir amics i trobar parella? Res d'això passarà si et quedes tancada a la teva habitació sense actuar.

Des de la psicologia positiva es recomana adoptar una actitud proactiva davant la vida, la qual cosa significa prendre la iniciativa i assumir la responsabilitat de fer que les coses passin. És a dir, has de decidir en cada moment què vols fer i com ho faràs. Ets tu qui ha de fer el primer pas, i si el fas segur que algú del teu voltant estarà encantat d'acompanyar-te en aquest procés de canvi personal.

5. Per què ens entenem tan malament?

És sorprenent pensar que, sent com som criatures nascudes amb un do especial per comunicar-nos entre nosaltres, i que aquest intercanvi d'informació i d'emocions constitueix l'essència última que ens defineix com a persones, acabem entenent-nos amb tantes dificultats. Aquesta és la gran calamitat que patim com a espècie, el nostre tendó d'Aquil·les, la nostra pedra de Sísif, la nostra misèria, petita i gran alhora. Com és possible que ho tinguem tot a favor per comprendre'ns els uns als altres —de l'empatia al llenguatge, de les regles de cortesia a la comunicació no verbal— i que acabem utilitzant aquest màgic canal que ens permet sincronitzar-nos per fernos mal?

Però és així: en comptes de reservar aquesta facultat exclusivament per emprar-la amb objectius constructius, decidim utilitzar-la com una arma de destrucció contra el que tenim al davant, ja es tracti del nostre veí o del nostre adversari ideològic, de la nostra parella o del nostre propi pare. Alegrement, passem per alt que cada cop que algú respon a una altra persona de mala manera tots plegats fracassem com a espècie; que cada cop que un de nosaltres s'entrega als instints més baixos en relacionar-se amb el veí tots plegats ens enfonsem una mica més en la foscor. I fixeu-vos-hi: el nostre passat, el personal i el col·lectiu, és ple de frases fora de to, ple de retrets mesquins, de baralles amb mala bava, dards enverinats, comentaris humiliants i altres aniquilacions emocionals per l'estil.

Quant de mal fa un insult? Temps enrere ens hauria estranyat plantejar una qüestió com aquesta, però avui la ciència s'atreveix a mesurar el que abans era incapaç de valorar. Richard Wiseman, psicòleg de la Universitat de Hertfordshire, ha estudiat l'impacte que una paraula dita amb malvolença té en l'autoestima del destinatari i ha calculat que calen cinc afalacs per compensar el dolor causat pel cop baix que suposa un insult llançat amb la intenció de menysprear l'altre. Si comptem l'abundància d'insídies de la nostra existència, i la que conserva la nostra memòria, podrem calcular l'oceà d'afalacs i carícies emocionals que ens hauríem de repartir mútuament per compensar tantíssimes queixalades.

De vegades em demano si Wiseman no va fer curt. Pensem únicament en la quantitat de relacions d'amistat o d'amor que es fan malbé a causa de la cascada de malestar que és capaç de desencadenar una frase de menyspreu en la persona que la rep. De sobte, totes les moixaines i bones paraules que els mateixos llavis havien pronunciat en el passat desapareixen completament i l'única imatge que tenim associada a la persona que ens ha ofès és aquella maleïda frase enverinada.

De vegades, la mala comunicació té a veure amb un ús pervers de la capacitat empàtica. Wiseman va observar que la manca d'entesa en les parelles sovint neix del fet que el que un manifesta s'allunya diametralment del que l'altra persona percep. Realment som sempre sincers quan diem «Em poso en la teva pell»?

En aquest sentit, el psicòleg va constatar notables distàncies entre homes i dones a l'hora d'expressar el que volem i el que l'altre —o l'altra— entén. Entre diverses revelacions, Wiseman tira per terra alguns dels mites masculins contemporanis sobre la seducció. Els homes, equivocats, creiem que les dones valoren sobretot els senyals d'amabilitat, generositat i tendresa. Però, malgrat tot, el que elles prefereixen veure en nosaltres és una clara manifestació de valentia. Al contrari, un regal que suposi una demostració d'atenció i interès és més valorat per les dones que el detall més car de la botiga més luxosa. I aquí tenim els homes, embolicats amb la nostra bena d'incomprensió, gastant absurdament un dineral en anells de diamants.

Malentesos al marge, el que tots assumim, encara que ningú sigui capaç d'explicar-ne la causa, és que l'ésser humà és l'únic animal que causa dolor als seus congèneres gratuïtament sense que hi hagi en joc un interès vital per a la supervivència. Això no passa entre els llops, ni els taurons, ni les hienes. Probablement, aquesta capacitat és l'altra cara de la nostra major intel·ligència i de la nostra capacitat d'empatia superior.

Així ho entén el primatòleg holandès Frans de Waal, que distingeix clarament entre l'empatia i la simpatia. Al seu parer, enfront de la capacitat per entendre l'altre i aconseguir un nivell òptim d'identificació amb el seu estat emocional, que és la base de la comunicació empàtica, la simpatia implica una actitud positiva d'ajuda i acció, un impuls per millorar les condicions de la persona amb qui empatitzem.

Això té una conseqüència transcendental: l'empatia pot ser utilitzada negativament. Aquest, i no un altre, és el capital emocional que serveix d'arxiu documental al torturador per dur a terme la feina que es proposa amb eficàcia. Només qui sap com se sent el qui té al davant pot saber de quina manera li pot fer més mal. És trist reconèixer-ho, però la maldat porta inclosa implícitament un grau elevat d'intel·ligència i empatia.

La neurociència ha demostrat que la crítica i el rebuig poden arribar a causar sensacions de dolor físic, ja que tant l'una com l'altre es perceben a través de les mateixes regions neurals encarregades de processar el que sentim quan hi ha hagut una lesió muscular. S'ha suggerit que, atesa la importància de les xarxes socials per a la supervivència humana, el sistema d'afecció social podria haver tret profit del sistema de percepció del dolor físic per utilitzar el mateix senyal a l'hora de fer sentir l'alarma per comunicar-nos que les relacions socials estan amenaçades. Durant el curs de la història evolutiva de l'ésser humà, l'aïllament de l'individu respecte dels altres disminuïa significativament la probabilitat de supervivència. Tothom sap que sentir dolor és una manera adaptativa de prevenir-lo, de manera que el sentiment de rebuig social podria ser útil per promoure els vincles socials i afectius que han afavorit la nostra supervivència com a espècie.

Inevitablement, al llarg de la vida —al parvulari, a l'institut, en el grup d'amics, en les nostres relacions de parella, a la feina— ens hem de trobar amb persones el balanç emocional de les quals dóna un saldo tan negatiu que semblen condemnades a anar sembrant el malestar allà per on passen. Popularment, ha triomfat l'expressió «gent tòxica» per definir les persones capaces de robar-nos l'energia, arruïnar-nos la feina i amargar-nos l'existència.

L'etiqueta no pot ser més encertada, perquè si alguna cosa distingeix aquest tipus de persones és l'alt grau de toxicitat ambiental que generen al seu voltant. No necessiten acudir a la violència física per sembrar dolor, en tenen prou amb la paraula, amb un lamentable ús de la paraula. Utilitzada amb perversitat, la comunicació oral pot causar un dany superior del que s'aconsegueix amb la força bruta, perquè es dirigeix als pilars que ens sustenten anímicament amb les armes que més eficaçment els poden debilitar. Si som el que som en la mesura que els altres ens tornen la imatge que transmetem, quan aquest reflex consisteix en senyals de menyspreu i desqualificació, el saldo emocional no pot ser sinó la pèrdua de l'autoestima i l'anul·lació de la persona.

En aquestes situacions, és recomanable que intentem protegir-nos contra el verí que aquesta gent escampa al seu entorn. Això no sempre és possible perquè els usos bèl·lics del llenguatge solen tenir lloc, precisament, en els ambients íntims i pròxims, el familiar o el laboral, que és on es manifesten les situacions de violència domèstica o de mòbing. Posar barreres emocionals contra l'assetjament que poden exercir les paraules és el primer pas per blindar la nostra autoestima, sempre vulnerable. El segon és aprendre a expressar correctament els desitjos i les necessitats que experimentem.

Es tracta de trobar el territori d'equilibri en què puguem comunicar els nostres interessos sense abusos ni reduccions evitant el complex d'inferioritat i el sentiment de supremacia a l'hora de relacionar-nos amb els altres. De tot això parla l'assertivitat, un concepte cada cop més en ús —no tan sols en psicologia, també en la parla comuna de la gent— que promou una comunicació més justa, sincera i conscient entre les persones. Es tracta d'una altra competència fonamental de les relacions humanes que, per desgràcia, tampoc no ens van ensenyar a l'escola, però que igualment podem aprendre.

No gestiono bé la comunicació amb la gent

Se'm fa molt i molt difícil connectar amb persones noves. Noto que genero rebuig a primer cop d'ull, i això s'ha anat agreujant els darrers anys. Per bé que el meu aspecte és normal, i fins i tot de vegades semblo relativament agradable, cosa que m'ha permès conèixer noies i trobar parella, tinc una aparença físicament feble. Sempre he estat maldestre quan es tracta de fer esport, i per aquesta raó intento evitar les activitats corporals i els jocs d'habilitat. Ja fa temps que penso que potser hauria d'anar a veure un psicòleg perquè m'ajudi a superar les dificultats que trobo a la ment, que em bloquegen en moltes situacions i són un llast feixuc que m'impedeix ser feliç.

(juliol de 2012)

Respon: Cecilia Salamanca

Hi ha persones que tendeixen a percebre's com si fossin tímides, inadequades i rebutjades. La teràpia psicodinàmica i la cognitivoconductual solen ser molt efectives per aconseguir tirar endavant el desenvolupament de les habilitats socials necessàries per relacionar-se amb l'entorn. Un ús adequat d'aquestes habilitats t'ajudarà a interactuar de manera correcta amb altres persones i et servirà per aconseguir els objectius que et planteges assegurant que es respectin els teus drets i els de qui t'envolten.

Seguint la teoria de Howard Garden, la intel·ligència no és unitària, sinó que s'agrupa en capacitats específiques diferents, com la intel·ligència lingüística, la logicomatemàtica, l'espacial, la musical, la corporal cinestèsica, la intrapersonal, la interpersonal i la naturalista. Pot ser que no siguis especialment àgil en determinades activitats físiques, però això no t'ha d'afectar l'autoestima. Segur que destaques en altres aspectes. Has d'aprendre a apreciar-ho. Accepta els teus defectes i potencia les teves qualitats. Els éssers humans són socials per naturalesa, i de vegades un cert rebuig és inevitable socialment parlant. Quan algú és molt sensible al rebuig es poden presentar sentiments de soledat, autoestima baixa i inseguretat. Analitza amb objectivitat les situacions en què et sents rebutjat i fes-ho de manera positiva. De vegades, la percepció dels fets pot ser diferent segons les nostres creences i emocions.

Superar l'assetjament i el rebuig emocional

Sempre he estat alegre, positiva i lluitadora, tot i que en una ocasió, ara fa tres anys, vaig necessitar suport psicològic per una depressió fruit d'una causa puntual. Un cop superada aquella crisi, vaig tornar a ser tan positiva com abans, o fins i tot més, i vaig recuperar forces per emprendre objectius nous. No obstant això, des de fa nou mesos s'han anat succeint esdeveniments negatius en tots els àmbits de la meva vida: familiar, laboral i sentimental. La família i els amics em donen suport i, en general, la vida ha tornat a la normalitat, però no aconsegueixo recuperar-me sentimentalment. Primer vaig haver d'alliberar-me d'un assetjador i després em vaig enamorar d'una persona que em va rebutjar sense miraments. No puc oblidar les paraules amb què em va humiliar, les tinc fins i tot més presents que l'assetjament anterior. Això em genera molta ansietat i m'impedeix gaudir de les coses que em podrien fer feliç. De moment mantinc la situació controlada amb ansiolítics naturals, però estic pensant que em convindria buscar ajuda professional, tot i que la idea de tornar a fer teràpia m'espanta terriblement.

(setembre del 2010)

Respon: Gabriel González

Si penses que l'ajuda professional et pot ser d'utilitat, per què no tornar-hi? Has d'intentar buscar i trobar el que t'ha ajudat en cada moment i en cada circumstància. Reviu les situacions en què t'has sentit capaç, forta, optimista i positiva. Tens el suport de la teva xarxa social i la capacitat de poder aprendre a partir de tot el que t'ha passat. L'important és portar al present el que ens ha estat d'utilitat en el passat i omplir la nostra maleta amb els instruments i les eines que ens poden ajudar a fer front a les situacions presents i diàries.

El que pots començar a fer és gaudir d'aquells espais on et sentis feliç i segura. El pla sentimental potser necessitarà una mica més de temps, però si comences a gaudir del que fas amb els amics, a la feina i amb la família, la qüestió de la parella t'arribarà sense que te n'adonis. El que és important és que et puguis curar del que t'ha passat sentimentalment, que puguis analitzar el que ha passat i ser protagonista de l'aprenentatge i del canvi davant l'assetjament i el rebuig.

Ens agraden, els afalacs?

De vegades, quan em dediquen una floreta, no sé com reaccionar. No sé si hi ha una manera natural de reaccionar als afalacs. A mi no em fan cap il·lusió especial, sobretot perquè tinc la sensació que sovint són falsos. És cosa meva? A tothom li agrada que li diguin coses boniques?

(maig del 2011)

Respon: Nika Vázquez

La resposta és rotundament sí. Els estudis diuen que, després d'un insult, el nostre cervell i la nostra ànima necessiten, per recuperar-se, cinc afalacs. Quan ens diuen floretes sentim augmentar l'estima dels altres cap a nosaltres, i també la pròpia autoestima. Per molt que tinguem seguretat en nosaltres mateixos, i una idea de com som que ens fa contents, ens agrada que els altres també vegin les nostres qualitats, fins i tot les que nosaltres no havíem tingut mai en compte, i que ens ho expressin.

Però ningú ens ha ensenyat a rebre els afalacs. Les reaccions més freqüents quan ens diuen alguna cosa bonica són, inicialment, de sorpresa i vergonya, i tot seguit passem a la negació de la qualitat esmentada o, simplement, el silenci. Una alternativa a aquesta resposta podria ser agrair l'afalac, i si per exemple és degut a un èxit personal o professional, explicar breument el procediment de com es va aconseguir, o simplement somriure. Un somriure sincer és una bona resposta. L'aprenentatge en habilitats socials treballa aquest aspecte, i entrenar-nos en aquest sentit ens farà estar millor amb nosaltres mateixos i amb els altres.

Conviure a la feina amb persones tòxiques

Fa dos anys que vaig canviar de feina i vaig començar a treballar en una oficina amb un ambient una mica enrarit. Una de les meves companyes, una persona molt tòxica, feia la vida impossible a dues persones més, que al final van demanar el trasllat. Jo he intentat tenir-hi una bona relació, amb ella, sobretot per por, perquè quan s'enfada es posa a cridar i no és gens respectuosa. Però no ho he aconseguit; al contrari, cada cop em té més entravessada. No sé com enfrontar-me a aquesta situació. Per desgràcia, potser també per por, hi ha companys que callen i l'hi permeten tot. N'hi ha que arriben a l'extrem d'alimentar la seva actitud fent-li comentaris en contra d'altres. Aquesta situació m'està afectant l'estat d'ànim; no tinc ganes d'anar a treballar, tinc malsons a la nit i aquesta persona em fa por. Què hi puc fer? Com es pot suportar la convivència amb algú tan tòxic?

(novembre del 2011)

Respon: Pablo Herreros

Segons Leymann, hi ha diversos factors que influeixen decisivament en l'efectivitat per fer front al terror que generen aquest tipus de persones: tenir una bona forma física i mental, reforçar la confiança en un mateix, mantenir la consideració de l'entorn, assegurar el suport de la família i els amics, estabilitzar la situació econòmica, incrementar el propi marge de maniobra, adquirir habilitats per resoldre el problema i entrenar les estratègies d'afrontament de problemes. De manera general, quan ens trobem davant una persona d'aquest tipus, el millor que podem fer per contrarestar la tendència a l'autoritarisme és traslladar-li la idea que no ens fa por.

A més, altres estratègies addicionals que et poden ser útils per evitar l'aïllament social són: no intentar convèncer o canviar els fustigadors, respondre a les calúmnies o atacs —però sense passivitat ni agressivitat—, evitar reaccions exagerades i fer activitats que augmentin la teva capacitació professional.

Capítol 6

Quan treballem. La crisi com a oportunitat

1. Navegant en el nou ecosistema laboral

En el context de la crisi econòmica que estem travessant, ens hem acostumat a sentir una frase que comença a semblar un mantra: «Després d'això, no hi haurà res que torni a ser com abans». Hi ha qui emet aquesta reflexió com si deixés caure una sentència apocalíptica i ombrívola, i qui llança el comentari invitant a veure en aquesta conjuntura una oportunitat idònia per al canvi i la millora. Com segurament heu intuït, em trobo entre els segons. La recessió que vivim marcarà un abans i un després en multitud d'àrees de la nostra vida quotidiana. Però aquesta circumstància, lluny de ser un esdeveniment negatiu, suposa el naixement d'un temps nou, en el qual corregirem errors comesos en el passat i adaptarem els sistemes d'organització a les eines que l'evolució i el desenvolupament tecnològic ens han posat a l'abast. Encara és aviat per veure-ho, però ho veurem.

Un dels terrenys en què sens dubte «res tornarà a ser com abans» és el laboral. Ni la forma com ens relacionem amb la feina, ni la manera com la gestionem, ni els ritmes i els hàbits que seguim per abordar-la s'assemblaran en el futur a com els vam conèixer en el passat. No parlo només dels oficis i les professions que, a causa de l'impacte que la tecnologia té ara mateix en les nostres vides, hauran d'aprendre les pròximes generacions, que no coincidiran en res amb els que van mantenir ocupades les masses obreres del segle passat. El gran canvi no és aquest, sinó que és més profund, de definició i de concepte: el segle XX va ser el del repartiment de la riquesa i el XXI serà el del repartiment de l'ocupació.

Ha saltat per l'aire el paradigma del món laboral en què ens movíem, i els sindicats i els agents socials haurien de prendre bona nota d'aquest fet inqüestionable. Han d'adonar-se que els esquemes amb què volen defensar els drets dels treballadors ja no serveixen, simplement perquè les feines no són les mateixes, els horaris no s'assemblen als que eren i els escenaris no tenen res a veure amb els que han quedat enrere, i tampoc els sistemes de producció recorden els que en el passat van fer moure la maquinària econòmica mundial.

És ingenu pensar que podem anar pel carrer amb una connexió al coneixement mundial desada a les butxaques en forma de telèfon intel·ligent i que les relacions laborals continuaran sent les mateixes que fa cinquanta, trenta o fins i tot vint anys. El problema és que, com em deia un dia Robert Mundell, premi Nobel d'Economia, el de treball és un mercat de reacció lenta, a diferència del que passa amb el de capitals, en què els terratrèmols i les fugues són instantanis. Però no tinc cap mena de dubte que aquests canvis sense retorn seran una realitat en l'ecosistema laboral.

N'hi ha que ja es veuen a venir. Si considerem les xifres d'atur actuals és fàcil pensar que vivim moments de reducció de les possibilitats laborals. En realitat no hi ha escassetat de feina, el que hi ha és una mala organització i un mal repartiment de les ocupacions. A causa d'aquest diagnòstic erroni, diàriament convivim amb paradigmes equivocats. Una idea que ha anat triomfant els darrers anys és que calia avançar l'edat de la jubilació per permetre que els joves accedissin al món laboral. Entre prejubilacions i fórmules semblants de jubilació avançada, hem malgastat una quantitat ingent de diners i de talent. Tanmateix, l'atur continua habitant entre nosaltres, sobretot entre els joves. Aquesta idea, doncs, no ha servit per reduir la desocupació.

Arribarà el dia que entendrem que tot plegat era una equivocació. L'esperança de vida augmenta dos anys i mig cada deu anys, i això, demoscòpicament parlant, no fa sinó acumular una enorme generació de veterans que no es podrà proposar cap altra aportació al sistema que veure passar els dies sense fer res. En el futur, aquest capital humà haurà de seguir treballant, però la seva continuïtat al mercat laboral no suposarà cap pèrdua d'ocupació juvenil, sinó que generarà una riquesa que redundarà en la creació de més oportunitats de feina per a tothom, els joves inclosos. Ho comprovem avui en països com els nòrdics o Suïssa, que són els que tenen un índex més elevat de sèniors —entre 55 i 65 anys— que formen part de la població activa i on, precisament, les taxes d'atur són més baixes.

Una vida laboral més llarga no s'ha de percebre necessàriament com una condemna. El model de què parlo es distingeix pel fet que s'organitza en jornades més curtes, flexibles i adaptables, que faciliten la conciliació familiar. Algun dia entendrem que el millor servei que podem fer a la productivitat del país no és mantenir els treballadors hores i més hores a les oficines i les fàbriques, sinó ocupar-los només durant unes quantes hores, en jornades curtes, i que la resta del temps s'estiguin a casa educant els fills. És possible generar el mateix producte nacional brut redistribuint d'una altra manera el temps que dediquem a la feina, l'oci, els nens i la jubilació.

Per arribar aquí, és fonamental vèncer prèviament una contradicció alarmant que viu en la nostra societat: les persones sense feina són les que es declaren més infelices en les enquestes, i en canvi la gent associa treballar a un temps que genera malestar i a una sensació de disgust. Doncs alguna cosa estem plantejant malament, si ens seguim relacionant d'aquesta manera tan improductiva i poc generadora de felicitat amb la tasca que ens ocupa la major part del temps que passem desperts, i quc ben sovint acaba guiant el nostre destí. Lamentablement, les escoles tampoc no es plantegen ensenyar als nens a descobrir la seva vocació, ni quan ja som adults sabem crear entorns laborables agradables i humans, fets a imatge i semblança nostra.

Els patrons de les relacions laborals canviaran de pell, gairebé sense que ens n'adonem. La crisi actual és el primer gran cop d'aquesta mutació. Els treballadors que avui són nens petits hauran d'aprendre i integrar noves competències, radicalment diferents de les que van ocupar els seus pares quan van accedir per primera vegada al mercat laboral.

Hauran d'aprendre a elevar el seu rendiment i la seva capacitat de concentració, com també l'habilitat per treballar d'una manera no competitiva, i passar a fer-ho en equip i amb sentit cooperatiu, perquè la producció en xarxa, molt diferent del treball en sèrie, serà la que marcarà la pauta de la generació de riquesa en el futur.

La vida contemporània ha fet caure les fronteres i ha esborrat els límits. Avui les empreses espanyoles treballen amb fàbriques de la Xina i tenen clients a Llatinoamèrica amb dissenys escandinaus d'inspiració mediterrània. S'ha acabat allò de saber només el que necessito per al meu lloc de treball i res més. El món laboral serà més líquid i difús, i la flexibilitat arribarà també al coneixement que haurem de dominar per sobreviure en aquest nou entorn. No n'hi haurà prou de saber fer el que ens demana el nostre lloc de treball, haurem d'estar molt pendents del que passa al nostre voltant.

El capital humà és la principal garantia de riquesa d'una empresa. Que les últimes dècades s'hagin encunyat termes com la «síndrome del *burnout*» (que es refereix al treballador cremat per estrès) i mòbing o assetjament laboral revela fins a quin punt queda un llarg camí per recórrer en els entorns laborals. Algun dia ens adonarem que no hi ha coneixement sense entreteniment, i comprendrem fins a quin punt és urgent de veritat evitar la dicotomia entre feina i plaer.

Canvis laborals que afecten l'estat d'ànim

La meva parella treballa en una empresa en què, fins fa poc, se sentia molt bé, amb un bon ambient, un bon sou, possibilitat d'extres i ben considerat. Però, a causa d'interessos externs, l'empresa va fer una reducció de plantilla molt important, i tot i que no el van acomiadar, li van canviar l'horari i li van reduir el sou i la possibilitat de fer hores extraordinàries. L'ambient també s'ha enrarit, i ell s'ha quedat com si li haguessin trencat l'equilibri personal. Té la possibilitat de denunciar l'empresa per haver-li rebaixat el sou, però, si bé al principi els seus companys estaven disposats a fer-li costat, ara sembla que s'han espantat amb tot això de la crisi i donen allargues a la possibilitat de la denúncia conjunta. A més, no s'adapta al nou horari, ni sembla que ho intenti, i cada cop està més cansat i irritat. Sé que no puc solucionar-li el problema, però quina ha de ser la meva actitud? Com el puc ajudar?

(març del 2011)

Respon: Sandra Borro

En general, les empreses opten per donar les males notícies bruscament i sense considerar les greus conseqüències que poden tenir. En el cas concret de la teva parella, l'efecte negatiu dels canvis a la feina es podria haver suavitzat amb una entrevista personal en què els treballadors poguessin exposar les seves queixes i en què s'expliquessin les raons per les quals es fan els canvis. Un treballador que no s'ha sentit respectat com a persona perd motivació laboral, i pot cometre més errors o reduir el rendiment. Treballar en un entorn afectiu negatiu provoca símptomes que van des de la pèrdua de l'autoestima fins a l'ansietat o la depressió.

La teva parella es troba ara davant el dilema de denunciar i córrer el risc de perdre la feina o bé d'adaptar-se a aquesta situació laboral fins que pugui trobar una sortida negociada o una nova ocupació. Com a parella el pots ajudar si l'escoltes i li demostres el teu afecte i la teva comprensió. Intenta crear un ambient relaxat i gratificant. Anima'l a fer activitats que us aportin benestar, com ara practicar esport, per tal que no es quedi centrat en la problemàtica que l'afecta i busqui al·licients en altres coses, perquè de vegades cal aprendre a conviure amb el problema.

Crisi econòmica i estrès

Tinc trenta-cinc anys. Sóc una persona educada, amable, empàtica, amb do de gents. Fa dos anys que estic sense feina i arrossego una situació econòmica molt difícil. He passat de ser tranquil·la a ser agressiva. De seguida em poso a la defensiva, preparada per atacar si alguna cosa no m'agrada. Abans buscava raonaments, punts de vista, avaluava els problemes. M'imagino que el cansament és el culpable d'aquesta reacció que em té sorpresa. És normal? Hi ha alguna solució?

(febrer del 2011)

Respon: Paula García-Borreguero

Augment de la irritabilitat, estat d'alerta permanent, canvis en l'estat d'ànim, preocupació pel futur, reaccions impulsives, tracte brusc amb les persones amb qui tenim relació... Són alguns dels símptomes que ens indiquen que estem estressats. En casos com el teu, en el qual les causes de l'estrès són inevitables (almenys fins que no trobis feina), hem d'aprendre a fer front a aquesta situació. D'altra banda, com que no es tracta d'un estrès puntual, sinó que sembla que es prolonga en el temps, és fonamental que utilitzis tots els recursos que tinguis al teu abast i no menyspreïs les ajudes que se't presenten.

Et recomano que comparteixis pensaments i emocions amb les persones que tinguis a prop, que facis exercici físic, que t'alimentis bé, que t'organitzis el temps, que siguis assertiva i que facis una bona planificació dels recursos de què disposes, tant de temps com econòmics. Els estudis demostren que el suport social és una variable moduladora dels efectes nocius que l'estrès econòmic té sobre la salut mental. Per tant, recolza't en els teus amics i la teva família. En darrer lloc, si veus que amb això no n'hi ha prou, et recomano que ho comentis amb el metge d'atenció primària.

Desmotivació personal i professional

Fa molt de temps que vull deixar la feina, però tinc trenta-vuit anys, una hipoteca i visc sola, a més que sens dubte no és el moment adequat per deixar una ocupació estable.

Tinc al meu càrrec vint persones, però la meva branca professional no és la que jo sempre havia volgut. Després de dotze anys fent el mateix ja no trobo cap motivació per anar a treballar, i això que justament sóc l'encarregada de motivar els altres. Arribo a la feina amb ansietat, i passen hores fins que no aconsegueixo calmar-me. He estat pitjor, he tingut dues depressions i una crisi d'ansietat forta, però m'estic adonant que he perdut la capacitat d'afrontar els problemes i que, quan se m'ajunten tots, en el primer que penso és en el suïcidi. Cada cop el planejo més bé i ho veig més a prop.

(agost del 2010)

Respon: Gabriel González

Has de fer un esforç intens per revisar quines són les teves prioritats i començar a fer-les realitat. Quan t'adonis del que realment t'omple pots fer un petit ritual introduint en una capsa vermella tot el que focalitza l'atenció en un objectiu pròxim. A mesura que vagis omplint aquest petit joier aniràs notant com tot el que t'envolta t'ajuda a completar cada cop més aquest recipient.

Fins llavors hauràs de determinar què et toca fer en aquests moments de la teva vida professional i personal, i tractar de fer-ho de la millor manera possible i tan motivada com sigui possible. Tingues en compte que qualsevol situació et pot ajudar a aprendre, i la pots considerar una lliçó que t'ajudi a créixer i a afrontar les situacions. El formador empresarial nord-americà Stephen Covey parla del principi 90/10, en el qual el 10% de la vida es relaciona amb el que et passa i la resta amb la manera com reacciones davant el que et passa. Ara mateix, els problemes t'inunden perquè no hi concentres una mirada d'aprenentatge, de la qual podries obtenir alguna cosa. Els veus com una càrrega i un pes cada cop més gran, i això et fa que et deixis envair per l'ansietat i la depressió.

Vull dedicar-me a una professió que em motivi

Tinc trenta anys i cap idea del que puc fer amb la meva vida professional. Vaig ser una alumna brillant al col·legi i l'institut, les notes de la selectivitat van ser altes i vaig poder entrar a fer medicina, on més nota es demanava. Però, al cap de tres anys, vaig deixar medicina i vaig passar a fer una altra carrera científica. Després d'acabar-la, vaig començar la tesi. Un cop més, la vaig abandonar abans d'acabar-la i vaig saltar a una feina de comercial que no m'omplia en absolut, però que era més lucrativa que una beca. Ara, després d'enllaçar dues feines de comercial i una època d'atur voluntari, em trobo que novament ocupo un càrrec que no té res a veure amb el que vaig estudiar, ni em reporta cap alegria.

Em sento frustrada i mediocre, sobretot quan em comparo amb amics o antics companys que a hores d'ara han definit la seva vida i la viuen amb èxit. No sé quina direcció agafar: si donar per perduda la meva vida professional i acceptar que la feina és només un mitjà per sobreviure, o decidir que encara puc dirigir el meu camí cap a una professió que em motivi i que m'alimenti, i fer alguna cosa per aconseguir-ho. Si això fos possible, ¿com ho podria tirar endavant en el context actual, amb tres dècades a l'esquena, despeses pertot arreu i el nivell d'atur més alt de la història?

(febrer del 2012)

Respon: Rosa Català

La reflexió que fas és molt valuosa i et situa al lloc just per comprendre que potser algunes de les decisions que has pres en la teva vida es podrien millorar. En primer lloc, és crucial que esbrinis què t'agrada fer. Trobar una vocació i refermar-la és un procés continu que travessa cicles i alhora és dinàmic. Pensa que es troba subjecte a canvis constants i graduals, ja que es van incorporant objectius d'una manera progressiva segons l'augment de coneixements nous. Quan tinguis clar cap a on et vols dirigir, has de tenir present que per créixer personalment i professionalment en aquesta direcció cal dedicar-hi temps i esforç.

Hem de buscar les millors aptituds de què disposem en qualsevol situació, ja sigui laboral o personal, i comprometre'ns amb els nostres desitjos per augmentar, grau a grau, la percepció d'eficàcia aplicada a nosaltres mateixos. Per estar a gust amb la nostra tria vocacional cal córrer riscos. Hem de fer cas de les nostres passions per aconseguir-ho. Continua apostant per la recerca d'allò que et faci més feliç i confia en les teves capacitats: són una font d'oportunitats.

2. Camí del lideratge empàtic

Hi ha persones que pensen que les coses passen perquè sí, que són el resultat d'una casuística opaca que amaga els secrets en els misteris intrínsecs dels esdeveniments, no en els motius de les persones que van actuar d'una manera del tot particular en un moment concret. Personalment, no comparteixo aquesta visió mistificadora de la realitat. La meva experiència em diu que darrere de cada esdeveniment, ja es tracti d'una guerra, de la creació d'un imperi, de l'arribada d'una crisi o de la irrupció d'una fam enorme, mai hi ha hagut cap altra causa que la mà de l'home. No són els vents de la història els que ens condicionen l'existència; són la genialitat i la debilitat de les persones les que guien l'esdevenir dels temps.

Per això considero tan important que ens centrem en el factor humà per explicar per què el nostre passat va ser el que va ser, i també per augurar com podria ser el futur si parem l'atenció necessària a les persones. L'important no és el que passa, sinó què li passa per dins a la gent que és al lloc i en el moment just en què passa el que passa.

I això funciona amb una eficàcia semblant en totes les escales: de la mateixa manera en les famílies que en els partits polítics, en els organismes internacionals que en les empreses. Qualsevol podria subscriure que invertir en microxips a la fi dels anys vuitanta del segle passat era, en si mateixa, una decisió encertada. De fet, molta gent ho va fer. A Silicon Valley, Califòrnia, es van crear moltes empreses dedicades al sector. Però avui no hi ha un centenar de Windows i Apple, sinó només un de cada.

Per què? Era de més bona qualitat el silici amb què van construir els xips i els circuits integrats dels seus ordinadors? Les plaques base de les seves computadores, les havien fet amb una pasta especial? Òbviament, no. La diferència entre aquestes entitats i les moltes que també van néixer aquells mateixos anys, però que van tenir un destí molt menys afortunat, cal trobar-la en les persones que van formar els seus equips i les que van dirigir els seus passos. Que potser es pot entendre l'èxit de Windows i d'Apple sense el talent personal i les qualitats per al lideratge de Bill Gates i Steve Jobs?

Una empresa no és un organisme autònom ni un artefacte estrany, és un grup d'homes i dones treballant per una mateixa meta. I si el factor humà és important en el rendiment dels equips, ho és encara més la manera com el líder dirigeix el rumb de la companyia. No conec cap empresa que hagi tingut èxit mentre estava a les mans d'un mal directiu. Al contrari, sé de moltes que van fracassar quan el president o el conseller delegat de torn no tenien les qualitats de lideratge necessàries per portar-la per bon camí.

És estrany que una cosa tan transcendental per al futur de les persones no s'ensenyi a les escoles, ni tan sols els rudiments més bàsics. A mi ningú em va fer mai classes de lideratge. El que sé ho vaig haver d'aprendre al carrer, de vegades imitant els altres i en ocasions guiant-me per la intuïció. Però en aquell temps es donava per fet que el qui manava duia el lideratge adherit al càrrec, i que pel simple fet d'ocupar el despatx principal de la institució estava ungit d'una saviesa única i especial per gestionar l'empresa que a la resta de membres de la companyia ens era desconeguda. Res més lluny de la realitat, com de fet poden constatar tants empleats com avui continua havent-hi a càrrec de mals empresaris que, encara actualment, continuen caient en el vici d'actuar sense escoltar i s'estimen més manar que dirigir. A aquests caps de formigó els aniria millor si baixessin dels pedestals per reconvertir-se, o es trobaran que altres persones els passaran al davant.

Per sort, avui la majoria de les corporacions no es guien pels patrons del passat, quan era més important acatar submisament les ordres que l'atenció als equips. Ara les escoles d'empresa s'encarreguen d'advertir els nous emprenedors que la qualitat més bàsica que ha de tenir el cap visible d'una entitat és la sensibilitat per mirar i escoltar les persones que en formen el capital humà.

Hi ha una cosa que no ha canviat: tant abans com ara, és impossible parlar de lideratge sense tenir unes certes dosis de carisma. Però avui aquesta facultat humana, capaç de promoure en els grups d'individus la necessitat de fer el que sigui, junts i en una mateixa direcció, resideix principalment en la capacitat del líder per sentir empatia amb els seus equips. El poder de fascinació que una persona arriba a exercir sobre un col·lectiu és la base del lideratge, però el carisma necessari perquè aquesta fórmula funcioni no el donen ja la força ni els diners de la figura destacada, sinó l'habilitat de l'individu per fer partícip a tothom en el projecte bo i generant entre els seus col·laboradors la sensació de formar part d'un projecte que val la pena. Només llavors es posen en funcionament els esforços generosos.

No ens ha d'estranyar que per al psicòleg Johan Bertlett, de la Universitat de Lund, a Suècia, el factor més important per tenir un bon clima laboral sigui la creació d'una interacció positiva entre l'individu que ocupa el lloc de cap o gerent i la resta d'empleats. Un bon mànager ha de transmetre coneixement als seus subordinats i encoratjar-los perquè assumeixin petites tasques de lideratge delegant responsabilitats en aquells que estiguin disposats a ferse'n càrrec.

En els esquemes de les corporacions, la felicitat dels treballadors s'hauria de veure com un dels objectius més destacats, a l'altura de la rendibilitat empresarial o del sanejament dels comptes. Entre altres coses perquè sense tenir-ho en consideració mai s'aconseguirà això darrer. Però aquesta felicitat passa pel fet que els empleats percebin que controlen una part del procés en què participen, que són valuosos, i que l'aportació que fan a l'empresa es relaciona directament amb el bo i millor de les seves qualitats personals. És responsabilitat del líder aconseguir que aquesta identificació dels seus treballadors amb l'empresa tingui lloc i s'enforteixi.

Els primers col·lectius humans es van organitzar triant diferents líders, un per a cada tasca, que normalment se seleccionaven entre els que es mostraven més hàbils en aquella funció específica. Només quan es van assentar les societats agrícoles i es van començar a acumular excedents, fa uns dotze mil anys, van aparèixer els primers caps globals, i amb ells la noblesa, la reialesa i un concepte de lideratge basat en el poder absolut, un poder que no es podia posar en qüestió. Aquest model ha perdurat fins que, fa uns quatre segles, el pensament científic va fer aflorar la necessitat de tornar a buscar els líders més entesos en cada matèria.

Segons el psicòleg social Mark van Vugt, la forma de lideratge que domina actualment suposa tornar al model que imperava en les primeres tribus, en què els líders eren triats, no imposats. Avui, tant els empleats d'una companyia com els individus que integren una societat han deixat de percebre com a imperiosa l'obligació de quedar-se en una organització despòtica, ja que en poden marxar fàcilment. Aquesta llibertat dóna poder als seguidors i en pren als líders, que es troben obligats a ser més democràtics, a buscar consensos i a obtenir el vistiplau dels membres del grup.

Els estudis que s'han fet demostren que el líder funciona amb més eficiència quan és votat pels seus col·laboradors que quan és imposat des dels estaments més elevats. De la mateixa manera, les investigacions sobre el comportament social d'animals i humans posen de manifest que important que és la correcta gestió de les emocions per part dels membres d'un grup, especialment en el cas dels que exerceixen una posició dominant. David Barash, professor de psicologia de la Universitat de Washington, als Estats Units, explica que unes determinades emocions fortes, com ara l'estrès, es poden transmetre de manera molt palpable entre els individus que formen part d'un col·lectiu. Penso en la quantitat de directius tòxics que hi arriba a haver en les empreses, que sovint es dediquen a descarregar els seus mals estats d'ànim entre els subordinats. Creuen que d'aquesta manera s'alliberen del malestar i fan demostracions d'autoritat. En realitat, l'únic que aconsegueixen és transmetre verí als seus equips i enfonsar una mica més les empreses per a les quals treballen.

Exercitar les competències per ser líder

M'interessa el tema del lideratge. Acostumo a despertar comentaris positius en el meu entorn i hi ha persones que em diuen que tinc fusta de líder. La veritat, no m'agrada imposar-me, ni ser la que més parla. Però m'agradaria saber com puc descobrir si estic dotada per liderar un projecte. Com puc arribar a esbrinar-ho? I quines característiques ha de tenir un bon líder?

(maig del 2012)

Respon: Rosa Català

Un bon líder ha de tenir sentit d'autoconfiança, una bona acceptació pròpia i dels altres, saber quines poden ser les seves limitacions, ser molt autònom en la presa de decisions, cuidar les relacions de l'entorn i les interaccions amb persones de confiança, disposar d'habilitats per a la creació de vincles favorables i, sobretot, tenir molt clares les motivacions i els objectius.

La bona valoració d'un líder sempre es presenta relacionada amb un alt índex de satisfacció de les persones del grup. En el marc laboral, el líder es converteix en una autoritat en uns quants àmbits d'actuació i de posició davant la vida, de manera que ha de destacar en intel·ligència emocional. Si continues exercitant les habilitats socials que tens, la teva capacitat creixerà dia a dia i podràs aconseguir les competències que desitges per augmentar el respecte i l'autoritat.

Comunicació assertiva amb els empleats

Sóc propietària d'una petita empresa dedicada als espectacles, juntament amb altres socis, tots homes. La dada és significativa, ja veureu per què. Fa poc es va plantejar una controvèrsia per la manca de responsabilitat d'alguns empleats i quan un dels socis masculins va intentar posar fi al problema i explicar les obligacions sobre les quals jo havia cridat l'atenció, un dels empleats va reaccionar dient que no permetria que una dona, i a sobre més jove que ell, l'esbronqués.

Sento que no estic preparada per fer front a aquest tipus de situacions. No és la primera vegada que em passa, sóc immigrant i a vegades m'he sentit discriminada. Què he de fer, tenint en compte que ara mateix no puc acomiadar aquest empleat, que d'altra banda és el que em ve de gust? Com he d'afrontar el dia a dia tenint-lo a ell al davant? He de delegar en els meus socis masculins el tracte amb aquest noi?

(juny del 2011)

Respon: Gabriel González

És possible que aquest empleat s'hagi sentit desqualificat per la manera com li has dit les coses, encara que la teva intenció no fos ofensiva. Potser per la seva pròpia experiència, o perquè en altres moments s'ha sentit amenaçat per la imatge d'una dona, o per qualsevol altre motiu. Analitza què has pogut fer perquè ell s'hagi sentit així i tracta de solucionar aquesta situació tenint en compte el seu parer. Segur que en el moment que vegi que intentes comprendre'l deixarà de tenir una actitud tan a la defensiva cap a tu.

De totes maneres, no oblidis que ets responsable de l'empresa i que formes part de la gerència. Hauries de deixar clar, en algun moment de la conversa, que tens una responsabilitat amb la direcció i amb els treballadors, i que el teu interès últim és que les dues parts es puguin compaginar. Però també pots manifestar que no saps com fer-ho, especialment amb ell, i que per això necessites que t'ajudi, perquè et preocupes pels treballadors, però també per l'empresa.

Passar de ser companya a cap

Acabo d'aconseguir el que he desitjat i buscat durant molt de temps: ser la meva pròpia cap. M'he associat amb dues persones, bastant més grans que jo, que abans eren els meus caps i ara són els meus socis. El problema és que em sento estranya entre els meus antics companys. Noto que em rebutgen, que em defugen. Fa sis anys que treballo a l'empresa. Temps enrere vaig ser víctima d'un episodi d'assetjament laboral que em va causar atacs d'ansietat i em va obligar a seguir una teràpia amb un psiquiatre, i alguns dels actors d'aquell assetjament continuen a l'empresa. Ho he comentat amb la meva família i els meus amics, i tothom arriba a la conclusió que el que passa és que m'envegen pel triomf. Això em confon, perquè ells també van tenir l'oportunitat de ser socis i no van lluitar per aconseguir-ho. La qüestió és que no puc actuar amb naturalitat al seu davant i sempre em sento observada i crucificada. Encara més, no m'atreveixo ni a exercir el meu càrrec directiu com hauria de fer-ho per por que em rebutgin. La meva autoestima pateix una de les davallades més importants de la meva vida. Què m'aconselleu?

(desembre del 2010)

Respon: Pablo Herreros

Part del cas que ens comentes és bastant comú en el món de les organitzacions. Sol passar que a persones que arriben a ocupar un lloc millor els costa dirigir els qui abans estaven en el seu mateix nivell jeràrquic. Els és difícil canviar de rol i de vegades volen ser estimats com abans, però ja no és possible.

El que has de fer és gestionar missatges nous per enviar-los a la resta de persones que treballen amb tu mitjançant conductes concretes i no paraules. Es tracta de referenciar tot el que es fa a partir de tres o quatre principis o valors que t'ajudin a recuperar l'autoestima i el control en el càrrec. Un pot ser l'autenticitat, que s'ha de manifestar en tot el que dius i fas. Un altre pot ser la cooperació: hauries de fer-los entendre què poden guanyar amb tu si col·laboren, i deixar clar quins són els límits que establiràs en el cas contrari. A més, has de donar prioritat a la relació que hi tens, i entendre-la com un intercanvi de reconeixement, no com una necessitat d'afecte ni de dependència.

Relacions amb el cap i treball en equip

Quines característiques ha de tenir un bon líder? Com podem comunicar-nos amb el nostre cap sent crítics però sense sobrepassar els nostres límits? Com coordinar adequadament el treball d'un grup de persones perquè, a més de fer una feina eficient, es trobin còmodes en el lloc que ocupen? Crec que és molt important estar bé a la feina per poder donar el millor d'un mateix, però què es pot fer si el teu cap mai té temps d'escoltar-te o sembla que no s'interessa per tu?

(desembre del 2009)

Respon: Pablo Herreros

En primer lloc, has de tenir clar que cap líder és etern, de manera que l'habilitat de qualsevol treballador per establir aliances eficaces dins i fora de l'organització és vital. Pel que fa a la relació amb el teu cap, si tens la intenció de cooperar amb ell, has de tenir en compte algunes claus, com ara: indagar qui s'ha pogut sentir desqualificat (conscientment o inconscientment); intentar subratllar què guanyarà ell amb la proposta que li fan en termes de prestigi intern, fama, estalvi de costos, beneficis, etc.; enviar missatges (mitjançant accions, no paraules) que deixin clara la teva lleialtat, i, per sobre de tot, cuidar la relació que tinguis amb ell.

L'única manera que tenim de canviar les persones del nostre voltant és actuar a través de les relacions que hi mantenim. La cooperació sempre sorgeix d'una bona relació. És així en totes les espècies de primats. Com totes les grans coses d'aquesta vida, emergeix, no s'exigeix.

3. Sense treball en equip no hi ha treball

Temps enrere, pocs gurus d'escoles de negocis, per no dir cap, s'haurien atrevit a pronosticar que, al cap d'uns vint anys, una de les marques amb més presència a la vida dels ciutadans d'arreu del món se sustentaria en l'esforç coordinat d'una legió de col·laboradors que treballarien en xarxa, els quals, a més, mostrarien el més absolut menyspreu per l'acumulació de capital. No obstant això, quan avui donem un cop d'ull als rànquings de pàgines d'internet més visitades arreu del món, sempre trobem la Viquipèdia situada entre els llocs més destacats.

Que un projecte que depèn exclusivament de la participació horitzontal d'un grup d'usuaris moguts per la sana intenció de compartir coneixement hagi aconseguit aquest èxit ens dóna una pista, molt reveladora, de per on van les coses en el món corporatiu del segle XXI que acabem d'inaugurar. Entendre el concepte «wiki», que evoca un entorn obert, participatiu, de col·laboració i en línia, equival a comprendre el patró de comportament que regirà les relacions econòmiques, comercials i laborals en el futur. Tenen els dies comptats la competitivitat a ultrança, l'afany egoista i el desinterès pels altres, que eren els punts bàsics del comportament en el passat —encara ho són— de l'home de negocis. Adéu als franctiradors que anaven per lliure pensant que la seva soledat era una demostració de fortalesa i una garantia d'èxit. Ens dirigim, indefectiblement, cap a un món més col·laborador, interrelacionat i ple de sinergies, en el qual cada vegada serà més difícil aconseguir res sense l'ajuda dels altres.

El nostre futur, tant en el camp professional com en les relacions personals, depèn avui de l'intercanvi, més que mai. De fet, aquesta realitat no és nova per a nosaltres; moments així ja els hem viscut en el passat, quan el mercadeig de gens, el xafardeig de dades i el tràfic de coneixements ens van fer avançar com a espècie, al Paleolític i al Renaixement, quan la nostra rebesàvia l'*Australopithecus* Lucy vivia i també en l'edat daurada de la Ruta de la Seda. Doncs bé, ara assistim a un altre creixement històric de la dimensió social. I això, traslladat al camp laboral i els negocis, té una importància transcendental, perquè ens trobem a les portes d'un autèntic canvi de paradigma de les relacions laborals, en el qual, finalment, la suma de les parts serà més que el tot, i col·laborar serà més important que executar.

Programari social, programari lliure, Creative Commons, General Public License, codi obert, Linux, blogs, xats, projectes en línia... Són tantes les figures que avui ja funcionen amb èxit creant plataformes per xarxa a internet, basades totes en el treball cooperatiu, que només una ment obtusa es podria sostreure a l'impacte que aquesta nova manera d'organitzar la feina tindrà, i ja té, en els sistemes de producció i en la ment dels usuaris. Que no em malinterpreti ningú: no estic afirmant que en un futur immediat les empreses es convertiran en ONG solidàries a les quals no els preocuparà si generen riquesa o no. Però aquests senyals anuncien clarament que la forma com aquesta riquesa es produirà serà diferent.

Moltes ho ignoren, o prefereixen no saber-ho, però actualment les corporacions assisteixen a un repte històric: els anys vinents triomfaran les empreses en què els treballadors sàpiguen treballar bé en equip. Al contrari, les que es resisteixin a fer aquest pas i es mantinguin arrapades als cànons individualistes i poc sinèrgics ja caducats s'ho passaran malament. Fins ara crèiem que l'única manera possible de motivar un treballador era oferint-li diners. Però, de fet, el que actua amb més força sobre aquest nivell d'implicació és la identificació amb la marca. Quan els equips de treballadors operen d'una manera coordinada i participativa, s'allibera una energia que acaba augmentant la productivitat i es tradueix en riquesa. De fet, cada cop hi ha més veus alertant que les recompenses econòmiques com a únic estímul dels empleats aconsegueixen matar la creativitat. Enfrontat a la força de les emocions, el poder dels diners queda en no res.

És més eficaç fer partícip la gent des del principi en la consecució d'un èxit que primer aconseguir-lo i després repartir dividends. El treball cooperatiu, a més, afavoreix l'autoregulació de l'aprenentatge i fomenta el seu creixement, com també l'assumpció de responsabilitats i el sentiment d'implicació. En aquest sentit cal que les relacions laborals canviïn i els equips humans entenguin que col·laborar és més útil que competir, i que treballar en xarxa és més eficaç que fer-ho en paral·lel. Però aquí hi arribarem si prèviament l'escola entrena les noves generacions en habilitats comunicatives, empatia i aprenentatge emocional. No espereu que sigui un empleat cooperatiu i ben connectat amb els seus iguals l'individu que a l'escola no ha après a treballar colze a colze i de manera solidària amb els companys de taula.

Com és que preferim col·laborar en lloc de competir? En realitat, aquest impuls està gravat en la nostra memòria més ancestral, i enfonsa les arrels en el moment que vam decidir constituir-nos en bandades d'homínids, que van anar assolint unes cotes de supervivència més elevades que les corresponents als individus que es van estimar més seguir sols. Mark van Vugt adverteix que una gran gamma d'emocions socials, de la ira a la compassió, han evolucionat perquè l'instint col·laborador prosperi enfront dels qui tenen la temptació de deixar-se portar per impulsos egoistes o d'abús. Per això les xarxes de reciprocitat han triomfat entre els éssers humans.

Aquest expert prefereix parlar d'«altruisme competitiu», perquè és un factor de generositat i habilitat empàtica que acaba convertint-se en un capital intangible, però perfectament ple de valor, per a qui en disposa. Tothom sap que els que estan més disposats a ajudar i a donar un cop de mà es troben sempre entre els més ben vistos pel col·lectiu, i són els que reben més demandes per operar plegats. Col·laborar i ser solidari dóna prestigi social.

En un món globalitzat i sense fronteres, són molts els economistes i experts en relacions laborals i organitzacions humanes que coincideixen amb Paul Seabright, professor d'economia de la Toulouse School of Economics, a França, a l'hora d'identificar la innovació amb la capacitat de treballar coordinadament amb equips professionals d'altres països.

L'opinió generalitzada sol identificar la feina del científic amb l'abstracció individual i solitària. Però de fet, com ja em va advertir en el seu moment el premi Nobel de medicina Robin Warren, és només gràcies al «coneixement multidisciplinari» com veritablement s'avança. En el seu cas, aquest plus en la mirada el va rebre del treball en equip que va desenvolupar amb el seu soci Barry Marshall, que va aconseguir connectar les seves investigacions sobre els bacteris amb les malalties que tenen els pacients. Ja fa uns quants anys que parlo amb científics d'arreu del món i de totes les disciplines i, curiosament, hi ha un detall en què tothom coincideix: aquella troballa impactant a què van arribar, i que tanta resplendor va donar a les seves carreres, va ser fruit del treball coordinat amb altres col·legues i ajudants. No oblidem mai que la font de tot coneixement sempre procedeix dels altres.

Escoltar perspectives alienes a la nostra i incorporar-les a la feina que desenvolupem és una saníssima recomanació per treballar millor. Howard Gardner, psicòleg i investigador de la Universitat de Harvard, va saber veure-ho a temps. El pare de la teoria de les intel·ligències múltiples, que defensa que les capacitats del nostre cervell no es limiten al pensament logicomatemàtic, sinó que les aptituds musicals, les plàstiques o les comunicatives també constitueixen formes d'intel·ligència perfectament vàlides, em va confessar un dia un expressiu secret de la seva pròpia experiència personal: «Quan era jove i insensat, quan havia de contractar col·laboradors sempre buscava persones que fossin iguals que jo. Fa vint anys em vaig adonar que aquesta actitud era estúpida. Amb un com jo ja n'hi havia prou! Així que ara penso més a formar equips amb persones que tenen habilitats, interessos i passions complementaris i en els quals tots plegats podem sumar». Prenguem-ne nota!

Pautes per evitar el mòbing

Fa un parell d'anys vaig viure un cas de mòbing, arran del qual vaig haver de deixar la feina. Després de passar un any llarg a l'atur, vaig començar a treballar en una altra empresa, molt petita i familiar. Des del primer moment hi ha hagut una persona amb qui no m'he entès gens. Es tracta d'una persona aïllada que, a diferència del que va passar durant la meva anterior experiència de mòbing, no s'agrupa amb ningú per anar en contra meva. No obstant això, darrerament els meus desacords s'han estès a persones amb qui abans no tenia cap problema. He notat que qualsevol opinió que expresso, per molt inofensiva que sigui, sempre és criticada, i llavors comença un atac frontal contra la meva persona. Jo, que sóc pacífica però odio la hipocresia i l'autocontrol no és el meu fort, al final em poso a cridar, perquè aquestes persones em parlen en un to agressiu. Sento que el meu nivell de popularitat entre els companys està disminuint a marxes forçades i això em preocupa, sobretot després d'haver tingut en el passat una experiència molt negativa en aquest àmbit. Començo a témer que es pot estar plantejant una segona experiència de mòbing. Si és veritat, no sé si hauria de plantejar-me que no serveixo per ser una persona social.

(setembre del 2010)

Respon: Pablo Herreros

Tots els primats som éssers socials, ho vulguem o no. Fins i tot ho són els qui s'allunyen de la societat voluntàriament: l'eremita només existeix perquè hi ha una societat de la qual s'ha apartat i que és la referència de la seva decisió. El problema és que de vegades ens costa acceptar que no tothom ens estima.

Quan una persona es troba davant una situació de mòbing, el primer que ha de fer és identificar el problema adequadament i, en la mesura que sigui possible, formar-se sobre el problema. Segons el professor alemany Heinz Leymann, que va ser el primer a definir el terme *mòbing* l'any 1990, hi ha diversos factors que influeixen decisivament en l'efectivitat de la persona per fer front al terror, i són: la bona forma física i mental, la confiança en un mateix, la consideració de l'entorn, el suport de l'entorn familiar i social, la situació econòmica, el marge de maniobra, la capacitat de resoldre problemes i l'ensinistrament en habilitats socials. A més, us esmento algunes estratègies que proposa aquest mateix autor i que et poden ser útils, com ara evitar l'aïllament social, no intentar convèncer o canviar els assetjadors, respondre a les calúmnies o atacs sense passivitat ni agressivitat, evitar reaccions exagerades i fer activitats que augmentin la capacitació professional.

EM FA POR RELACIONAR-ME AMB ELS COMPANYS DE FEINA

Des de fa uns quants anys tinc un problema que no aconsegueixo resoldre: les relacions socials a la feina em fan pànic. Sóc professor en un institut i molt poques vegades surto de la meva aula. Em fa por fins i tot anar a prendre un cafè amb els companys. És la por que es riguin de mi i coses per l'estil. Per això tinc fama de ser estrany, però no ho sóc, només tinc por. Aquest any he d'anar de viatge de final de curs i la idea m'obsessiona, de nit no dormo, pateixo quan m'imagino que potser anirem a una discoteca o que hauré de passar moments molt «sociables». En altres àmbits, en canvi, no em passa. Si pogués resoldre el problema seria molt feliç. Sovint he intentat afrontar les situacions conflictives d'una manera directa, però tampoc m'ha servit. Vaig tenir una infància difícil, conflictiva. Ja de gran he anat al psicòleg durant dos anys i m'ha ajudat molt, però ara mateix el problema em supera.

(juliol del 2010)

Respon: Gabriel González

La situació que descrius, te la pots mirar o bé com una crisi o bé com una oportunitat. El que planteges no sembla un problema de fòbia social, ja que ets capaç de mantenir un altre tipus de relacions, i ho fas amb altres persones. Només et passa en l'àmbit laboral. Així que potser t'hauries de preguntar a què és degut i per què et passa. És possible que visquessis experiències no gratificants en els teus estudis o en altres feines. O, simplement, que siguis una persona tímida i aquest tipus de relacions et resultin especialment difícils. En aquest cas, has de recolzar-te en la teva valentia i la teva capacitat i mostrar-te tal com ets.

Sens dubte, disposes de les estratègies i les eines necessàries, ja que aquests anys de teràpia t'han servit per adonar-te'n i poder posar-les en pràctica. D'altra banda, el problema no s'ha d'abordar d'una forma directa, ni t'has de llançar a la pista des del principi. Pots buscar situacions en què et sentis més còmode i, a poc a poc, anar mostrant-te en tot tipus de relacions. Repassa quines són les estratègies apreses i quines les que pots posar en funcionament. Situa't en els moments en què et sents menys intimidat i intenta generalitzar-los.

Com puc entendre'm amb els companys?

Tinc la sensació que no congenio amb els meus companys de feina. A més, em noto estranya. És com si em volgués tancar en una petxina i que no em dirigissin la paraula, perquè moltes vegades el que sento són crítiques a altres persones i això no m'interessa. De vegades penso que sóc antisocial perquè no vull entrar en la seva dinàmica, i m'adono que com menys em relaciono amb ells més em costa expressar el que vull dir, ja que se'm fa difícil fer-me entendre. Encara que parlem la mateixa llengua, no hi ha entesa.

(abril del 2010)

Respon: Gabriel González

Moltes vegades no ens adonem de com la manera en què parlem o reaccionem fa que ens percebin els altres. Potser seria bo que et preguntessis com se senten els altres amb tu. Ets una persona amb experiència, amb capacitat, oberta i al mateix temps sincera i clara amb el que t'envolta. No t'agraden les crítiques ni els xafardejos, com tampoc les relacions superficials que s'hi basen. És clar que no ets antisocial, tot i que probablement necessitaries alguna cosa més que el que t'ofereixen els companys.

En tot cas, si vols canviar la relació que hi tens i sentir-te part del grup, has d'aprendre a gestionar els espais més informals on et puguis sentir relaxada, i ells també. Així et podràs mostrar tal com ets i deixar que t'acceptin amb la teva manera de ser. Però és important que pensis què pots fer per sentir-te part del grup, no en el que poden fer ells, i que intentis acostar-te als altres amb sinceritat i d'una manera genuïna.

4. Vèncer l'atur passa per canviar

Sens dubte les xifres de l'atur constitueixen el rostre més cru i desesperant de la crisi econòmica que estem travessant. El creixement imparable del nombre de desocupats suposa un cop realment dur per a l'autoestima dels ciutadans i situa el país davant un repte titànic, segurament el més important que ha afrontat des de la Transició. Ni tanta gent pot passar tant de temps sense fer res, ni la comunitat es pot permetre el luxe de continuar mantenint arraconat de qualsevol manera tot aquest cabal de talent i capital humà. És, per dir-ho sense dissimular ni amb paraules que no són, un autèntic desastre nacional.

Convertit en el nucli de les preocupacions de la gent, el problema de l'atur és abordat des d'àmbits diferents i amb perspectives variades. Els governs successius van adoptant mesures amb un encert desigual pel que fa als enunciats i cap mena d'èxit pel que fa als resultats. Rere les xifres de desocupació hi ha moltíssims homes i dones que han vist com el terra els desapareixia de sota els peus de la nit al dia, i com la feina que donava sentit a bona part de les hores del dia i representava la seva font de supervivència s'esfumava sense deixar rastre. Cada cas és un món, no és possible establir patrons generals davant un drama d'aquestes dimensions, però hi ha un factor que molts dels parats d'aquesta crisi comparteixen: el terratrèmol que vivim és tan enorme que un percentatge elevat no podrà tornar a treballar en el que havia estat el seu ofici, en part perquè les empreses que els necessitaven ja no existeixen, en part perquè els sectors en què operaven ja no són els mateixos que abans. S'imposa, de manera clara i inequívoca, un únic camí possible: el del canvi.

No hi ha cap altra opció. Assistim a una crisi que no és de creixement, és de transformació dels patrons vitals i productius que coneixíem fins ara. I igual que l'escenari ha passat per una metamorfosi, ara ens toca a nosaltres aplicar la mutació en les nostres vides. Els primers que ho han de fer són les persones que es troben sense feina, perquè són ells als qui abans s'ha plantejat aquesta necessitat. És responsabilitat de cadascú veure com tradueix aquest missatge, perquè no és igual la situació del jove que aspira a accedir per primera vegada al món laboral que la del professional amb anys d'experiència o la de qui ja és una persona experimentada que es troba en l'última fase de la seva trajectòria. Però tots hauran d'abraçar amb molta consciència el nou lema del temps que ens ha tocat viure: canviar, canviar, canviar.

Matthew Bishop, editor executiu de la revista *The Economist*, explicava fa poc que el factor que està tenint més impacte en la desocupació és la globalització, fins i tot més que la tecnologia. Bishop posava com a exemple el portal nord-americà de recerca de feina oDesk, un lloc que va duplicar en un any els contractes registrats, i on les empreses busquen treballadors *freelance* d'arreu del món, que treballen sense sortir de casa, a milers de quilòmetres de distància dels seus clients. Difícilment es podran reduir les xifres de desocupació si els treballadors no s'adapten a aquest nou patró sense fronteres o límits, però tampoc serà gens útil que els sistemes educatius continuïn privant els joves de les disciplines que interessen a les empreses.

Els entorns laborals no tindran més remei que transformar-se si volen fomentar el repartiment de l'ocupació i potenciar la incorporació plena de la dona en millors condicions de flexibilitat. Hem d'aprendre moltes coses de països com els nòrdics, que tot i tenir unes cotes de natalitat més altes i un índex de població activa femenina superior a la mitjana, són els que registren uns percentatges de desocupació més baixos. Però els ciutadans també han de canviar moltes coses. Hi haurà persones que es veuran impel·lides a reinventar-se dins del seu propi ofici. I d'altres no tindran més remei que buscar una nova professió. I encara d'altres, finalment, hauran d'interpretar aquesta crida com una invitació a l'emigració.

Aquesta última opció és especialment idònia per als joves, atesa l'energia de què disposen i el marge de maniobra que els atorguen les circumstàncies personals. Si no troben sortida professional al país o la ciutat on han estat educats, que no en dubtin: que marxin, que busquin el seu lloc en un altre país. I, sobretot, que no percebin aquest viatge com una derrota. Al contrari: sortir a perseguir els somnis i les ambicions lluny de casa forma part de la condició humana. L'ésser humà ha dedicat mil·lennis a emigrar per estepes, valls, oceans i continents. I aquest viatge sempre ha acabat feliçment amb el descobriment de noves possibilitats de vida i d'èxit.

Hi ha una equació que he procurat aplicar-me al llarg de la vida: «faith or fly». És a dir: lluita contra les dificultats o vola, vés-te'n. Us confessaré una cosa: en els meus nombrosos viatges he coincidit amb molta gent que un bon dia també van haver d'agafar les maletes i marxar i, curiosament, entre ells he fet relació amb les persones més innovadores, preparades i decidides que he conegut en el meu ja llarg camí. No són els temorosos ni els conformistes els qui decideixen emigrar per buscar la seva oportunitat en un altre lloc, sinó els valents que tenen l'empenta necessària per arromangar-se i travessar el riu.

Una decisió tan important passa per interioritzar prèviament la idea del canvi. Per desgràcia, ningú ens ha entrenat mai en aquesta facultat tan humana consistent a renunciar al que ens ofereixen les circumstàncies actuals i sortir a buscar una opció millor. I convindria corregir-ho, certament, de l'única manera que es poden resoldre els dèficits culturals en les societats: a través de l'escola.

El canvi de què parlo obliga a buscar en el nostre interior fins a trobar el cofre d'optimisme de què tots disposem. És connatural en l'ésser humà pensar que les coses aniran bé. De fet, hem arribat fins aquí gràcies a aquest sentiment positiu de l'existència. Va ser perquè algú va pensar que aquella seria una aventura amb final feliç com va sorgir i es va imposar la idea d'emigrar des d'una estepa africana cap a paratges desconeguts. I de resultes d'aquell atreviment hem arribat a ser el que som avui. Que cap persona sense feina no en dubti: hi ha un lloc de treball que l'espera, però per arribar-hi s'haurà de moure, haurà de canviar i haurà d'actuar. Sobretot, haurà de confiar en les seves possibilitats. És l'optimisme, el que ens ha de treure d'aquí.

Pensaments negatius davant la desocupació

Em considero una persona intel·ligent, treballadora i amb ganes de seguir endavant. No obstant això, sovint tinc pensaments molt negatius. De fet, últimament només tinc desitjos de desaparèixer. Sempre he tendit al pessimisme, però ara no em falten raons, perquè estic sense feina i veig poques possibilitats de trobar-ne, tot i que tinc un doctorat. Em turmenta estar caient en la trampa de la profecia autocomplerta, perquè temo que les idees negatives siguin la causa del fet que no pugui avançar. ¿Fins a quin punt els pensaments poden influir en la realitat que es viu? Sovint he intentat sentir-me bé i ser optimista, però no aconsegueixo canviar.

(octubre del 2011)

Respon: Rosa Català

El moment en què et trobes requereix que augmentis el teu autoconeixement emocional. Has de prendre consciència del teu estat d'ànim actual, que és fruit d'una situació circumstancial, i saber molt bé quins són els punts forts de què disposes per emprar tota l'energia personal per desenvolupar-los. Una càrrega d'anticipació negativa només fixa en un punt l'explicació de la realitat que ens envolta, i ens fa perdre nitidesa.

El teu gran ventall de recursos formatius i experiència són la millor carta que tens a les mans per construir una imatge sense distorsions sobre el que ets i el que saps que pots oferir. Una situació de desocupació no defineix la teva persona, només és un canvi passatger extern. Travessar les sensacions de fracàs i sortir-ne enfortit és la clau per transmetre d'una manera òptima la vàlua personal i ser percebut com a professional reconegut i capaç. Anar a la recerca de feina d'una manera intel·ligent, amb serenitat, amb paciència i amb la màxima energia ben enfocada a l'objectiu és més rendible que fer-ho des de la desesperança que ens immobilitza.

Mentre seguim l'itinerari vital anem progressant a través dels canvis. Però, amb feina o sense, les regnes de la nostra vida no se situen en forces externes que no podem controlar. Recorda que la brúixola del comportament personal és a les nostres mans per redirigir en tot moment la mirada cap a nous horitzons.

La importància dels contactes per trobar feina

Estic sense feina i m'està costant trobar-ne. Començo a no ser capaç de controlar els moments de desesperació i tristesa que m'abasseguen. Em demano si l'única manera de trobar feina és a través dels contactes. Sempre s'han utilitzat, però ara que no hi ha gaires possibilitats potser es nota més. Com es poden aconseguir aquests contactes, si totes les persones que conec saben que busco feina? D'altra banda, sé que hauria de fixar el meu objectiu en l'àrea d'especialització que em correspon, però si no trobo res, com em puc disposar a treballar en alguna cosa que em disgusta? Com m'he de reinventar per treballar en un altre camp? I, sobretot, com em venc per aconseguir que em contractin?

(març del 2012)

Respon: Gabriel González

En moments de crisi és quan més s'han d'activar les xarxes, tant les personals com les socials i professionals. En aquest sentit, és prioritari que identifiquis quines són les teves. Pots fer una llista de les persones que coneixes, per mínim que sigui el contacte, i tractar de visualitzar-les en un paper: col·loca't tu al mig i fes un diagrama de la distància en què situes cadascuna de les persones que conformen la teva xarxa. En representar-les t'adonaràs de la distància que et separa de les unes i les altres i et podràs situar com a part activa en analitzar la relació que tens amb cadascú, sigui positiva o negativa.

A continuació t'has de treballar la xarxa. No es tracta que et centris només en els contactes que et poden donar accés a feines, sinó que vegis l'actitud que tens davant de la xarxa i que transmetis aspectes positius. Activar la xarxa implica cuidar-la, estar-ne pendent i mantenir una actitud positiva cap a les persones que la formen, com també tractar d'ampliar-la.

L'optimisme ens permet afrontar la situació amb una altra cara. En tota crisi es produeixen canvis, però hem de tenir una predisposició psicològica i emocional adequada per afrontar-la correctament. La capacitat de canvi i adaptació està en nosaltres. En moments de dificultat és quan sorgeix la idea de reinventar-nos; pots ferho en allò que t'agrada i t'apassiona. Indaga i activa la teva xarxa.

Em plantejo emigrar per buscar una sortida

Fa mig any que vaig acabar la carrera. Des de llavors no he aconseguit trobar feina, ni tan sols adquirir un mínim d'experiència. Sé que això ho està patint molta gent, i que no hauria de queixar-me, perquè jo no tinc responsabilitats com ara hipoteques o fills, però aquesta situació m'està matant. Com que no faig res, em deprimeixo, em sento inútil i no tinc ganes de sortir de casa. Intento entretenir-me fent coses com anar al gimnàs o classes d'anglès, però no em serveix de gaire. Em plantejo molt seriosament emigrar, però tampoc vull fer una bogeria, no vull ser un llast per als meus pares. Estic feta un embolic, i cada cop em sento més irritable, cosa que sobretot pateixen el meu nòvio i la meva mare. No entenc què em passa. Què hauria de fer? És una bona idea anar-me'n a una altra ciutat o hauria de quedar-me i intentar-ho més?

(gener del 2012)

Respon: Montserrat Soler

En la teva situació et podria ser útil mantenir una actitud proactiva, és a dir la que busca possibilitats i enfocaments alternatius i ajuda a mantenir el compromís en les tries que fem. En el procés de recerca d'ocupació és important que pensis què vols fer i què pots aconseguir, tenint en compte les teves habilitats, competències, formació i experiència laboral. Definir el teu objectiu t'ajudarà a estar atenta a qualsevol oportunitat. Aprofita la xarxa social. En aquests temps de crisi, a més, cal aprofundir en el coneixement de la disciplina que hem triat. La formació et pot permetre fer contactes que et seran favorables per al teu objectiu.

Estar activa i atenta al que passa al teu voltant t'ajudarà a sentir-te diferent. La motivació és bàsica per trobar feina. Les persones motivades tarden una mitjana de catorze mesos menys a aconseguir feina que les que puntuen per sota en aquest aspecte. En l'anàlisi de les possibilitats que tens t'ajudarà deixar-te portar per la intuïció. Com recorda el psicòleg alemany Gerd Gigerenzer, s'ha demostrat científicament que la intuïció pot ser més efectiva que els processos d'elecció racionals.

Jove sense feina

Sóc una noia de vint-i-quatre anys aclaparada per la frustració i les fosques perspectives de futur que se'm plantegen. Em trobo en una situació similar a la de molts altres joves. Estic diplomada i per pagar-me els estudis he fet feines esporàdiques, sense estabilitat de cap mena, i moltes vegades sense contracte i encara sobreexplotada. Ara ja tinc el títol, però segueixo sense feina ni tinc dret a la prestació d'atur, ja que no arribo al mínim que demanen. Em vaig proposar seguir formant-me, perquè voldria dedicar-me a la docència, però amb l'entrada en vigor del pla Bolonya no puc accedir a cap més diplomatura: he de fer un curs d'adaptació que queda lluny de les meves possibilitats econòmiques. He estat preparant oposicions, però no està previst que es convoquin ni a mitjà ni a llarg termini, segons les fonts oficials. Les institucions privades no em contracten perquè consideren que tinc poca formació i cap experiència, i en altres feines no m'accepten perquè troben que estic «massa qualificada», en paraules dels mateixos entrevistadors. Em trobo en una mena de llimbs dels quals difícilment veig la sortida. A vegades penso que he lluitat en va per tenir un futur. Per consolar-me, dono classes de suport extraescolar de manera voluntària a nens amb pocs recursos econòmics i socials. Aquesta activitat i el suport dels meus pares és l'únic que avui per avui em continua lligant a la vida.

Com es pot encarar aquesta situació? Com puc mitigar l'estrès, l'insomni i el sentiment de frustració i tristesa? ¿Hi ha algun camí a través de la ment que em permeti focalitzar tots aquests sentiments d'una manera que no sigui a través del derrotisme i la negativitat?

(març del 2011)

Respon: Pablo Herreros

Per combatre els símptomes de l'estrès, el més recomanable és aprendre tècniques de relaxació, com per exemple meditació, autohipnosi o ioga. També fer esport t'ajudarà a combatre l'insomni i la frustració, si és que t'agrada l'activitat física. Pel que fa a la tristesa i la manera d'enfocar el moment en què et trobes, un bon punt de partida pot ser analitzar què està significant per a tu no trobar feina, més enllà dels inconvenients econòmics, perquè és freqüent que el que ens provoca angoixa siguin els pensaments que s'hi presenten associats i no el fet en si. Tracta de revisar els teus diàlegs interns i d'identificar on centres l'atenció, perquè potser és en aquest punt on resideix part del problema. En focalitzar la teva anàlisi en unes parts concretes, pots estar oblidant altres detalls que et poden fer feliç, com són els amics o la família. Fer una llista de totes les coses que has d'agrair a la vida és una tasca molt senzilla que t'aportarà molt. A més, ja tens un parell de punts per començar-la, com deixes clar en la teva consulta.

5. I si innovéssim?

D'aquí a uns anys, quan l'actual crisi econòmica hagi madurat i evolucionat als diversos països en funció de les decisions que cada govern hagi pres, veurem que els estats estaran agrupats en dues categories: d'una banda trobarem un club selecte format pels qui han sabut donar la volta a la recessió per la via de fer més productives les seves economies, i de l'altra hi haurà les regions que no hauran aconseguit elevar els seus nivells de competitivitat, la qual cosa els obligarà a continuar tenint problemes i a arrossegar-se en lloc de caminar.

Les notícies que tenim sobre la manera com Espanya afronta aquest període crític de la seva història em fan témer que estem destinats a ocupar el vagó dels països poc productius i amb dèficits d'innovació seriosos. És l'únic que puc pensar quan sento a dir que les nostres esperances de sortida de la crisi estan posades en el turisme i l'agricultura. Mentre aquí continuem resant a aquests sants antics, altres països que sí que han sabut veure aquesta conjuntura com una ocasió per renovar les seves estructures s'estan dedicant a invertir quantitats importants de diners en sectors relacionats amb la biotecnologia, les energies netes, la robòtica i la gestió preventiva de la salut. Això és el que genera productivitat, no els tomàquets ni les platges.

Costa entendre que les autoritats, siguin del partit que siguin, no s'hagin adonat encara que la crisi que patim no és tan sols de deute, sinó també d'innovació. Com és possible que no vegin que són els nostres famèlics índexs d'inversió en R+D+i, i no l'acumulació d'actius tòxics financers, els que estan en l'origen de la caiguda econòmica que arrosseguem? Igualment, m'indigna sentir la mentida que algunes persones ens volen vendre sobre la suposada dimensió planetària de la crisi. No és veritat que estiguem travessant un enfonsament mundial. Al contrari: hi ha països i regions que continuaven creixent a gran ritme mentre les nostres economies s'esfondraven per poc productives i gens innovadores.

Al llarg d'aquests anys ens hem acostumat a viure sota una successió gairebé diària de diagnòstics i anàlisis negatives. En aquest bosc de senyals ombrívols, hi ha una dada que s'ha destacat poc, però que considero alarmant. Per la seva gravetat, jo la posaria a l'altura de la xifra de l'atur: Espanya se situa a la cua d'Europa en coneixement científic ciutadà. Sorprenentment, més de la meitat dels espanyols són incapaços de pronunciar el nom d'un científic que hagi canviat les nostres vides. Difícil tasca la de sortir de la nostra situació si tenim en compte que la innovació intel·ligent mai sorgeix en un context simple, sinó que floreix en escenaris complexos on, necessàriament, hi ha d'haver una multiplicitat d'interaccions entre el món acadèmic, l'empresa i el teixit de la societat.

Aquest procés diabòlic passa en un país que mai ha viscut una revolució científica, i en el qual el costum de comprovar les hipòtesis és un hàbit d'adopció molt recent. Mai ens hem entrenat per tenir una visió multidisciplinària de la feina. Aquí sempre ha tingut més predicament allò d'«Anar a la meva». Tinc molt present la confessió que em va fer un dia el premi Nobel de medicina Sydney Brenner sobre quina havia estat la seva principal font de coneixement: «Les persones que més m'han ensenyat a la vida han estat les que no sabien res del que jo feia». És aquí, en aquesta visió perifèrica i oberta, on s'amaga el secret de la innovació. Tan car i difícil seria ensenyar això als col·legis?

Una altra de les etiquetes falses que ben sovint acompanyen la innovació és la que la circumscriu estrictament al terreny científic i tècnic. Sens dubte, la posada en valor del coneixement generat als laboratoris més assenyalats del món és una font inqüestionable de progrés. Però la innovació és un concepte molt més ampli: també es projecta sobre la manera d'afrontar la tasca que cadascú té entre mans, sigui quina sigui la seva naturalesa. Innova l'enginyer que treballa en la fabricació de cèl·lules fotovoltaiques més eficaces per obtenir més quantitat d'energia del sol, però també ho fa la persona que busca un sistema més eficient per vendre el seu producte o qui aconsegueix organitzar la pròpia empresa d'una manera més pràctica i rendible.

Seguint aquest fil, l'assessor educatiu Curtis Johnson m'explicava un dia en què consisteix la innovació disruptiva basant-se en l'exemple del negoci de la fotografia. La indústria de la fabricació de càmeres analògiques va dedicar molts anys i esforços a la millora de la qualitat dels seus productes. No obstant això, un bon dia va aparèixer la fotografia digital, i des d'aquell moment el panorama del sector va canviar de manera radical. La innovació va obligar els fabricants de rodets a reinventar-se.

Per Tim Woods, membre de l'equip directiu de l'empresa de consultoria i solucions innovadores Imaginatik, el futur de la innovació no és tant el desenvolupament de nous productes o tecnologies com la gestió de la innovació en si mateixa. Empreses com Apple i Google estan liderant aquest concepte i han vist en la innovació una norma cultural més que una manera d'ajustar noves pràctiques dins la vella cultura del segle xx. Són empreses que fan servir la tecnologia per col·laborar, combinar idees i compartir procediments de gestió. Woods creu que els canvis afectaran la manera en què treballen els empleats i fomentaran el concepte de «donar la volta» a les idees. Posa l'exemple del cas d'un professor de matemàtiques que va decidir, amb gran èxit, canviar d'ordre les classes: va enregistrar la lliçó i la va penjar a YouTube perquè els alumnes la poguessin veure al vespre des de casa seva, i va dedicar el temps de classe a ajudar els alumnes a solucionar els problemes que els hauria posat de deures. Innovar és canviar la manera d'operar de les empreses fomentant la col·laboració i fent que els canvis es donin tan de pressa que adaptar-se i reinventar-se passi a formar part de la rutina.

La clau és atrevir-se a provar noves maneres de funcionar, i fer aquest salt requereix, inevitablement, un plus de valentia. Cal animar-se a trepitjar un terreny que no es coneix al cent per cent, tenir coratge per llançar-se al buit, vèncer aquest vertigen. Per això és més fàcil que els processos innovadors es donin entre els joves, que supleixen la manca d'experiència amb altes dosis d'atreviment. I per això no em canso de reclamar un protagonisme més gran dels joves en aquest moment crucial que vivim.

A la seva familiaritat amb l'atreviment, un factor que per força minva amb els anys, el jove aporta un capital afegit a la innovació que té un efecte catalitzador en els processos disruptius: em refereixo a la simpatia per la intuïció. Avui la ciència ens recorda que teníem oblidada aquesta font de coneixement ancestral, íntima i connectada amb les emocions i l'instint que resulta molt més eficaç i ofereix cotes d'encert més elevades quan ens enfrontem a una situació en què no disposem de tota la informació necessària per processar-la. I hi ha un escenari més incert i desconegut que una crisi?

Precisament, ara és quan hauríem d'estar fent una aposta més intensa per la intuïció, els joves i la innovació. És la brúixola perfecta per a situacions insegures. I aquesta llei funciona amb una eficàcia semblant en escenaris d'incertesa, com ara una crisi, i en disjuntives transcendentals, com pot ser triar la carrera que vols estudiar a la universitat o dilucidar si ha arribat l'hora de canviar d'empresa o d'àrea professional. Escoltem la intuïció: no sap mentir i sempre ens connecta amb una veritat.

Com es pot explotar el capital psíquic

Tinc trenta-quatre anys i encara no sé a què em vull dedicar, la qual cosa em té molt preocupada. Sé que tots tenim un propòsit i una missió, ja sigui plantar flors, cuidar malalts, fer esport o simplement viure i gaudir amb el més bàsic. També sé que estic capacitada per aconseguir el que vulgui, dins de les meves possibilitats. No salvaré el món, però sé que puc aconseguir el que em plantegi. Tot i això, últimament em deixo influir per una societat conformista, egoista i ben sovint incapaç. I em costa anar en contra del corrent. Què puc fer?

(juliol del 2011)

Respon: Rosa Català

Tens un potencial ben enfocat per triar el millor camí. El coneixement de les fortaleses de què tots disposem ens obre tota una gamma de possibilitats, i amb el teu esperit de recerca ho aconseguiràs, sens dubte. Pel que transmets, ets una persona a qui encanta aprendre contínuament i rebre estímuls nous. Tot aquest cabal d'informació et fa tenir dubtes, i no és estrany. Si això et fa sentir desassossec, recorda que la seguretat total és un miratge.

No tinguis por dels canvis. La capacitat d'adaptació i l'energia dels éssers humans són inesgotables. De fet, una de les grans fonts de patiment és creure que les coses són immutables. Adquirir nous coneixements ens obre a l'evolució, i deixar-se portar per l'immobilisme ens torna a la regressió. El teu capital psíquic és el conjunt de factors i processos que et permeten aprendre a protegir-te i generar fortaleses personals. L'aportació de la psicologia positiva et pot ajudar molt. Pensa que la societat és polièdrica i fixa't en totes les cares que mostra; el que és negatiu no ho ocupa tot. Sempre podem triar cap a on volem mirar.

Ho tinc tot, però em falta alguna cosa

Quan tenia vint anys vaig muntar el meu propi negoci, que encara funciona avui. Mentrestant, vaig estudiar Ciències Empresarials, després vaig fer un postgrau en màrqueting, em van nomenar gerent d'una associació i posteriorment president d'una altra sense ànim de lucre. Faig conferències sobre com emprendre negocis i estic actiu en diverses associacions. Vista d'aquesta manera, la meva vida professional és tot un èxit, ja que amb vint-i-vuit anys no puc demanar res més. En la meva vida personal tot funciona bé amb la família, els amics i les relacions. Tinc moments millors i pitjors, però correctes. No obstant això, no trobo la felicitat en el que faig, el dia a dia se'm fa feixuc i m'ho passo bé amb poques coses. Com podria ser feliç amb el que duc a terme?

(juliol del 2010)

Respon: Gabriel González

Pel que dius, ets una persona amb molts recursos i grans capacitats. A més, t'agrada transmetre-ho i parlar dels teus èxits. L'entorn més proper et completa i t'omple, però notes que et falta alguna cosa. De vegades se sent que es necessita més. És possible que la teva activitat i la teva energia requereixin més objectius, o que els vagis modificant de tant en tant. Et recomano que facis un petit exercici per passar revista a les teves passions i tenir-les més presents: analitza diàriament les tasques que et fan sentir bé i anota-les en una llibreta. Poden ser coses molt simples, però que et provoquen un pessigolleig al cos, per mínim que sigui. Pren-ne nota cada vegada que passi, per poca cosa que et sembli, durant tres setmanes. En aquest període hauràs recollit un seguit de moments en què realment t'has sentit complet.

A continuació, visualitza el que has apuntat i observaràs un patró del que t'agrada. Analitzant aquest model emocional, has d'intentar fer-lo cada dia més present, de manera que els moments menys meravellosos es redueixin i puguis sentir-te cada cop millor amb el que vas fent. Amb això afegiràs una perspectiva positiva al teu dia a dia.

Quines són les ciències del futur?

Vaig decidir començar el batxillerat científic perquè era el que més m'atreia. Suposo que vaig per bon camí, perquè tot el que estem fent m'agrada: biologia, física, matemàtiques i química. Tot i això, em sento perduda, no sé cap a on anar. M'agrada la investigació, però no sé quina branca em convé més des d'un punt de vista laboral. Quines són les ciències del futur? Quins estudis prometedors hi ha en marxa que necessitin nous investigadors espanyols? Estic confosa, tinc la crisi existencial més llarga de la meva vida, fa un any que estic angoixada. Vull treballar en alguna cosa que sigui nova, oberta i amb molt camp per investigar.

(febrer del 2012)

Respon: Rosa Català

El desig que sents per aprendre i les teves brillants capacitats són una gran aportació d'energia per poder seguir fent créixer les passions que et donen empenta. És imprescindible dedicar el temps necessari a anar descobrint què és el que més ens sedueix de tota la gamma de possibilitats formatives. Esbrinar-ho requereix que el focus d'atenció es mantingui alerta per poder detectar els senyals més subtils, els que ens informen sobre què ens fa vibrar i què aconsegueix que estiguem dedicats hores i hores a un tema gairebé sense que ens n'adonem i sense cansar-nos. Els millors educadors anomenen aquesta matèria que ens apassiona l'«element» d'un mateix, i més important que detectar-lo és controlar-lo tot aprofundint en el seu coneixement.

Abans de poder dedicar-te a alguna disciplina científica amb plenitud és bo que siguis conscient, dia a dia, de quin és el tipus d'intel·ligència que tens més desenvolupada. L'interès i la curiositat que demostres et faran resoldre els problemes d'una manera creativa, sense deixar que et quedis inactiva en les primeres opcions i que experimentis altres possibilitats noves que potser encara no coneixes. No deixis via lliure ni al temor ni a la incertesa. Tens tota una vida al davant, amb situacions noves a les quals oferir excel·lents respostes a partir del teu potencial.

Capítol 7

Quan ens posem malalts. Les noves fronteres de la salut

1. Dóna'm gens en comptes de fàrmacs

Un dels motius per mirar cap al futur amb optimisme i desterrar per sempre el malenconiós «Tot passat era millor», amb el qual no estic gens d'acord, és l'ampli i insospitat ventall de tractaments que les investigacions genètiques ofereixen per millorar la salut i prevenir malalties. Es tracta d'un revolucionari canvi de paradigma a l'hora d'enfrontar-nos amb les debilitats de l'organisme: per primera vegada deixarem de posar el focus en les malalties i començarem a fixar-lo en els pacients. La teràpia gènica farà possible atacar la degeneració dels teixits abans que tingui lloc, permetrà actuar contra els tumors abans que es desenvolupin i farà possible una medicació farmacològica personalitzada, feta a mida, d'acord amb les particularitats de cada pacient.

Des dels temps de Galè, el metge de l'antiga Grècia, la medicina ha avançat molt en el descobriment dels mecanismes interiors del cos, com també en les causes que activen les malalties i en com tractar-les. No obstant això, la història de l'estudi de la salut es parteix en dos el 1953, quan els biòlegs James Watson i Francis Crick van descobrir l'estructura en doble hèlice de la molècula de l'àcid desoxiribonucleic, el famós ADN, i amb aquesta troballa van inaugurar la possibilitat d'intervenir en els organismes partint dels seus components més íntims. Identificar les lletres amb què la natura escriu a escala molecular equival a descobrir els maons dels quals estem fets tots els éssers vius i convida a entendre l'arquitectura biològica que ens fonamenta.

Traslladant-ho a un llenguatge bèl·lic, fins ara havíem tractat les malalties com si per conquerir una illa haguéssim d'arrasar-la amb napalm, sense considerar matisos, arrasant-ho tot i guiant-nos pel mateix protocol que hauríem seguit per prendre una estepa continental. Per seguir amb el mateix símil guerrer, el que la teràpia gènica permet és actuar directament sobre els centres de poder que tenallen l'illa, sense afectar la resta de l'ecosistema, i fer-ho de l'única forma possible perquè aquests punts es vegin afectats: parlant-los amb el seu mateix llenguatge, de gen a gen.

No hi ha dos refredats iguals, perquè el mateix virus no perjudica de manera idèntica dues persones diferents, ni dos càncers de pulmó són mai semblants, perquè en cada cas es desenvolupa un patró particular. Tot i això, fa dècades —segles en algunes malalties— que tractem aquestes afeccions de manera estandarditzada i uniforme en tots els pacients, sense tenir en compte la naturalesa de cadascú i amb medicaments que, a més d'atacar la causa de la malaltia, malmeten la salut de l'organisme viu, la qual cosa obliga el pacient a entomar els múltiples efectes secundaris que la majoria d'aquestes substàncies ocasionen.

Posar fi a aquesta limitació és un dels horitzons a què aspiren la medicina personalitzada i les teràpies gèniques que es deriven de les investigacions dutes a terme en el camp de l'ADN. L'altra gran frontera mèdica de la genètica té a veure amb la possibilitat de predir la tendència d'un organisme a tenir una malaltia a partir de les mutacions que anuncia el seu codi genètic, i amb el repte de reconstruir òrgans i teixits servint-nos del missatge xifrat que apareix en els gens. Hem arribat a tocar amb la punta dels dits la clau mestra de la vida.

Ja fa unes quantes dècades que els científics i els divulgadors parlem amb gran entusiasme de tots aquests somnis i metes. I si bé encara no ha arribat el dia que les farmàcies siguin expenedores de medicaments netament genètics, i no de productes químics sintètics com són ara, cada dia estem més a prop d'aquesta realitat. Així, al llarg de l'última dècada la investigació genètica ha fet importants passos endavant, i algun enrere. És inevitable avançar en el vast terreny de la genètica com si ens moguéssim a les palpentes, atès com és d'insospitat el terreny que trepitgem quan ens endinsem en la intimitat de les molècules. El 2001 es va comprovar que treballar amb cèl·lules mare embrionàries no és tan fàcil com ens imaginàvem, perquè en no tenir la inhibició per contacte que tenen a l'úter i que n'ordena el creixement, es desregulaven i es desenvolupaven de forma descontrolada, la qual cosa les feia degenerar en tumors. Malgrat tot, la investigació va tardar poc a descobrir que l'objectiu que es perseguia amb les cèl·lules embrionàries es podia aconseguir igualment amb algunes de les cèl·lules mare adultes, com les de la medul·la, que no presentaven el risc de tornar-se boges com passava amb les altres. I a partir del 2002 es va començar a treballar amb aquest tipus de material per tractar determinades malalties, un camp en què a Espanya s'han dut a terme importants avenços, com els aconseguits pel grup de teràpia cel·lular TerCel, en què més de cent seixanta investigadors de tot Espanya, distribuïts en vint-i-set grups d'investigació i sis grups clínics associats, desenvolupen la seva activitat, al costat de col·laboradors internacionals, amb l'objectiu de traslladar al Sistema Nacional de Salut els avenços i descobriments obtinguts en aquesta nova tècnica terapèutica.

El 2006, la comunitat científica tornava a agitar-se davant del descobriment del japonès Shinya Yamanaka, que va demostrar que alterant una sèrie de gens es podia fer retrocedir qualsevol cèl·lula diferenciada d'un individu adult fins a l'estat que tenia en la fase embrionària. És a dir: reprogramar-la. Les cèl·lules pluripotents induïdes (anomenades també IPS, segons les sigles en anglès), capaces de diferenciar-se en cèl·lules específiques de qualsevol teixit, obrien d'aquesta manera una nova frontera en la investigació genètica, perquè permeten tenir esperances de fer realitat aquest somni: «A partir d'una d'aquestes cèl·lules es podria fabricar prou teixit per construir un òrgan», aventura Damián García Olmo, cirurgià i director de la Unitat de Teràpia Cel·lular de l'Hospital Universitari La Paz de Madrid, que sosté que el futur de la investigació passa per «dialogar amb les cèl·lules» perquè acabin fent el que volem: que guareixin altres cèl·lules malaltes. Queda per veure, tanmateix, si aquestes cèl·lules pluripotents induïdes són veritablement equivalents a les cèl·lules mare embrionàries i si les diferències que s'han trobat entre les unes i les altres, com ara certes diferències epigenètiques i una menor capacitat de diferenciació per part de les induïdes, poden afectar les seves aplicacions en la investigació i el seu potencial terapèutic.

Tenim molt a prop la possibilitat de veure acomplerta la promesa que un dia em va fer Fàtima Bosch, directora del Centre de Biotecnologia Animal i Teràpia Gènica de la Universitat Autònoma de Barcelona: «Quan la teràpia gènica assoleixi tot el seu potencial, algunes malalties que avui són molt greus només seran un refredat». Més encara: algunes d'aquestes malalties no arribaran a desenvolupar-se, perquè la possibilitat de tenir-les s'haurà detectat en l'anàlisi que es faci del genoma de cada individu en néixer, cosa que permetrà que es tractin anticipadament. A començaments del 2012 al Regne Unit es va aprovar la utilització de teràpies gèniques juntament amb tècniques de reproducció *in vitro* que combinen els gens dels pares amb l'ADN d'un tercer donant. Aquest plantejament, tot i que controvertit per a alguns per raons ètiques, permet evitar que els nens heretin algunes malalties rares, com la distròfia muscular i alguns trastorns neurodegeneratius.

Atenció: en moltes d'aquestes fronteres parlem de possibilitat, no de certesa, perquè una de les conclusions més reveladores a què han arribat els científics els últims anys té a veure amb la profunda influència que els hàbits de vida exerceixen en la predisposició genètica que una malaltia acabi manifestant-se. Van ser molts els investigadors que, en un primer moment, es van pensar que tot radicava en l'ADN, com si fos un llibre que conté escrit el destí dels éssers. Després es va poder comprovar que no era així, i que persones amb un disseny genètic semblant manifestaven un patró de malaltia diferent. L'epigenètica ha aconseguit col·locar la peça que faltava en el puzle, en posar en relleu fins a quin punt l'estil de vida que s'adopta pot fer que una patologia es desencadeni, o no. Avui ja sabem amb absoluta seguretat que dues dones amb la mateixa mutació genètica del càncer de mama poden acabar patint-ne en diferents èpoques de la seva vida, o fins i tot no arribar a veure-se'n afectades, en funció dels hàbits, la dieta alimentària i l'ecosistema en què cadascuna creixi i es desenvolupi.

Manel Esteller, director del Programa d'Epigenètica i Biologia del Càncer de l'Institut de Recerca Biomèdica de l'Hospital de Bellvitge (Barcelona), concedeix al factor epigenètic una importància similar a la predisposició heretada. És a dir: del 50%. Això obre unes possibilitats insospitades per lluitar contra malalties que tenen l'arrel en els gens, però que podrien tractar-se de manera molt eficaç si s'aconseguís que les mutacions no es manifestessin, o bé a través de medicaments epigenètics, com els que ja s'empren actualment per a afeccions com ara alguns tipus de leucèmia i limfomes. És així, personalitzada i dirigida a les causes genètiques de les malalties, com és la medicina que ens espera. Ens hi va la vida, a posar totes les energies, els diners i els esforços per avançar cap a aquest horitzó.

Diferències entre cèl·lules mare embrionàries i adultes

Estic embarassada i tinc dubtes sobre si he de conservar el cordó umbilical del meu bebè després del part. Les cèl·lules que conté, quina utilitat real tenen en el tractament de possibles malalties del meu fill? Val la pena la despesa econòmica de conservar-lo o el futur són les cèl·lules mare adultes? Les cèl·lules embrionàries s'han deixat de banda per centrar les investigacions en les altres?

(abril del 2011)

Respon: Sandra Borro

Les cèl·lules mare específiques d'òrgan són capaces d'originar les cèl·lules d'un òrgan concret en l'embrió, i també en l'adult. I, segons els recents descobriments de Yamanaka, poden convertir-se en cèl·lules pluripotents induïdes.

Aquest tipus de cèl·lules mare es poden obtenir de la medul·la òssia, la pell, el greix subcutani i la sang del cordó umbilical. Les investigacions assenyalen que amb aquestes cèl·lules es podrà tractar el càncer, la diabetis, ferides a l'espina dorsal i danys als músculs, i encara altres malalties. Les cèl·lules mare del cordó umbilical no susciten conflictes ètics i són molt fàcils d'obtenir. Altres usos potencials del cordó són la teràpia gènica en immunodeficiències primàries i malalties metabòliques, o com a tractament regeneratiu en teixits no hematopoètics (miocardi, sistema nerviós...) danyats. Els estudis preliminars en animals amb cèl·lules del cordó umbilical han obert un camp d'investigació fantàstic, i també la possibilitat d'usar-les en el tractament de les malalties neurodegeneratives. Però, dit això, la decisió de conservar-les o no és enterament teva.

Dubtes sobre la maternitat i l'herència genètica

Tinc trenta-set anys i dubto si ser mare. Em preocupa el cabal genètic que pugui transmetre al meu futur bebè. El meu pare és exalcohòlic i tinc una germana diagnosticada amb trastorn límit de la personalitat amb conductes addictives. El meu marit, que està divorciat i és pare de tres nens preciosos, va passar per una etapa de trastorn de l'estat d'ànim amb símptomes bipolars arran de la separació del seu matrimoni anterior. Com poden influir aquests aspectes en un futur fill?

(juliol del 2010)

Respon: Sandra Borro

Si estàs preocupada per la possibilitat que el teu fill pugui tenir alguna malaltia hereditària, pots consultar un assessor genètic, un servei que ja ofereixen algunes clíniques privades. Aquests experts poden fer-vos proves, tant a tu com a la teva parella, per comprovar si hi ha algun problema genètic específic.

De moment, no es pot afirmar que l'alcoholisme, el trastorn límit de la personalitat o els de l'estat d'ànim siguin hereditaris. Si bé algunes malalties mentals presenten components biològics, actualment no és possible detectar-los mitjançant les proves genètiques que es fan durant l'embaràs. Segons les últimes investigacions científiques, per convertir un bebè en un adult sa és fonamental la relació entre pares i fills els primers set anys de vida del nen.

Influeixen més els gens o l'entorn?

Tinc dinou anys, i ara mateix estic en el moment crític de decidir quins estudis faré i, per tant, el meu futur. Vaig decidir estudiar biotecnologia perquè em vaig enamorar d'aquesta matèria. Sóc conscient que el món canviarà, i que ho farà exponencialment. Quan penso com serà la vida en el futur, no concebo altra realitat que la que els avenços cientificotecnològics determinen. Malgrat la meva confiança en la ciència, crec que aquesta no és la solució per a tants problemes com hi ha pendents.

Eradicar la fam, les injustícies, la guerra o la violència no es pot fer eliminant els gens adequats, sinó eliminant una cosa més important i global: la ignorància.

Després de molt rumiar-hi, no crec que sigui la genètica el camp d'actuació més adequat, sinó l'educació. Ara dubto: magisteri o periodisme? No pretenc que ningú assenyali amb el dit quin ha de ser el meu camí, però sí que voldria saber si els meus plantejaments són correctes. Tenen més pes en l'individu l'educació i l'ambient o la genètica? Una decisió com la meva, l'hauria de prendre després d'una reflexió profunda o de manera intuïtiva, irracional i emocional?

(juliol del 2010)

Respon: Pablo Herreros

No és gens clar què té més influència en les conductes que mostrem. Sabem que certs trets físics són determinats per gens dominants. Però el comportament és un fenomen més complex.

A la primera meitat del segle xx es va posar l'èmfasi en el determinisme de l'ambient; ara recau principalment en els gens. Tot i això, el debat sobre què exerceix més influència seguirà obert durant molt de temps. La meva impressió és que, pel que fa a la conducta, se sobrevalora la importància de la genètica. L'ADN marca els límits i les possibilitats, però és l'entorn el que els activa o desactiva. Per exemple, els nostres gens determinen que no puguem córrer cent metres en menys de vuit segons, però l'entorn permet desenvolupar la capacitat de fer-ho en nou, com ho prova Usain Bolt, o en tres vegades més, com faríem qualsevol de nosaltres.

Existeix el gen de la felicitat?

És possible que existeixi un gen de la felicitat o, almenys, una inclinació genètica a la felicitat? Estic prenent antidepressius, vaig a teràpia, llegeixo llibres sobre l'autorealització i sobre com assolir la felicitat, però, malgrat aquest esforç, segueixo trista i per això em sento frustrada. Hauria de donar-me per vençuda i acceptar que la meva genètica m'impedirà ser feliç? En resum, el meu destí depèn dels meus gens?

(juliol del 2012)

Respon: Cecilia Salamanca

Hi ha estudis recents que demostren que són uns quants els gens implicats en la felicitat que sentim, però la veritat és que no sabem el tant per cent gènic que està relacionat amb l'estat d'ànim. El que és evident és que no estem del tot predeterminats genèticament pel que fa a les emocions. No som robots programats, també ens influeixen l'entorn, les experiències, la intel·ligència emocional que tenim o la qualitat de les nostres relacions socials. Per això, podem entrenar-nos per tenir una actitud més positiva i gaudir millor de molts moments.

El psiquiatre Richard Davidson va observar que les persones que experimenten felicitat i actituds positives utilitzen més la part esquerra de l'escorça prefrontal; en canvi, els pensaments negatius s'associen a la part dreta de l'escorça El *mindfulness* és una tècnica de relaxació i atenció plena la pràctica de la qual afavoreix que s'activi la part esquerra del cervell. Et convidem a provar-la. Recorda que no hi ha cap condicionant genètic que t'impedeixi trobar la felicitat.

2. Últimes notícies del cervell

Als laboratoris de neurologia més avançats del món té lloc ara mateix l'aventura més apassionant que es pugui plantejar l'ésser humà. Estem aprofundint a passos de gegant en el coneixement del cervell i en la comprensió del seu funcionament. Es tracta d'un viatge del qual tot just acabem de començar a recórrer les primeres etapes, però que ja ens ha proporcionat descobriments que permeten aspirar a objectius transcendentals. La meta d'aquest camí és, ni més ni menys, trobar la definició més íntima i definitiva que puguem concebre sobre el que som per dins.

El secret de la condició humana ens espera tancat en aquest òrgan grisós i tou que portem dins el crani. Arribar-hi ens permetrà —ja ens ho permet— fer indagacions que responen a preguntes tan decisives com on habita l'ànima, per a què serveix la consciència, com funciona la memòria, quin rastre neuronal deixen els pensaments o si serem capaços de llegir la ment. Pel camí, la investigació neurològica resoldrà el trencaclosques d'algunes de les malalties mentals més complexes i invalidants, com les relacionades amb la pèrdua de memòria, el deteriorament neuronal o els desequilibris emocionals, i s'enfrontarà amb l'inquietant repte de posar el cervell a interactuar directament amb màquines.

És rara la setmana que les publicacions especialitzades no donen a conèixer alguna nova troballa sobre els mecanismes de la ment, tot i que a aquestes altures del viatge la notícia més rellevant que hem conegut no té a veure amb sofisticades tècniques de neurocirurgia ni amb el descobriment de l'activitat de cap àrea específica del cervell, sinó amb la constatació d'una condició natural i intrínseca d'aquest òrgan: fins fa poc ens pensàvem que la forma com s'estructura el cervell era inalterable i quedava fixada de manera definitiva en arribar a l'edat adulta, però avui ja sabem que aquest òrgan no para de canviar al llarg de la vida. La generació de neurones noves, així com d'interconnexions entre elles, no s'atura quan se supera la joventut. I el que és més sorprenent: hem confirmat que l'experiència és el principal factor que condiciona aquests canvis. Sospitàvem que la nostra vida estava marcada pel cervell amb què naixíem, però ara hem comprovat que també podem modelar el cervell a través de les pròpies circumstàncies vitals.

Saber que l'experiència influeix en l'articulació del cervell permet albirar un horitzó nou i prometedor en les teràpies psiquiàtriques. Avui tenim la seguretat que no cal recórrer a la cirurgia ni als tractaments invasius per modificar les sinapsis que les neurones fan entre si, sinó que n'hi ha prou amb l'exercici mental per aconseguir-ho. Això inaugura una manera desconeguda de relacionar-nos amb aquest òrgan valuós, que en el futur serà, sens dubte, més dinàmica i flexible. Com recorda el neuropsicòleg Richard Davidson: «El cervell sempre està canviant, tant si ens agrada com si no. Del que es tracta és de desenvolupar condicions més positives perquè els canvis resultin més beneficiosos».

Els descobriments de la neuropsiquiatria tenen conseqüències crucials a l'hora de definir com ens veiem nosaltres mateixos. Som éssers conscients que ens posem davant del mirall a fer-nos preguntes, però ara hem comprovat fins a quin punt gran part de la màquina que controla aquest procés funciona de manera imperceptible, sense que ens n'adonem. Considerat fins fa poc l'«energia fosca» de l'activitat mental, una mena d'indesxifrable caixa negra del cervell, l'inconscient ens està revelant cada cop més i millor el seu potencial, així com la influència que té en el nostre comportament habitual, que és més gran del que sospitàvem.

Després de constatar fins a quin punt cada acció que executem conscientment és precedida en el temps per una important activitat neurològica que té lloc sense que ens hi fixem, però que condiciona l'acció conscient, John Dylan Haynes, un neurocientífic del Bernstein Center for Computational Neuroscience de Berlín, a Alemanya, va concloure que al cervell passen moltes més coses de les que som conscients. En un experiment en el qual un grup de voluntaris havia d'escollir entre diverses opcions en un menú de preguntes, l'equip de Haynes va poder enregistrar l'activitat inconscient del seu cervell en els instants previs a cada decisió, i va arribar a predir quina seria la decisió a partir dels patrons d'intensitat neuronal que presentaven.

Parlem de mil·lèsimes de segon, però és aquest l'àmbit en què actua l'inconscient. Ens endinsem en una jungla on encara tenim més dubtes que seguretats, tot i que aquesta troballa permet qüestionar aspectes de la nostra naturalesa més íntima i natural, com el lliure albir. ¿Som nosaltres els que prenem les decisions o és el cervell el que tria, condicionat pel processament d'informació que fa l'inconscient sense que ens n'adonem?

Haynes prefereix no donar una resposta concloent a aquesta pregunta, ni tampoc a una altra que es deriva dels mètodes que es fan servir per monitoritzar l'activitat cerebral. Les actuals tècniques de neuroimatge permeten identificar els diferents patrons neuronals que s'associen a cada funció i tasca de la ment. Es pot afirmar que cada pensament deixa en l'encefalograma una traça diferent, la qual cosa vol dir que, potser, algun dia podrem llegir la ment aprenent a desxifrar aquest patró. Aquest investigador reconeix que es tracta d'un horitzó real, encara que per arribar-hi caldrà utilitzar tècniques de càlcul matemàtic molt sofisticades. Res que els avenços científics no puguin aconseguir d'aquí a uns anys.

Precisament la consciència és un dels àmbits que més curiositat desperta en les investigacions del cervell. Hi ha moltes expectatives posades en la localització de l'àrea, o les àrees, on resideix l'ànima. Els últims descobriments duts a terme en aquest terreny descarten aquesta possibilitat. El secret del cervell, segons m'explicava Joaquim Fuster, professor de Psiquiatria de la Universitat de Califòrnia, no es troba en les neurones, sinó en la relació que mantenen entre elles, de manera que cap record, percepció o pensament resideixen en cap cèl·lula en particular, sinó en el mòdul de connexions que s'estableix entre elles. «La consciència es troba en la xarxa, no es pot reduir a cap de les parts», destaca Fuster, que em posava un exemple molt gràfic perquè entengués com funciona el cervell: aspirar a llegir el pensament mirant l'activitat de cada neurona en particular, independentment de la resta, és com voler entendre el significat d'un text analitzant la composició química de la tinta. La clau està en la relació de les neurones, no en les neurones individuals.

La visió clàssica sobre els circuits nerviosos suggeria que les fibres no segueixen cap ordre en el seu recorregut, que formen cabdells de fibres entrellaçades. Recentment, dos grups d'investigació dels Estats Units han desenvolupat un nou escàner d'imatge de ressonància magnètica de difusió que permet visualitzar la distribució de les fibres en totes les zones del teixit cerebral. Doncs bé, aquest aparell ha mostrat que les fibres presenten una estructura de xarxa, simple i organitzada, que s'assembla més a una ciutat ben planificada, o a un tauler d'escacs, que a un cabdell enredat.

La connectòmica és una nova disciplina de la neurociència que busca la comprensió estructural i funcional del cervell a partir de l'estudi de les rutes que segueixen les connexions nervioses. Alguns científics, com Sebastian Seung, un jove professor de neurociència computacional del prestigiós MIT, defensen que la consciència, la personalitat o el caràcter d'una persona estan més condicionats per les connexions neuronals que pels gens. A diferència del genoma, el connectoma no és rígid, sinó que canvia i evoluciona dia a dia per adaptar-nos a l'entorn, i de passada configurar la nostra identitat. El govern dels Estats Units està finançant actualment el Projecte Connectoma Humà, que vol definir el mapa de les connexions que hi ha sota la funció cerebral. Entre altres objectius, aquest projecte vol desenvolupar la tecnologia necessària per visualitzar el flux d'activitat cerebral amb la màxima resolució possible, de manera que es pugui diferenciar un circuit sa d'un altre d'anormal i així tractar desordres neurològics i psiquiàtrics amb més eficàcia.

Junt amb la de la seva fantàstica plasticitat, potser l'altra gran troballa que s'ha fet els últims anys en l'àmbit de la neurologia ha estat la constatació que el cervell no està programat per conèixer la veritat, sinó només per garantir-nos la supervivència. Més encara: cap neurona no té ni la més remota idea de qui som, ni li interessa gens ni mica la nostra felicitat. I tenim la possibilitat de demostrar-ho.

L'estreta relació entre el cervell i la conducta

A un familiar meu han hagut d'extirpar-li cent cinquanta grams de l'hemisferi dret del cervell i la seva vida quotidiana n'ha resultat afectada. Té molt deteriorades les capacitats per analitzar, mesurar les conseqüències de les seves decisions i recordar. Els canvis de caràcter que experimenta comencen a perjudicar seriosament l'entorn familiar. En algun dels molts llibres d'Eduard Punset he llegit que hi ha teràpies i tècniques que, basades en la plasticitat cerebral, podrien pal·liar aquestes mancances. On podria dirigir-me per obtenir més informació?

(maig del 2012)

Respon: Noelia Sancho

Quan es parla de neurociència, sol explicar-se'n l'origen a partir del cas de Phineas Gage. El 1848, una barra li va travessar el crani obliquament, de cap a cap, la qual cosa li va provocar canvis en la manera de ser, el caràcter i la personalitat. Quan parles de plasticitat cerebral et refereixes a la capacitat que té el cervell de canviar les seves funcions, o fins i tot de recuperar les que ha perdut en un accident. L'hemisferi dret treballa en combinació amb altres àrees, i una lesió aquí pot influir en l'atenció, la memòria, el sentit de l'orientació, la resolució de problemes, el raonament i la comunicació social.

En el cas de la persona que comentes, els passos que s'han de seguir són informar l'equip neurològic que el tracta i posar-se en contacte amb professionals de la neuropsicologia. Segurament, amb la combinació de tots dos equips podreu trobar la manera que torni a aprendre algunes de les habilitats que s'han deteriorat i que els familiars entenguin millor el problema amb què s'enfronten.

FINS A QUIN PUNT EL CERVELL ÉS PLÀSTIC?

Crec en la plasticitat cerebral, i la practico fins al límit, però no acabo d'aconseguir els resultats desitjats. Tinc trenta-dos anys i estic molt orgullosa del meu creixement personal. Tot i això, pateixo d'un nerviosisme latent, no atribuïble a cap malaltia, que se'm dispara quan parlo en públic o em sento escoltada. També em costa molt mantenir la ment a ratlla. Probablement, l'origen de tot això es troba en la meva infància, perquè vaig tenir un pare que no m'escoltava i una mare molt ocupada per a la qual jo era massa complicada de gestionar. He practicat risoteràpia, ioga, reiki i meditació, i totes aquestes tècniques em funcionen meravellosament bé, però el meu nerviosisme no ha desaparegut. Em pregunto què més puc fer per modelar i canviar aquesta condició del meu cervell. Quines tècniques puc provar? Quines rutines o comportaments he de canviar per aconseguir més bons resultats?

(octubre del 2011)

Respon: Pablo Herreros

Hi ha diversos mecanismes mitjançant els quals pot donar-se la plasticitat neuronal, i la generació d'àxons és el més comú. L'àxon és la part fibrosa de les cèl·lules nervioses, i és l'encarregat de conduir els impulsos a través del cos. Als àxons els solen créixer noves terminacions, que permeten connectar la neurona amb altres cèl·lules nervioses. Aquest mecanisme serveix tant per crear noves connexions com per reparar les existents. A més dels factors genètics, l'entorn en què una persona viu i les accions en què pren part al llarg de la vida constitueixen els factors fonamentals de la plasticitat cerebral.

Pel que fa a quins exercicis poden afavorir-la, depèn de quina àrea cerebral volem desenvolupar. En tot cas, no hem de pensar en el cervell com en un agent extern que funciona de manera independent. Les connexions, les anem generant a través de pensaments, idees i maneres de processar la informació o afrontar una situació concreta. Per això és tan important la manera com ens tractem a nosaltres mateixos i com definim el que passa al nostre voltant.

Podem pensar dues coses alhora?

Des de sempre m'ha apassionat tot el que té a veure amb el cervell i el seu potencial intel·lectual i creatiu. Tinc molta curiositat pels descobriments que està fent la neurologia sobre el funcionament d'aquest òrgan, especialment amb relació als pensaments i l'activitat cerebral que posa en marxa l'experiència conscient. Tinc un dubte que m'inquieta especialment: podem tenir dos pensaments al mateix temps, just en el mateix instant?

(juny del 2011)

Respon: Nika Vázquez

Tot i que els neurocientífics han descobert que els hemisferis del cervell, el dret i l'esquerre, funcionen com dos cervells independents a l'hora de processar el que veiem en el món que ens envolta, no hi ha estudis que demostrin que puguem tenir dos pensaments simultanis.

Una de les explicacions és la linealitat del temps pel que fa a l'acció. Si bé podem tenir moltes idees al cap i saltar de l'una a l'altra, fins i tot enllaçant-les, no podem pensar en més d'una alhora, o almenys no podem ser-ne conscients. Això no vol dir que davant d'un mateix esdeveniment puguem tenir pensaments ambigus i contraposats. Depenent de la interpretació que fem de la situació, pensarem i sentirem d'una manera o d'una altra. La plasticitat neuronal ens permet canviar d'opinió tantes vegades com creguem necessari, en funció de les nostres necessitats i interpretacions.

Com es pot ajudar un accidentat cerebrovascular

La meva consulta té a veure amb els accidents cerebrovasculars. El meu pare, de vuitanta-sis anys, estudiant d'alemany, catedràtic de Psicologia, catedràtic de Filosofia i animal curiós, ha tingut un vessament cerebral hemorràgic basal a l'hemisferi esquerre amb la consegüent pèrdua de fluïdesa verbal, afàsia, hemiplegia, etc. M'agradaria saber més sobre aquesta malaltia, perquè ell s'adona perfectament del que li passa i pateix, tot i que en silenci. Com el podria ajudar?

(desembre del 2010)

Respon: Nika Vázquez

Segons l'OMS, un accident cerebrovascular (ACV) és una afectació del funcionament cerebral que dura més de dues hores, i que de vegades produeix la mort. Els factors que poden causar l'aparició d'un ACV són la hipertensió arterial, la diabetis, l'obesitat, les discràsies sanguínies, el tabaquisme i la insuficiència coronària. Així mateix, el temperament iracund, l'edat avançada i els hàbits de conducta poc saludables poden provocar aquesta malaltia.

La complicació psiquiàtrica més freqüent en els casos d'ACV són els quadres depressius, que se solen donar en el 50% dels pacients durant el període agut postictus i en un 30% en els períodes de recuperació, quan el pacient ja ha sortit de l'hospital i segueix tractament ambulatori. El paper dels familiars i la gent més pròxima és bàsic després de l'ACV. Encara que sigui difícil estar al costat del pacient i molts cops la comunicació sigui complicada, la incomunicació li és molt perjudicial. La falsa creença que el simple acompanyament als pacients no serveix de res pot allunyar-nos d'ells just quan més necessiten la nostra presència i afecte.

3. La malaltia mental ens espera

Segons l'Organització Mundial de la Salut, el 2020 la depressió serà la segona causa de discapacitat en tot el planeta, només per darrere de les malalties cardiovasculars. Aquell any, cada vint segons hi haurà una mort per suïcidi al món, una xifra que superarà fins i tot les víctimes de la carretera, i un gran percentatge d'aquestes defuncions estarà directament relacionat amb quadres depressius. Sense anar tan lluny en el temps, s'estima que avui dia a Espanya pateix de depressió o ansietat entre el dotze i el quinze per cent de la població. Afegim a aquesta llista que al nostre país hi ha ara mateix uns vuitcents mil malalts d'Alzheimer, cadascun dels quals està a càrrec de dues persones com a mínim, per la qual cosa aquesta malaltia complica la vida a no menys de dos milions i mig de ciutadans.

Aquestes dades són només alguns dels molts indicadors que podríem enumerar per calibrar fins a quin punt les malalties mentals estan presents en la nostra vida i condicionaran l'existència de l'ésser humà en les pròximes dècades. Subtilment, com una fina pluja, sense que ens n'hàgim adonat, els dolors de l'ànima s'han anat esmunyint al cor de les preocupacions de la gent. I sembla que va a més. Mai no s'havien consumit tants ansiolítics com ara, ni els centres de salut mental havien estat tan sol·licitats com en l'actualitat.

La major longevitat que tenim avui, sumada a les àrdues exigències que comporta la vida urbana contemporània, ha disparat les possibilitats de patir a conseqüència de disfuncions del cervell. Desgraciadament, són bons temps per als professionals que es dediquin a feines relacionades amb la depressió, l'ansietat, la neurosi, l'esquizofrènia, el trastorn bipolar o la demència senil.

En aquesta colla de malalties s'amaguen causes biogenètiques i altres d'adquirides al llarg de la vida. D'aquestes últimes n'hem parlat en capítols anteriors, on hem posat de manifest fins a quin punt és urgent que les institucions sanitàries i educatives deixin de mirar cap a una altra banda i adoptin una actitud preventiva sobre els problemes de l'esperit. Hem de tenir present que la majoria d'aquestes malalties tenen l'origen en la infància i en els dèficits en educació emocional i social que han sofert i continuen sofrint les successives generacions de menors. Bona part d'aquest malestar es podria haver evitat amb poc esforç i diners: només s'havia de vetllar pels ecosistemes en què creixen els nens.

Però també voldria donar un cop d'ull a la finestra que la ciència té oberta a les motivacions físiques que també estan implicades en els trastorns mentals, i de les quals es deriven vies de curació esperançadores. El cervell és l'òrgan més complex que portem a dins. No és possible tractar-lo com faríem amb un pulmó o l'intestí, en què podem intervenir directament sobre el focus del dolor, perquè no hi ha una zona cerebral dedicada exclusivament a allotjar la neurosi o l'ansietat, sinó que totes les parts del cervell estan molt més interrelacionades. No obstant això, sí que hem pogut avançar en el descobriment dels elements bioquímics que hi ha implicats en els desajustos mentals. En troballes com els baixos nivells de serotonina que solen acompanyar els quadres depressius es basa la farmacopea de què disposem per als tractaments psiquiàtrics.

Avui dia la ciència es disposa a fer un pas més per endinsar-se en les causes genètiques i moleculars de les afeccions mentals. És cap a aquest horitzó que avancen les investigacions que giren al voltant de la dimensió electromagnètica de l'activitat neuronal. Les cèl·lules cerebrals es comuniquen entre si a través de les sinapsis mitjançant neurotransmissors, la circulació dels quals produeix un potencial elèctric que es transmet de neurona a neurona. L'objectiu de certes tècniques, com l'estimulació cerebral profunda, és actuar sobre aquest llenguatge bioelèctric, modulant el senyal que viatja per les connexions. La possibilitat d'incidir amb elèctrodes en circuits neuronals concrets, i fins i tot sobre cèl·lules determinades, obre un insospitat camp d'investigació en la neurologia. A més, aquest tipus de teràpia, fonamentada en les actuals tècniques de neurocirurgia, permet intervenir en les regions més profundes del cervell. «No hi ha cap neurona que es pugui escapar de les mans d'un neurocirurgià», adverteix Andrés Lozano, neuròleg del Neuroscience Western Research Institute de Toronto, al Canadà, i un dels principals experts mundials en aquesta mena de tractaments.

Igual que quan l'ésser humà es va llançar a descobrir inhòspits mars i territoris llunyans, així s'ha endinsat la neurologia a cartografiar el cervell humà i localitzar les àrees i els circuits implicats en les diferents tasques. D'aquesta manera s'ha esbossat la possibilitat d'actuar en zones concretes mitjançant l'excitació elèctrica exercida per neuroestimuladors. I, a més, sense que el pacient ho percebi, ja que el cervell, que tot ho veu i tot ho enregistra, no sent.

La doctora Helen Mayberg, de l'Emory University, als Estats Units, pionera en l'aplicació de tècniques de neuroimatge en l'estudi de l'activitat cerebral en pacients prostrats per greus estats de depressió, va descobrir que aquestes persones mostren patrons anormals d'hiperactivitat en una petita regió situada en un racó molt profund del cervell, anomenat àrea 25 de Brodmann, o àrea subgenual. Mayberg i els seus col·laboradors van comprovar que la sobreexcitació minvava quan s'administraven antidepressius als malalts, la qual cosa els va fer pensar que la depressió crònica es podria tractar fent disminuir l'activitat d'aquesta zona. Per confirmar la seva hipòtesi, Mayberg i el doctor Lozano van dur a terme un tractament experimental en pacients que tenien trastorns depressius amb un llarg historial de fracàs farmacològic, als quals van intentar «apagar» l'àrea 25 mitjançant l'estimulació cerebral profunda. La teràpia va ser un èxit, ja que es va aconseguir una notable millora en la majoria dels casos, i de vegades fins i tot la remissió de la malaltia.

Malgrat que es considera l'última opció per a aquells pacients que no han respost a altres tractaments menys invasius, gairebé cent mil persones ja s'han sotmès a teràpies d'estimulació cerebral profunda. La majoria són malalts de Parkinson, en els quals s'obtenen resultats molt positius pel que fa a la reducció dels símptomes i la millora en la qualitat de vida. En el futur, a mesura que es vagin acumulant els descobriments en neurologia, viure amb microxips i elèctrodes instal·lats al cervell deixarà de ser una raresa i es convertirà en un fet habitual.

Aquests descobriments no s'aturen en els límits de l'estimulació elèctrica, sinó que ara s'obren també a altres tractaments, com els que se serveixen de la llum per actuar sobre la ment. L'optogenètica, que investiguen equips científics com el que dirigeix Gero Miesenböck, neurofisiòleg de la Universitat d'Oxford, al Regne Unit, aspira a trasplantar proteïnes fotosensibles al cervell que, en ser excitades externament mitjançant la llum, generen reaccions en les neurones, la qual cosa permet intervenir en aquest òrgan d'una manera molt menys invasiva que amb l'electroestimulació. Mitjançant el control òptic remot, ja s'ha aconseguit generar en mosques sensacions de recompensa o necessitat que els acaben alterant el comportament.

Fins i tot en un terreny tan delicat i difícil d'abordar com el de les malalties mentals, i malgrat els negres presagis que apuntàvem anteriorment, permeteu-me que em mantingui optimista de cara al futur, gràcies als múltiples fronts que la ciència té oberts per lluitar contra les debilitats d'aquest òrgan fràgil però meravellós. Les malalties mentals no són com la verola. No és realista creure que arribarà una data en què aquests trastorns hauran quedat eradicats, però sí que podem tenir esperances que anirem guanyant moltes batalles. La diferent manera com la ciència s'enfronta amb aquests problemes actualment dóna prova d'aquests avenços. Una petita mostra: fins avui, l'esquizofrènia era considerada una malaltia. Avui els especialistes prefereixen parlar-ne com d'una síndrome. «Això vol dir que parlem d'un conjunt de símptomes que apareixen en un grup de persones. I a presentar aquest conjunt de símptomes s'hi pot arribar de diferents maneres», recorda María Ron, neurocientífica de la Universitat de Londres. La guerra contra les malalties del cervell serà llarga, però l'estratègia és clara i perfectament plantejada. Ens espera un futur ple de dificultats, però també de guaricions satisfactòries.

COM PUC AJUDAR LA MEVA GERMANA, QUE TÉ UN TRASTORN DELIRANT?

Després d'una llarga peregrinació per psicòlegs i psiquiatres, a la meva germana li van diagnosticar un trastorn d'idees delirants. El problema més recent relacionat amb això és que acusa d'abusos el meu pare. Ella viu sola amb ell des de la mort de la meva mare. Ara no sabem què fer perquè tots dos estiguin millor, ni com respondre davant d'ella i les seves acusacions, perquè no vol dormir a casa i econòmicament no és independent, ni crec que ho arribi a ser mai. Com podem actuar davant d'aquesta nova situació?

(maig del 2012)

Respon: Sandra Borro

El trastorn delirant sol presentar idees sobre situacions que poden ocórrer en la vida real i que generalment són monotemàtiques i estan molt ben sistematitzades. Per definició, els deliris són irrefutables i resistents a l'argumentació lògica. Si no, serien sospites, dubtes raonables o idees sobrevalorades. Això significa que, per molt que ho intentis, fins que la medicació i la teràpia no facin efecte, la teva germana continuarà creient que el teu pare ha abusat d'ella.

Es recomana no parlar sobre el tema del deliri, no discutir amb qui en té ni posar en dubte les seves paraules. La teva germana necessita sentir que algú l'escolta i la comprèn sense jutjar-la ni titllar-la de malalta mental. Sense negar el que per a ella és una convicció, pots intentar convèncer-la que el teu pare ha canviat i ja no tornarà a fer-li mal. Per un instant, posa't al seu lloc: no ets conscient que delires i ningú de la teva família et creu, i et diuen que estàs boja. Fes-li sentir que entens el seu dolor i la seva desesperació i dóna-li suport perquè se sotmeti a les teràpies que li hagi proposat el seu psiquiatre a fi d'alleujar-li el patiment.

Problemes psicològics derivats del Parkinson

Tinc seixanta-tres anys i des dels trenta tinc la malaltia de Parkinson. Se'm va desencadenar després del tercer part. Tinc tres filles i dos néts. Fa gairebé vint anys em vaig divorciar del meu marit. Va ser dur, però vaig aconseguir tirar endavant. Ara estic plena de pors, sobretot davant la incapacitat i la solitud, i no puc posar en pràctica les habilitats apreses. M'agrada la vida i vull tirar endavant novament. Què puc fer?

(març del 2012)

Respon: Nika Vázquez

La malaltia de Parkinson és un trastorn que afecta les cèl·lules nervioses en una part del cervell que controla els moviments musculars. En concret, les neurones que produeixen una substància química anomenada dopamina es moren o no funcionen adequadament. Els símptomes solen incloure tremolor a les mans, els braços, les cames, la mandíbula i la cara; rigidesa als braços, les cames i el tronc; lentitud dels moviments, i problemes d'equilibri i coordinació. La medicació pot causar problemes físics i alteracions psicològiques com al·lucinacions, insomni, ansietat o depressió.

Buscar ajuda psicològica és important per adaptar-se d'una manera més saludable al procés que implica aquesta malaltia. És convenient potenciar les estratègies per afrontar la nova etapa i entrenar-s'hi. D'aquesta manera millorarà la teva autoimatge i la teva qualitat de vida.

El trastorn bipolar i el seu tractament

> Tot va començar el 2004 amb el meu primer brot depressiu i psicòtic, que va derivar en un ingrés d'un mes de durada en un centre psiquiàtric. Curiosament, el 2006 vaig abandonar la medicació pel meu compte i vaig aprovar dues oposicions, després de les quals vaig renunciar a la plaça pels evidents símptomes que tornava a manifestar. A l'octubre d'aquell mateix any em vaig posar a les mans d'un prestigiós psiquiatre, que m'ha tornat la vida. Des del març del 2007 estic estable i sense recaigudes, amb feina i una intensa vida social. Vaig deixar els antidepressius fa un any, amb el permís del metge, i aviat reduiré la medicació de la psicosi a la dosi mínima. La meva pregunta és si he de medicar-me tota la vida per prevenir una recaiguda o puc suprimir del tot els psicofàrmacs després d'anys sense símptomes. No vull ser esclava de la medicació, però tampoc tornar a l'infern d'abans.
>
> *(juny del 2010)*

Respon: Sandra Borro

El trastorn afectiu bipolar (TAB) és una de les malalties mentals més comunes, severes i persistents. Antigament coneguda com a psicosi maniacodepressiva, es caracteritza per la presència d'episodis amb nivells anormalment elevats d'energia, alternats amb trastorns de l'estat d'ànim de caire depressiu. En general es deu a un desequilibri electroquímic en els neurotransmissors cerebrals, per la qual cosa és imprescindible la teràpia farmacològica personalitzada.

En el teu cas, fa més de tres anys que segueixes un tractament amb un psiquiatre que ha aconseguit estabilitzar-te l'estat anímic mitjançant la medicació, i és molt raonable que en vulgui estar segur abans de retirar-te l'antipsicòtic. També pots demanar-li que et recomani algun terapeuta de confiança que t'ensenyi tècniques per controlar l'estrès i estratègies bàsiques de solució de problemes. Malgrat que es considera un trastorn crònic, rebre una atenció integral que abordi els aspectes biològics, psicològics i socials de la malaltia pot aconseguir la remissió total de les crisis. És molt important la regularitat d'hàbits, en particular del cicle de son i vigília.

Reforçar la motivació després d'haver tingut brots psicòtics

Vaig tenir un brot psicòtic l'any 2004, i a partir de llavors vaig al psiquiatre i em medico. En aquests anys he tingut noves crisis. No em sento feliç. No tinc feina i el problema de salut em va obligar a deixar la carrera universitària. A més, no m'animo a explicar a la meva metgessa algunes coses personals que m'han passat, i que també m'han afectat molt emocionalment. Què podria fer?

(març del 2012)

Respon: Nika Vázquez

El comportament anòmal, habitual en la psicosi, es pot explicar en gran mesura per les variacions en els nivells de dopamina que es donen al cervell. Hi ha teràpies, com la d'acceptació i compromís (ACT, segons les sigles en anglès), que treballen amb una filosofia profundament normalitzadora i permeten que els símptomes psicòtics siguin vistos com situacions extremes d'algunes experiències comunes a tothom. Per a l'ACT, les diferències entre les idees de la gent corrent i les que presenten els pacients psicòtics són quantitatives més que qualitatives. Sobretot, tenen a veure amb la relació que es manté amb aquestes idees. Un enfocament normalitzador permet rebaixar l'estigma que persegueix aquesta malaltia.

4. Vigila el cos si vols cuidar la ment

La història de la nostra cultura està plena de mites erronis que han resistit en la creença col·lectiva amb el poder de les veritats absolutes, tot i estar basats en principis que contradiuen la naturalesa humana.

Durant segles, i de manera molt especial a l'empara de diversos corrents culturals del nostre passat, manifestar dèficits físics s'ha considerat un símptoma de distinció espiritual. Al contrari, la salut i la frescor suposaven una mostra de vulgaritat. No cal anar gaire lluny per trobar aquesta absurda miopia: els literats del segle XIX van destacar per una particular adoració del malestar físic. No endebades va ser en aquesta època que va viure Stendhal, l'escriptor que va donar nom a una síndrome consistent en el conjunt de trastorns psicosomàtics que tenen certes persones especialment sensibles quan es troben en presència d'obres d'art particularment belles. En resum: la malaltia convertida en senyal de superioritat intel·lectual; el món al revés. Fins i tot en la meva joventut, l'existencialisme i altres moviments literaris de l'època van pretendre convence'ns que ser creatius i autèntics obligava a patir i tenir una percepció negativa de l'experiència vital.

Encara en els nostres dies perdura en molts àmbits de la societat un cert tic mental que identifica el bon estudiant, dotat d'una bona intel·ligència i memòria, amb algú amb una imatge física poc agraciada. I, a l'altre extrem del tòpic de l'estudiós llestíssim i demacrat, es continua identificant un noi fornit i musculós, o una jove bonica i ben formada, amb una persona amb una dotació intel·lectual menor. Avui la ciència ha demostrat fins a quin punt aquests dogmes contradiuen la realitat. La salut del cos no només no està renyida amb el desenvolupament de la ment, sinó que és la millor garantia per tenir un cervell perfectament greixat.

Els habitants del bressol d'Occident donaven per descomptada i consideraven indiscutible la necessitat de tenir cura del cos per tenir cura de la ment. Tot i això, des de les antigues Grècia i Roma fins als nostres dies ens hem confós tant amb certes creences nocives que hem hagut de disposar de sofisticadíssimes màquines d'observació de l'organisme per adonar-nos que sense salut física no hi ha vida, i tampoc pensament. Als de la meva generació ens va tocar fregar-nos els ulls la primera vegada que vam veure persones vestides amb roba d'esport corrent pel parc sense cap altre motiu que la simple pràctica de l'exercici. Fins llavors, i des que vam sortir de les coves, l'ésser humà només havia corregut per fugir d'una amenaça. Ara, per primera vegada, ho feia per escapar-se de l'amenaça que portava al seu interior en forma de sedentarisme, colesterol, atròfia muscular i previsible cardiopatia.

A la generació actual, i a la següent, els tocarà entendre que mentre practiquen els seus esports preferits no només posen fora de perill el cor, els pulmons i el sistema circulatori, sinó que també donen vida al cervell, en forma de més irrigació sanguínia, i que gràcies a això enforteixen les connexions neuronals i generen noves sinapsis. Avui sabem que cada vegada que exercitem els músculs enviem al cervell una mena particular de proteïna, anomenada IGF-1, que al seu torn és responsable de la producció d'una altra substància, la BDNF (de *brain-derived neurotropic factor*), que actua com a neurotransmissor per comunicar les cèl·lules i estimula la formació de noves connexions entre les neurones. Això significa que disposar d'un bon nivell d'aquesta substància garanteix que les neurones es connectin entre si adequadament.

D'aquesta manera, quan es fa exercici s'estimula la producció de les proteïnes que fomenten la plasticitat del cervell, cosa que vol dir que la seva presència està directament implicada en l'aprenentatge i el bon funcionament de la memòria. De fet, s'ha pogut comprovar que l'hipocamp, que és una àrea especialment relacionada amb la gestió dels records i l'adaptabilitat a nous escenaris, augmenta de volum amb l'exercici físic.

D'altra banda, també s'ha demostrat que les substàncies que se segreguen durant la pràctica de l'esport fomenten la generació de noves neurones. No és casual que els atletes tinguin al teixit nerviós una major presència d'astròcits, que són unes cèl·lules en forma d'estrella encarregades del manteniment de les neurones, com tampoc no ho és que després d'una sessió d'exercici ens sentim més relaxats i vegem més clar el que abans ens semblava complicat o fins i tot impossible: en aquesta estona d'esforç físic hem alliberat les proteïnes necessàries perquè el cervell generi més dopamina, serotonina i norepinefrina, substàncies que contribueixen a fer que estiguem més calmats i controlem millor la impulsivitat i l'ansietat.

Els estudis demostren que tres mesos fent trenta minuts d'exercici durant tres dies a la setmana són suficients per elevar de manera significativa en el cervell la presència d'IGF-1 i de BDNF. John J. Ratey, professor de Psiquiatria de la Harvard Medical School, als Estats Units, creu que caminar mitja hora durant quatre o cinc dies a la setmana permet començar a notar millores. Les investigacions recorden que no totes les disciplines esportives tenen el mateix poder tonificant sobre el cervell: són els esports aeròbics, com l'atletisme, la natació o el ciclisme, els que generen més proteïnes saludables, en molta major mesura que l'alçament de pesos o l'entrenament muscular.

M'avanço a la pregunta que molts lectors es deuen estar fent: si aquestes substàncies que es generen quan correm pel parc o nedem a la piscina són tan bones, per què no es fabriquen fàrmacs amb la seva fórmula química i ens els prenem mentre treballem o mirem una pel·lícula al sofà de casa? La resposta ens la dóna Fernando Gómez-Pinilla, neurocientífic del Neurotrophic Research Laboratory de la Universitat de Califòrnia i un dels principals experts mundials en els efectes de l'exercici en el benestar mental, i ho fa explicant fins a quin punt l'activitat física ha estat implicada evolutivament en el disseny de l'ésser humà: «El cervell humà s'ha format a còpia d'exercici, els nostres gens estan ansiosos per fer esport», diu aquest especialista. Un fàrmac no podrà substituir mai l'efecte saludable que té una sessió d'esport.

Pensem per un instant en l'activitat corporal que desenvolupaven quotidianament els nostres avantpassats, des dels que es dedicaven a la caça fins als de la generació immediatament anterior a la nostra, que no disposava dels actuals sistemes de transport locomotor, i mirem a continuació el règim d'esforços físics que en general seguim en les còmodes ciutats d'avui dia. De la comparació se'n deriven conclusions que apunten a l'explicació de moltes de les malalties típicament contemporànies que ara tenim tan sovint. Actualment ja se sap que fent exercici es redueix el risc de patir d'Alzheimer, i d'altres malalties degeneratives i emocionals com la depressió i els trastorns bipolars. N'hi ha per posar-se a córrer ara mateix!

La conveniència de cuidar el cos per salvar la ment té una altra justificació poderosa en la vigilància de la dieta. A mesura que avança la investigació sobre la manera com les cèl·lules sintetitzen els diversos components químics que formen part dels aliments, comencem a entendre per què n'hi ha de més saludables que d'altres. Així, avui s'han comprovat els efectes beneficiosos que tenen per a l'organisme certes substàncies, com els àcids grassos del tipus omega-3, abundants en el peix i molt especialment en el salmó. La raó és el DHA, un component habitual de l'omega-3, que és considerat pels neuròlegs i nutricionistes una mena de maó del cervell, la qual cosa explica que el seu consum es relacioni amb la prevenció d'afeccions com la dislèxia, la demència, la depressió o l'esquizofrènia.

Els resultats d'un estudi dut a terme per investigadors espanyols revelen que els consumidors habituals de menjar ràpid tenen entre un 40 i un 50% més de probabilitats de tenir una depressió. Es creu que pot ser perquè certs nutrients absents en aquesta mena de dietes, com les vitamines del grup B i els àcids grassos omega-3, tenen un efecte preventiu del desenvolupament de patologies depressives. Al contrari, els àcids grassos trans, habituals en l'anomenat «menjar porqueria», fan augmentar els riscos de patir de depressió, a més de malalties cardiovasculars. La hipòtesi a què apunten aquest i altres estudis és que totes dues malalties estan determinades de manera similar per la dieta, per la qual cosa podrien compartir mecanismes similars en els orígens.

Fer exercici ajuda a reduir l'ansietat i la depressió

No he fet exercici físic els últims tres anys a causa d'una malaltia als genolls. Encara avui, l'activitat més senzilla em causa dolor. El metge m'ha aconsellat que nedi, però no tinc cap piscina a prop de casa, almenys no prou per convertir la natació en una rutina diària en la meva vida. Sento que el meu cos i la meva ment necessiten exercici, sé que és molt important i noto que no fer-ne em produeix estrès. També em genera depressió, en pensar que el meu cor i la resta de l'organisme poden estar envellint prematurament per aquesta causa. Com puc resoldre el problema?

(març del 2012)

Respon: Paula García-Borreguero

Tot i que l'exercici cardiorespiratori o aeròbic és el que té més efectes curatius, també podries fer entrenament de resistència muscular o pràctiques anaeròbiques isomètriques, com alçament de pesos, proves de flexibilitat i estiraments o ioga, que de fet són opcions indicades per a pacients per als quals l'activitat física pot ser inapropiada. Hi ha evidències que les activitats físiques, quan es complementen amb ioga, proporcionen millores en la salut i la qualitat de vida.

Amb tot, si bé fer exercici pot ser beneficiós per millorar els trastorns emocionals, no és l'única via. En la majoria dels casos, sol ser necessari treballar també altres aspectes, com modificar la situació estressant, augmentar els recursos per fer front a les situacions estressants i dur a terme altres canvis d'hàbits i comportaments.

COMBATRE L'ANSIETAT MITJANÇANT EL COS

Tinc trenta anys i des de molt jove sóc víctima de trastorns d'ansietat d'intensitat entre forta i moderada. Fa deu anys vaig començar a prendre antidepressius i ansiolítics. També he provat diverses teràpies. Vaig començar per la cognitivoconductual, però després em vaig adonar que practicar activitats físiques que no em deixessin pensar gaire m'anava bé per frenar l'ansietat, així que em vaig enfocar cap a tractaments com la teatroteràpia, la risoteràpia i la Gestalt. Segueixo tenint ansietat, però aquestes teràpies aporten optimisme a la meva vida i m'ajuden a aturar l'espiral obsessiva de pensaments negatius en què vivim les persones que tenim aquests trastorns.

És vital aturar el cercle emoció-pensament-conducta de què parla tant la teràpia cognitivoconductual. Però intentar-ho des del cap, en les condicions en què un es troba en aquests moments, és el pitjor, segons la meva experiència. Als que fa molt de temps que conviuen amb aquest problema i estan desesperats de tant patir com jo, els recomano que provin de parar-lo des del cos. La meva consulta és si la ciència està arribant a les mateixes conclusions que jo, o si no s'estudien els casos d'èxit d'aquestes teràpies.

(gener del 2012)

Respon: Cecilia Salamanca

Quan patim d'ansietat arribem a un estat d'alerta considerable i ens activem en tres nivells: cos, ment i conducta. La manera de combatre-la també ha de comprendre tots tres nivells. Cadascú respon a l'ansietat d'una manera diferent. Fer-ho des del cos en els moments en què l'ansietat és molt elevada és molt efectiu. De vegades, per fer que baixi el nivell d'alerta, necessitem un desgast fisiològic, és a dir, cremar l'energia que ens sobra fins a arribar a un nivell més baix per poder actuar cognitivament. La combinació de tècniques que treballin el cos i els pensaments poden fer disminuir l'ansietat considerablement i fins i tot fer-la desaparèixer. Un altre mètode per eliminar l'ansietat a través del cos són les tècniques de respiració i relaxació, ja que actuen no només fisiològicament, sinó també cognitivament i conductualment.

La relació entre els aliments i les emocions

Des que tinc ús de raó, sempre m'ha preocupat el pes i tot allò relacionat amb el físic. De fet, vaig tenir un principi d'anorèxia als catorze anys. Tot i això, ara em llevo i me'n vaig a dormir pensant en menjar porqueria. He passat de controlar-me a no moure'm del sofà i menjar en excés. He visitat especialistes, però no noto cap millora. És reversible, la meva actitud? A què es deu aquesta obsessió pel menjar?

(gener del 2011)

Respon: Sandra Borro

Amb els antecedents que comentes, en primer lloc hauries de demanar visita amb un metge que valori el teu estat de salut general i, si ho creu oportú, et derivi als professionals que consideri convenients perquè et facin un diagnòstic. Abans de seguir qualsevol dieta o recomanació has de saber si el problema és físic o psicològic i en quina mesura la ment influeix en les dificultats que tens amb l'alimentació.

De vegades les dietes intenten controlar una cosa que no podem gestionar des de dins. És com sentir que no som qui volem ser. Per això, només quan un comença a estimar-se realment pot assumir sotmetre's a una dieta saludable. Si es fa abans, es pot arribar a pensar que el que s'intenta aconseguir és alguna cosa que va més enllà dels quilos, i aquesta dissociació de vegades porta a trastorns seriosos de l'alimentació, que no són més que un símptoma que el plaer de viure no rutlla prou bé.

En el llibre de Josep Comellas *Mímate* pots trobar informació sobre l'alimentació coherent per gaudir menjant i sentir-se ple de vitalitat. A més a més, l'autor ajuda a descobrir l'exercici físic més indicat per a cada persona i ensenya tècniques per controlar l'estrès.

Activitat física i xarxes socials contra la depressió

Convisc amb una depressió des del 2005. Sempre he estat una persona amb una voluntat excepcional per aconseguir totes les metes que m'he proposat. El primer any de la malaltia em vaig adonar de fins a quin punt havia estat cega respecte a la meva vida. Quan ja estava gairebé recuperada van tornar els problemes. No vaig trobar bons professionals i vaig tornar a caure en la depressió, l'insomni, les ganes de suïcidi, la fòbia... Així durant quatre anys. Al final vaig localitzar un psiquiatre que em va ajudar a eliminar els símptomes i la depressió va millorar, però no vaig aconseguir vèncer-la. Vaig fer meditació, ioga i exercici. Vaig llegir llibres per descobrir el que em passava, i vaig descobrir els símptomes de la depressió que no t'expliquen els metges. Per exemple, tot canvia molt quan saps que les ganes de suïcidar-te te les provoca la malaltia. Des que tinc la depressió, també caic en el pànic quan els homes se m'aproximen amb interès per coneixe'm. Primer m'il·lusiono, i després fins i tot els falto al respecte, cosa que mai no havia fet abans. Tot plegat m'acaba produint ansietat, o acabo sospirant i idealitzant aquesta persona. Fa cinc anys que estic aturada en el temps, no tinc noció de les hores, els minuts, els dies, els mesos ni els anys.

(juliol del 2010)

Respon: Nika Vázquez

L'esport, la meditació, el ioga i altres activitats físiques tenen un benefici directe per a l'organisme, ja que estimulen la segregació d'endorfines, unes substàncies conegudes també com «les hormones de la felicitat», perquè generen benestar físic i emocional d'una manera natural. Per això és important fer aquest tipus d'activitats diàriament, i més quan passem per moments emocionalment inestables.

Quan l'autoestima es veu disminuïda arran d'una malaltia mental com la depressió, és habitual que la nostra seguretat davant de les relacions socials i emocionals trontolli. Però és just en aquests moments que l'entorn social ens pot ajudar a trobar-nos millor. Múltiples estudis confirmen que les persones que tenen la percepció de disposar d'una bona xarxa social se senten més felices i tenen menys malalties. De vegades el cos ens demana quedar-nos a casa tancats sense mantenir contacte amb ningú, però això només alleuja a curt termini. A mitjà i llarg termini, el millor que podem fer per cuidar-nos és esforçar-nos a sortir al carrer i relacionar-nos amb les persones del nostre entorn.

5. És hora de vetllar per la salut, no de guarir malalties

Aquest llibre té per principi i fi el patiment humà. Ja fa un bon nombre de pàgines que parlem de malalties, malestars i disfuncions diverses, i les consultes que reproduïm aquí, recopilades entre les més de dues mil que hem rebut durant els últims tres anys al gabinet de Suport Psicològic Online de la Fundació Punset, són un vademècum bastant fiable dels dolors del cos i l'esperit que espatllen la vida de la gent. Creieu-me: no exagero si afirmo que bona part d'aquestes afeccions, tant les físiques com les mentals, podrien haver-se evitat si aquestes persones haguessin crescut, des del mateix instant del naixement, i fins i tot abans, des del ventre de la mare, vetllades per un criteri preventiu de la salut que hagués anticipat l'aparició dels símptomes i hagués anat fins a les arrels genètiques i emocionals de les malalties.

Tot i això, fins ara ens hem dedicat a viure com si els nostres cossos estiguessin perfectament acabats, els teixits que els sustenten fossin eterns i a nosaltres mai no ens pogués passar res. Ens permetem el luxe de complir anys ignorant les bombes que portem a dins en forma de mutacions genètiques que esperen el moment que els hàbits de vida i alimentació els facin desencadenar malalties greus. Ens atrevim a tenir fills ignorant fins a quin punt certs dèficits afectius els primers anys de vida tindran conseqüències decisives quan arribin a l'edat adulta. Creixem tapant-nos els ulls davant de realitats com la que em recordava un dia José María Ordovás, professor de nutrigenòmica a la Universitat de Tufts, als Estats Units: «La salut és el subproducte de les interaccions que es donen entre la genètica, la nutrició i el comportament». La genètica amb què arribem a aquest món no podem canviar-la, almenys de moment. Però què fem negligint amb tanta alegria els altres dos pilars sobre els quals descansa la nostra supervivència?

Com titelles d'un tètric guinyol, passem olímpicament de tot això i ens dediquem a desatendre les bases del benestar, però més tard hem d'anar de bòlit per curar les malalties quan ens cauen al damunt, en comptes d'haver vetllat prèviament per la salut. No tinc ni el més petit dubte que l'autèntica revolució que ens espera els anys vinents en el camp de la medicina, que és com dir en la vida de les persones, no tindrà a veure amb el descobriment de cap tècnica d'intervenció complicada ni amb la troballa de cap compost químic miraculós, sinó amb la conscienciació, per part de ciutadans i administracions públiques, que la prevenció és la manera més sana, eficaç i econòmica que hi ha per assegurar cotes més altes de qualitat de vida en les persones.

Ens falta fer el pas de mentalitzar-nos, perquè ja tenim a disposició la tecnologia. La capacitat d'entendre cada ésser des del punt de vista anatòmic, biològic i genètic és un privilegi de què no gaudien els nostres avantpassats, i que hem d'aprofitar com més aviat millor. Avui és possible predir les possibilitats que té una persona de desenvolupar trastorns com l'Alzheimer, el càncer o el colesterol escodrinyant el pla que amaguen els seus gens en forma de mutacions. Sabem que aquest potencial de posar-nos malalts dependrà de l'entorn perquè acabi traduint-se en patologies reals o quedi latent indefinidament, de manera que està al nostre abast evitar que moltes malalties se'ns manifestin, adoptant un bon estil de vida.

Aleshores, què esperem per capgirar la medicina i començar a considerar la salut abans que les afeccions? Es tracta d'una qüestió social, però també d'una decisió política, i potser aquí hi ha el problema: els avantatges de les teràpies preventives no es perceben immediatament, sinó a termini mitjà i llarg, per la qual cosa els responsables sanitaris de les administracions solen estar poc interessats a invertir en res que produeixi beneficis quan ells ja no ostentin el poder. No obstant això, aquestes mateixes autoritats manifesten molt poca urgència a l'hora de traduir les troballes científiques en medecines curatives. Segons em confessava Eric Topol, director de l'Institut Scripps de Ciència Translacional de Califòrnia, a La Jolla, als Estats Units, solen passar disset anys de mitjana entre el moment en què els laboratoris fan un descobriment i el dia que arriba a les farmàcies. I què passa amb els malalts afectats per aquesta malaltia durant tots aquests anys? Al centre que dirigeix Topol, dedicat a conscienciar les institucions de la necessitat d'escurçar aquest macabre parèntesi, parlen de la «vall de la mort» quan es refereixen a aquests pacients.

Les futures generacions es posaran les mans al cap en recordar la ingent quantitat de diners que hem dedicat en la nostra època a curar malalties i que poc que hem invertit en prevenció o dietètica. Bàsicament, el nostre sistema sanitari es dedica a enfarfegar de fàrmacs la població, sense tenir gens en compte les diferents reaccions que desperten en cada pacient, i assumint-ne com un mal menor els efectes secundaris, que a vegades causen més molèsties que el trastorn que es volia curar.

Avui, forma part de la cultura popular la recomanació que les dones es facin mamografies periòdiques a partir dels quaranta anys. Igualment, hem incorporat al bagatge del carrer conceptes de la medicina preventiva com les revisions i les anàlisis rutinàries. Molts adults saben que, superada una certa edat, s'han de fer una colonoscòpia de manera periòdica, de la mateixa manera que els homes han assumit que han d'observar-se la pròstata en arribar a la maduresa. Totes aquestes decisions suposen un gran avenç en la vetlla pel benestar i serveixen per evitar múltiples patiments i morts. Ara el gran pas consisteix a portar aquesta actitud previsora fins a les últimes conseqüències i monitoritzar l'estat de salut de cada individu de manera regular i des de múltiples fronts.

La tecnologia ho fa possible. Actualment es pot incorporar a l'organisme un menú complet de sensors capaços de reportar els resultats, minut a minut i mitjançant sistemes sense fil, tant al mateix pacient com al seu metge. L'estalvi que s'aconsegueix, mitjançant aquest tipus de protocols, en descarregar el sistema de salut de l'obligació d'atendre un malalt és més elevat que la despesa que suposa el tractament quan la malaltia ha entrat en una fase crítica.

Els exemples que mostren que la ciència posa al nostre abast una actitud preventiva en la salut es multipliquen. George Church, professor de genètica de la Harvard Medical School, als Estats Units, va fundar el 2005 el Personal Genome Project (PGP), que vol seqüenciar completament el genoma de cent mil voluntaris i obtenir informació sobre l'historial complet de cadascun d'ells. L'objectiu és aprendre dels seus casos per poder aconsellar a tota la població quines mesures podrien prendre per prevenir les malalties. D'altra banda, l'extensió i la popularització de les xarxes socials també pot ser una eina per a la personalització dels tractaments i per fomentar les polítiques de prevenció. Un exemple és la Patient Opinion, el lloc web que els pacients del sistema de salut britànic poden visitar per compartir les seves experiències i interaccionar amb el personal dels serveis sanitaris.

Per molt que les autoritats amaguin el cap sota l'ala davant d'aquesta realitat, l'empenta de l'evolució demogràfica ens obligarà a adoptar un enfocament més anticipador i menys pal·liatiu de les malalties. Cada cop vivim més anys, però els sistemes sanitaris no podran fer-se càrrec d'una població tan gran d'individus que es passen gran part de la vida arrossegant afeccions que es podrien haver evitat fàcilment. De la mateixa manera, la preocupació pels efectes nocius que tenen per a la salut molts dels aliments que consumim cada dia en les societats industrialitzades forçarà un canvi en la manera de relacionar-nos amb el menjar.

En realitat, aquesta revolució ja ha començat. El visionari psicòleg Daniel Goleman, pare del concepte d'intel·ligència emocional, està promovent una campanya per incrementar la conscienciació de la gent sobre la realitat química dels productes amb què convivim. No només el que mengem, sinó també les cremes amb què ens tractem la pell, els detergents amb què rentem la roba o el gel amb què ens dutxem. Ell en diu «intel·ligència ecològica». Està convençut que, a mesura que comencem a estar pendents de la toxicitat que incorporen els articles de consum que ens envolten i ens mentalitzem sobre les conseqüències que tenen per a l'organisme, aprendrem a anar amb compte amb el que mengem i toquem i guanyarem en salut, tant física com mental. Aquesta consciència ecològica col·lectiva ara mateix pot semblar utòpica, però tinguem perspectiva: també va sonar revolucionària en el seu dia la idea de la intel·ligència emocional que Goleman va promoure fa dues dècades, i avui forma part del nostre llenguatge habitual.

Com puc crear hàbits de vida saludables

Per estar en pau amb mi mateixa necessito dur a terme una sèrie d'activitats que em fan sentir bé: menjar sa, anar al gimnàs, estudiar... El meu problema és que no sóc capaç de convertir aquestes activitats en hàbits, no sóc gens constant, un dia ho faig i tres no. No sé com puc crear bons hàbits, sento que sóc poc disciplinada i això em fa estar molt baixa d'ànims. I tot es converteix en un cercle viciós: com que tinc l'ànim per terra, no faig el que he de fer, i com que no ho faig, el meu ànim no millora. Com puc mantenir-me ferma en la decisió de cuidar-me?

(gener del 2012)

Respon: Nika Vázquez

És molt complicat dur a terme activitats que no ens vénen de gust. És possible que racionalment sapiguem que són bones o saludables per a nosaltres, però de vegades no estem preparats emocionalment per fer-les fins al final. I la motivació és el motor que ens impulsa a comprometre'ns amb la pràctica deliberada. De fet, és l'element indispensable per perseguir els nostres objectius.

En diferents estudis sobre psicologia de la motivació, Bluma Zeigarnik assenyala que hi ha quatre tècniques essencials que t'ajuden a assolir els objectius; potser podran ajudar-te: prepara un pla adequat, explica'l als teus amics i familiars, concentra't en els avantatges, i recompensa't amb cada pas aconseguit.

Com puc prevenir que es desencadeni una malaltia?

Fa quatre mesos el meu germà bessó va tenir una embòlia pulmonar, a tots dos pulmons. Em vaig haver de fer les proves per veure si jo també patia de trombofília, i efectivament era el cas. Els metges diuen que no em preocupi, que no té per què passar-me res, que faci una vida normal, però que al mínim dolor me'n vagi a l'hospital. Des de llavors visc insegur i cada sensació que tinc activa el dubte de si em passarà alguna cosa. La veritat, estic molt intranquil.

(maig del 2012)

Respon: Paula García-Borreguero

És normal, almenys al principi, estar intranquil, com dius. Amb la indicació que «al mínim dolor te'n vagis a l'hospital», no han fet sinó posar-te en estat d'alerta. Seria recomanable que visitessis el metge especialista perquè et donés pautes més concretes sobre quins són els símptomes que podrien aparèixer i què has de fer per prevenir-los. D'aquesta manera, guanyaràs sensació de control i t'ajudarà a deixar de mal interpretar cada símptoma físic que notis, com tos, cansament o dolors. L'objectiu és que augmentis els teus recursos enfront de l'ansietat i la sobreestimació del risc de desenvolupar la malaltia. Amb el temps aniràs a aprenent a conviure amb l'estat d'alerta i tornaràs a sentir-te tranquil.

AJUDAR A CONVIURE AMB LA POR A LA MALALTIA

Fa anys, a una amiga de la meva mare li van diagnosticar una hipocondria. Segons les meves informacions, aquests pacients creuen que estan malalts contínuament. Però hi ha més: aquesta persona no només es pensa que té malalties reals, sinó que diu que té uns forats sota els pits que li arriben fins a les costelles, assegura que el cervell se li desfà i l'expulsa pel nas i està convençuda que sagna per l'anus. Jo crec que això no és només hipocondria, sinó que obeeix a un altre tipus de trastorn. Entenc que una cosa és voler prevenir les malalties i una altra viure amb aquesta mena d'obsessions. No sé com s'ha d'actuar amb una persona així. Gràcies.

(abril del 2012)

Respon: Esperanza López

La hipocondria és tan antiga com la humanitat. Galè ja l'explicava en els seus manuals de medicina. Si ho pensem bé, tots, en algun moment de la nostra vida, hem sentit por de tenir una malaltia greu. La diferència entre una por raonable i la hipocondria és que aquesta última és un trastorn de la percepció i la interpretació dels senyals del cos com si fossin signes d'una malaltia, la qual cosa produeix una atenció constant a aquests senyals i por d'estar malalt, que només disminueix temporalment després de la consulta mèdica. Causa greus perjudicis perquè, a més del patiment emocional, ocasiona la constant repetició de proves diagnòstiques, la ingesta exagerada de medecines que poden ser contraproduents i una deterioració en el funcionament social, tant familiar com laboral. El tractament passa per explicar que es pot estar sa tenint senyals físics alterats, i que un dolor o un refredat no impliquen falta de salut. És necessari que els hipocondríacs acceptin i interpretin que aquests senyals corporals són naturals i no malignes.

Com es poden tractar preventivament els antecedents d'alcoholisme en una família

La meva mare i la meva germana són alcohòliques, i dos dels meus germans són drogodependents. Jo de moment només tinc problemes amb el menjar. Voldria saber les conseqüències que pot tenir per als fills el fet de tenir una mare amb antecedents d'alcoholisme a la família. D'altra banda, quan bec, cosa que no acostumo a fer gaire sovint, de vegades l'endemà no recordo absolutament res de bona part del que ha passat. Just com li passa a la meva mare. Això també és una espècie d'alcoholisme? Com puc prevenir-lo?

(abril del 2012)

Respon: Cecilia Salamanca

En un estudi fet a l'Hospital Clínic de Barcelona es va analitzar el risc que tenen els fills de pares alcohòlics de caure en addiccions. Es va demostrar que el risc es relaciona amb tres factors de la història familiar: les conseqüències de l'etanol en les cèllules i el fetus, la transmissió genètica de la vulnerabilitat per desenvolupar l'addicció i la influència de créixer en un ambient amb pares víctimes de l'alcoholisme.

D'altra banda, hi ha evidències de relació entre els trastorns de la conducta alimentària i els problemes derivats del consum d'alcohol, ja que són trastorns que tenen a veure amb la falta de control dels impulsos. També hi ha estudis que demostren que existeix predisposició a tenir un trastorn de la conducta alimentària quan hi ha antecedents familiars de depressió i alcoholisme.

Malgrat tot, cadascú té l'opció i el poder de decidir com enfrontar-se amb la vida i les dificultats que puguin aparèixer. Tenir informació sobre aquests fets és el millor mètode per prevenir un possible problema d'addicció. Sempre pots recórrer a un psicòleg especialitzat si per tu mateixa no pots trobar la solució.

Capítol 8

Quan ens fem vells. Com abordem la maduresa

[illegible]

[illegible] anticipen escen[illegible]

obliguen a ca[illegible]

1. Què en fem, de trenta anys de vida redundant?

La demografia permet encreuar la lletra petita del comportament humà amb la regla exacta de les matemàtiques per arribar a fer descobriments reveladors a gran escala sobre l'evolució de la nostra espècie, així com prospeccions transcendentals de cara al futur. M'agradaria aturar-me en un seguit d'indicadors que poden fer-nos entendre on som i cap a on ens dirigim en termes de població. Per escrutar-los, pugem a la màquina del temps, amb la calculadora ben a mà, i viatgem al 1840: fa 170 anys, l'esperança de vida als països escandinaus, que eren els més avançats del món en aquell moment, rondava els 45 anys. En latituds més meridionals, com Espanya o Itàlia, l'edat mitjana dels difunts se situava entre els 35 i els 40 anys. Avui, la mort natural als països amb majors taxes de longevitat, com el Japó, ronda els 86 anys de mitjana, i a Espanya se situa entre els 84 anys de les dones i els 78 dels homes. És a dir: en l'últim segle i mig s'ha duplicat la durada de la vida de les persones. Ni més ni menys.

Aquest sorprenent canvi s'ha produït, i es continua produint, per la via d'allargar l'esperança de vida dos anys i mig cada dècada. Aproximar aquesta anàlisi fins a detalls temporals més petits aporta dades encara més sorprenents: cada any, els habitants dels països avançats tenen de mitjana tres mesos més de vida que els nascuts a la dècada anterior. O el que és el mateix: cada dia aconseguim retardar la trobada amb la mort sis hores respecte al moment en què ens hi hauríem topat si haguéssim vingut al món deu anys abans.

Les matemàtiques són infal·libles i, aplicades als moviments de població, anticipen escenaris que primer ens deixen bocabadats i a continuació ens obliguen a extreure conclusions decisives. El 2010, el 5% dels espanyols van complir vuitanta anys. Poden semblar molts, però potser no ens ho semblarà tant si pensem que aquest percentatge es multiplicarà per tres el 2060. Aquest any, el 15% dels nostres paisans serà octogenari. Traduïm-ho a nombre d'habitants i ens sorprendrem encara més: dels cinquanta-dos milions d'individus que tindrà llavors aquest país, més de set milions passaran dels vuitanta anys. Però anem més lluny i la nostra perplexitat augmentarà: la majoria dels nascuts a la primera dècada del segle XXI es moriran tranquil·lament avançat el segle XXII, amb més de cent anys de recorreguts, emocions i records a l'esquena. I encara hi ha qui prefereix abraçar el pessimisme en comptes de l'optimisme com a manera de veure la vida? És sorprenent!

Continuem fent càlculs, però ara no posem el focus al final de la vida, sinó al començament. El descens de la natalitat experimentat en certes regions del món, com la majoria dels països europeus, ha provocat que cada generació sigui un terç més petita que la dels seus pares. Seguint aquesta projecció, podem confirmar que, en el futur, per cada cent dones hi haurà seixanta-sis filles, quaranta-quatre nétes i només trenta besnétes. En un moment determinat, la població estarà formada per molts més ancians que nens i joves. En llocs sotmesos a fortes tensions demogràfiques, com la Xina, aquest canvi serà encara més brutal: mentre que a Europa el descens de la natalitat ha estat lent i progressiu al llarg de les últimes generacions, al país asiàtic estan passant de cop dels sis fills que solia tenir cada unitat familiar al principi de l'època de Mao al fill i mig que actualment porta al món de mitjana cada parella xinesa. Això explica que ara mateix els xinesos siguin tan productius, perquè el volum de braços de què disposen per treballar és descomunal: supera el 70% de la població. Tot i això, d'aquí a uns anys hauran de fer front a una gegantina allau de pensionistes.

Aquestes xifres i projeccions tenen la força desbordant d'un tsunami. Per molt que alguns no vulguin veure-les, són aquí i ens estan caient al damunt. La nostra espècie ha experimentat un gran canvi en molt poc temps, potser el més important des que vam començar a distingir-nos dels nostres avantpassats primats. Acostumats a organitzar els ritmes vitals i laborals prenent com a referència l'esperança de vida del passat, de sobte ens trobem amb trenta anys, i de vegades fins i tot quaranta, de vida redundant en termes biològics. I aquesta és una dada que ens obligarà a prendre decisions transcendentals sobre la manera com gestionem el nostre temps laboral i d'oci, i que ens farà replantejar els sistemes assistencials dedicats a la tercera edat. Si continuem aplicant els plans de vida que seguíem fins ara, segons els quals una persona de seixanta-cinc anys ja s'ha de considerar anciana i fora de circulació, de sobte ens trobarem amb una legió de persones que estaran desocupades durant més d'un terç de la seva vida.

I no només desocupades. Aquesta nova generació de sèniors es distingeix perquè arriba a l'edat de la jubilació en òptimes condicions físiques i mentals, comparada amb la manera com ho van fer els seus pares i avis, ja que la batalla que es lliura contra la mort no es guanya a còpia d'allargar la vellesa i les seves xacres, sinó mitjançant un alentiment de la deterioració dels organismes. És a dir: no només vivim més, sinó que envellim més tard. Com m'explicava James Vaupel, director de l'Institut Max Planck d'Investigació Demogràfica, hem aconseguit que un ancià mitjà que avui té setanta anys es miri al mirall i es trobi igual de bé que el seu pare als seixanta o el seu avi als cinquanta. D'aquesta manera, el període de mala salut habitual dels últims cinc o deu anys de vida s'ha escurçat, en posposar-se cada cop a edats més tardanes. Així, emergeix a la llum un període temporal molt dilatat que obliga a plantejar un dubte: què farem amb tants jubilats en perfecte estat durant tants anys?

L'actual és una bona època per a aquells que tinguin pensat invertir en serveis per a la fins ara anomenada «tercera edat». Per cert, no sé si gràcies a aquests càlculs caldrà canviar el terme, o reservar-ne l'ús per aplicar-lo a persones de més edat, o si ja hem de començar a parlar de la «quarta edat» pensant en els que, amb tota l'alegria de la vida, i en ple domini de les seves facultats físiques i intel·lectuals, es plantaran a frec dels cent anys sense gaires problemes.

Més enllà de la troballa d'aquest nou nínxol de mercat, el terratrèmol demogràfic que suposa trobar-nos amb una població desocupada tan nombrosa ens obligarà a aplicar canvis en la planificació de la vida laboral. Inevitablement, la gent no podrà jubilar-se als seixanta-cinc com fa ara, sinó que haurà de retardar aquesta cita amb el descans de forma semblant a com estem desplaçant en el calendari el començament de l'envelliment biològic. Vaupel proposa que l'allargament de la vida laboral es compensi repartint la feina en jornades més curtes. L'investigador s'atreveix, fins i tot, a proposar la durada que hauria de tenir la setmana laboral habitual: vint-i-cinc hores de mitjana. Això alliberaria un temps molt valuós perquè els pares en edat d'educar els fills poguessin ocupar-se'n adequadament i evitaria que la idea de treballar fins als setanta anys ens sembli una tortura.

Ho vulguem o no, haurem d'afrontar aquest debat. M'ho explicava molt taxatiu Reiner Klingholz, director de l'Institut per a la Població i el Desenvolupament de Berlín, que pronostica que els països que aprenguin a conviure amb el descens demogràfic i l'envelliment de la població seran els que marcaran les tendències en el futur. De fet, ja està passant: actualment, els índexs d'ocupació més elevats entre persones grans els trobem a Suècia, Dinamarca, Suïssa i la Gran Bretanya. Curiosament, són els països més avançats i els que tenen índexs d'atur més baixos.

A curt termini, aquest canvi demogràfic que estem experimentant ja ha començat a generar disfuncions, en forma de falta de recursos assistencials per a la tercera edat. Normalment, la suplència d'aquests dèficits recau damunt les espatlles de les famílies. Els testimonis que arriben al gabinet de Suport Psicològic Online de la Fundació Punset descriuen un panorama de patiment i malestar associats a la vellesa que es viu en silenci en el si de les llars i a les residències de gent gran. La societat no pot seguir donant l'esquena a aquesta realitat: envellim, per molt que la ciència endarrereixi el moment de fer-ho, o sigui que hem de preveure què serà de nosaltres quan molts ciutadans arribin alhora a aquesta edat.

Prendre decisions per cuidar els pares grans

Fa quaranta-cinc anys, el meu pare, que ara en té vuitanta-sis, va tenir un accident cerebrovascular que li va deixar com a seqüela una hemiplegia, a més de diverses patologies: diabetis insulinodependent, EPOC i insuficiència cardíaca, entre d'altres. A això s'afegeix un deteriorament cognitiu que arrossega des de fa sis mesos. La principal cuidadora del pare ha estat la meva mare, una dona d'una gran força interior, però que fa temps que ens diu que ja no pot continuar. Fa un mes, ella va ingressar a l'hospital per una pneumònia, complicada amb una anèmia crònica. Mentre ha estat hospitalitzada hem contractat dos cuidadors, que s'alternen per estar amb el meu pare les vint-i-quatre hores del dia, ja que va en cadira de rodes i té la mobilitat molt limitada.

Per tot plegat, ens estem plantejant portar-lo a una residència. L'altre dia ens vam reunir amb ell per veure què en pensava. Es va posar a plorar, i a continuació ens vam posar a plorar tots, perquè és una decisió que mai no ens hauríem pensat que haguéssim de prendre. Des de llavors em sento molt malament: d'una banda crec que estarà ben atès, però em dol treure'l de casa seva. Sé que li faré mal, que se sentirà malament, sol i abandonat. De vegades penso que me l'hauria d'emportar a casa meva i cuidar-lo jo, però el meu marit i jo treballem, i vivim als afores de la ciutat. Què podem fer?

(juliol del 2011)

Respon: Gabriel González

Totes les opcions que planteges tenen els seus beneficis i els seus inconvenients. L'ideal seria tractar de compaginar els avantatges d'unes i altres opcions: les emocionals i de relació, i les d'atenció i qualitat de vida.

Sigui quina sigui la vostra decisió, tindrà repercussions. L'important és que aprengueu a gestionar les emocions i els sentiments de culpa que es desencadenaran. Encara que pugueu sentir-vos empàtics els uns amb els altres, és important que cadascú tingui clar què és el millor per a ell i per als altres. La clau és com tu, la teva mare, els teus germans i especialment el teu pare viviu la situació. El que compta no és el que es decideixi, sinó que cuideu les relacions abans, durant i després de prendre la decisió.

El repte de tenir pares grans amb problemes de salut

Estic bloquejada: la meva mare ha ingressat en una residència arran d'un quadre histèric i una demència incipient. A banda del càrrec de consciència que això suposa, el meu pare està enfonsat, i no sé com ajudar-lo.

L'única activitat que practica consisteix a anar a veure la meva mare. I només parla amb mi. Vivim en barris diferents i jo no paro d'anar i venir. Ell em truca cinc vegades al dia, i ja no puc més. Els estimo a tots dos, però aquesta pressió em resulta gairebé insuportable.

(novembre del 2010)

Respon: Paula García-Borreguero

És comprensible que, després d'ingressar la teva mare en una residència, tant tu com el teu pare us trobeu desorientats. Tot i això, aquest ingrés ha estat l'alternativa més ben valorada, tant per vosaltres com pels professionals mèdics. Per tant, tots tres necessitareu temps per adaptar-vos-hi. Aquest període us ajudarà a normalitzar la situació i la vida diària tant com pugueu. Heu de reprendre les activitats prèvies i continuar fent plans per al futur. Potser necessitaràs marcar certs límits al teu pare, amb afecte i atenció, com a part d'aquest procés de normalització de la vida diària. Convida'l a participar en activitats de centres socioculturals, cursos, escoles per a gent gran, voluntariat, cuidar els néts... Es tracta d'ajudar-lo a buscar un focus d'atenció alternatiu.

Prioritzar l'atenció als ancians o els projectes personals

Som dues germanes de trenta-vuit i trenta-quatre anys. Totes dues treballem pel nostre compte, però ens sentim atrapades per les malalties dels nostres pares. Tant l'un com l'altre són malalts crònics: la meva mare és invident; el meu pare, malalt del cor i amb altres problemes que, encara que no l'invalidin, li causen dolor de forma habitual. No fa gaire, el meu xicot m'ha deixat després d'una relació de cinc anys perquè cada cop podia anar menys a veure'l a la seva ciutat.

La meva germana i jo ens sentim atrapades. No ens falta empenta, però veiem que els nostres pares, que ja són molt grans, són absorbents i tenen por de quedar-se sols, malalts i desatesos. Ells han treballat intensament per cuidar-nos i donar-nos una educació, de manera que, si intentem fer la nostra vida o comentem de passada que ens agradaria independitzar-nos, es pensen que els volem abandonar i es crea a casa un ambient ple de plors, tristesa i xantatge emocional. Sembla que nosaltres dues no podrem fer res tret d'estar per ells i cuidar-los fins que es morin.

No trobem la solució, s'han tancat en les seves creences i no avancem. D'altra banda, nosaltres tampoc no tenim mitjans econòmics per anar-nos-en. Aquesta idea només és una utopia que ells intenten bloquejar a tot preu, i això ens dol. Què podem fer per sortir airoses d'aquesta situació?

(novembre del 2010)

Respon: Gabriel González

La resposta dels vostres pares és comprensible. Us suggereixo que comenceu per preservar una petita opacitat, que prioritzeu els vostres projectes personals enfront de la funció de cuidadores. Tot això garantint als vostres pares que no es quedaran sols, que en tindreu cura i que, d'una manera o d'una altra, hi sereu presents. Però aquesta presència no té per què ser totalment física ni a totes hores. Podeu valorar entre totes dues quan és important que hi sigueu, perquè hi haurà moments que no serà imprescindible.

El primer pas és que us ho cregueu, i el segon, que comenceu a fer-ho molt subtilment. La tendència dels vostres pares serà conservar la situació actual, però podeu tranquil·litzar-los fent que se sentin estimats i cuidats, sense deixar de prioritzar les vostres activitats. Això és el que haureu de descobrir entre totes dues: com fer-los sentir així.

Trastorns mentals i autonomia en la vellesa

Els meus pares, de seixanta i seixanta-set anys, tenen diferents problemes mentals. La meva mare té un diagnòstic de trastorn bipolar des de fa cinc anys. Patia de depressions des de feia quinze anys, fins que finalment li van fer l'estudi correcte i actualment està estable. Al meu pare li acaben de diagnosticar una depressió psicòtica, i està ingressat. El meu dubte és si podran tenir una vida autònoma o sempre necessitaran ajuda.

(maig del 2012)

Respon: Cecilia Salamanca

L'edat d'inici del trastorn bipolar pot influir en el pronòstic. Les persones en qui la malaltia ha tingut un inici tardà, com és el cas de la teva mare, tenen menys risc de suïcidi i menys símptomes psicòtics que els que desenvolupen la malaltia de joves. Hi ha un estudi que demostra que la qualitat de vida dels pacients bipolars pot millorar duent a terme un control òptim dels símptomes depressius, així com garantint un bon suport social.

Pel que fa a la depressió psicòtica, el tractament més efectiu és el farmacològic amb antidepressius i antipsicòtics. La intervenció immediata és fonamental per a la remissió. Un cop iniciat el tractament, és més probable que apareguin els símptomes depressius que els psicòtics. En persones de més de seixanta anys les depressions no són infreqüents i els símptomes poden ser diferents dels que apareixen en adults més joves.

2. Si et pares, les neurones s'aturen

Espero expectant el moment que arribaran a la població, en forma de tècniques, teràpies i taules de gimnàstica mental, les beneficioses conseqüències que es deriven d'un dels descobriments més importants que ha fet la ciència en les últimes dècades: la plasticitat cerebral. En contra del que es pensava antigament, avui sabem que podem induir canvis en el cablejat neuronal sense necessitat d'acostar al cap un bisturí ni recórrer a sofisticades tècniques de neurocirurgia, sinó només mitjançant l'exercici i la pràctica. Aquesta troballa, que té inqüestionables aplicacions al llarg de la vida, tant en situacions de bona salut com quan es tracta d'afrontar trastorns anímics, de comprensió o de memòria, es dibuixa com una finestra d'esperança quan ens endinsem en el difícil territori de la vellesa, perquè implica una forma inèdita d'abordar el natural deteriorament cognitiu i de memòria que l'edat porta associat. Enfront del fatalisme amb què les generacions anteriors assumien la pèrdua de les capacitats mentals que implica complir molts anys, la ciència actual confirma que és possible combatre aquest desgast, i que no hi ha manera més senzilla i efectiva de fer-ho que mantenint el cervell actiu i ben greixat.

Avui dia ningú no posaria en dubte que la millor manera que hi ha de perdre agilitat en el sistema locomotor i que els músculs s'atrofiïn consisteix a quedar-nos quiets. La intuïció ho suggereix i la medicina ho confirma. Però traslladar aquest patró a aquest altre múscul del coneixement que portem sobre les espatlles potser no resulta tan obvi. El cervell, per la complexitat que li és característica, s'ha resistit llegendàriament a l'anàlisi, i el seu funcionament ha estat opac i misteriós als nostres ulls fins fa molt poc. Però els últims anys hem pogut confirmar que, de la mateixa manera que les cèl·lules musculars deixen de regenerar-se i perden vigor quan no s'activen durant molt de temps, les neurones redueixen el nombre de connexions amb altres neurones i acaben defallint quan veuen minvada la seva activitat.

A l'espera que la medicina obri la porta a la regeneració neuronal mitjançant la implantació de cèl·lules mare al cervell, tenim al davant un ampli camp d'actuació per fer front al deteriorament cerebral gràcies a l'adaptabilitat a l'entorn que té aquest òrgan. La fórmula és clara i senzilla: un ecosistema estimulant facilita el manteniment d'una ment sana i ben exercitada. Al contrari, si et pares, les neurones també deixen de relacionar-se entre elles i s'ensorren.

Fa mig segle, la idea de dotar les ciutats d'una xarxa de gimnasos per cremar calories i exercitar els músculs sonava com un exòtic caprici de dubtosa utilitat. Avui ningú no posa en dubte els beneficis per a la salut que s'obtenen en aquests temples del cos. De manera semblant, més d'hora que tard disposarem de detallades tècniques d'entrenament mental que ens ajudaran a mantenir a to el cervell i ben exercitades les neurones. Així com avui enfortim els bíceps amb pesos i aparells, també agilitarem la memòria i la capacitat cognitiva amb videoconsoles que ens mesuraran la flexibilitat volitiva, utilitzarem programes informàtics per estimular la capacitat de càlcul i anticipació i estaran a l'ordre del dia tot tipus de recursos per aconseguir que el potencial intel·lectual que tinguem als vuitanta anys no sigui inferior al que teníem als cinquanta.

Combatre el deteriorament cerebral mitjançant la gimnàstica neuronal és possible. De fet, ja s'està aconseguint. Shlomo Breznitz, psicòleg i exrector de la Universitat de Haifa, a Israel, ha desenvolupat un programa d'entrenament cerebral mitjançant l'ordinador, anomenat CogniFit, que comprèn un gran ventall d'habilitats cognitives i que està enfocat a mantenir tota l'activitat mental a ple rendiment. Parteix de la premissa que no serveix de res intentar potenciar la memòria si es negligeix la capacitat d'atenció, perquè sense l'una és impossible optimitzar l'altra. El cervell és l'òrgan més acoblat i interrelacionat que té el cos humà.

Als beneficis assolits amb els entrenaments d'aquesta mena en la millora de les capacitats mentals, se n'afegeix un altre que Breznitz considera més rellevant encara: un cervell ben exercitat no només recorda millor i soluciona amb més agilitat els reptes del dia a dia, sinó que té efectes balsàmics en l'estat de l'ànim de la persona. L'investigador posa com a exemple l'impacte anímic que els ancians experimenten quan aprenen a fer anar un instrument tan estrany per a ells, i poc intuïtiu, com el ratolí de l'ordinador. Als que tenen una certa edat i mai no han tingut tractes amb aquest invent, el seu ús se'ls fa estrany i dificilíssim al principi, però al cap d'uns minuts de prova i error aconsegueixen dominar-lo. Sense adonar-se'n, al seu cervell té lloc el miracle d'aprendre una cosa nova quan ja no s'ho esperaven, i aquest èxit afavoreix una millora en l'autoestima i la percepció d'un mateix que té un valor incalculable.

Al capdavall, les coses que ens estimulen i ens posen contents als setanta no difereixen gaire de les que ens causen el mateix efecte als vint. Per això els programes de CogniFit presten molta atenció als jocs de tipus social que fomenten la interacció entre els individus i l'intercanvi de missatges i coneixements. Precisament, la solitud que sovint presideix la vida d'ancians i jubilats és una de les principals amenaces per al cervell. Les malalties i el desgast acabaran vencent-los l'organisme, però és l'aïllament el primer que els anihila les neurones. No oblidem que res no excita tant una ment com enfrontar-se amb una altra a través del diàleg. I és tan barat!

A més de la solitud, si hi ha una cosa que esclerotitza el cervell de les persones grans és la rutina. No em canso de repetir que viure acostumats als canvis i disposats sempre a modificar la nostra manera de pensar i actuar és sa i intel·ligent. Això, que pot resultar fàcil d'entendre al llarg de la vida, topa amb la inèrcia conservadora habitual dels ancians, que els porta a preferir el que coneixen i la repetició a les aventures i la novetat. És una resistència lògica, però cal aprendre a modular-la. La neurologia ha demostrat que quan la ment estableix rutines de manera molt arrelada acaba actuant gairebé automàticament i no necessita pensar, per la qual cosa la seva activitat perd intensitat i es redueix la productivitat. És la novetat, i no pas el que s'ha experimentat una infinitat de vegades fins a l'avorriment, el que estimula les neurones i les porta a establir noves connexions entre elles. És a les nostres mans continuar donant aliment cognitiu al cervell quan arribem a l'etapa més madura de la nostra vida.

Què podem fer per no quedar-nos parats després de la jubilació

El meu marit es va jubilar l'any passat i des de llavors va caient a poc a poc en un estat d'estupidesa que em preocupa. Va començar dedicant-se a les feines de casa, ja que jo sóc fora tot el dia. Però ha començat a fer cada cop menys, fins que ara es lleva poc abans que jo torni a casa, a les cinc de la tarda, fa els llits i poca cosa més. A la nit, lògicament, no s'adorm fins a la matinada i es dedica a mirar la tele. No vol sortir a passejar, ni amb els amics, ni de viatge. Diu que està bé a casa sense fer res, que ja ha treballat prou. Jo veig altres jubilats que s'apunten a natació o a la partida de cartes, o que llegeixen, però ell cada cop fa menys coses. És com un vegetal. Sembla que no se n'adona, i jo no sé com ajudar-lo a sortir del pou. Els escric amb l'esperança que em donin algunes pautes o consells per ajudar-lo, encara que ja sé que hauria de sortir d'ell.

(maig del 2010)

Respon: Gabriel González

Potser la insistència perquè no es quedi parat i comenci a fer activitats ara que està jubilat el reprimeix més que no pas l'estimula, i això també el frena. És important que davant d'aquesta nova etapa el teu marit senti la necessitat de moure's per no sentir-se cada cop més jubilat. Però, com bé dius, hauria de sortir d'ell. En aquest sentit, pot ser una bona idea no dir-li que ha de fer coses i esperar que ell et demani consell sobre com hauria d'actuar per no estar així i, llavors, ajudar-lo.

El teu marit no es troba en cap «estat d'estupidesa» que pugui agreujar-se amb el temps. Més aviat sent que ja ha fet tot el que estava a les seves mans per ser útil a la família i a la comunitat. Sent que ara és un temps per dedicar-se a si mateix i fer les coses que l'apassionen i li agraden, però quines són ho ha de decidir ell. Una bona idea és que faci una llista de tasques que li agradaria iniciar perquè li permetrien sentir-se més ell mateix, o perquè li servirien per aprendre alguna cosa nova. Continuem aprenent fins que deixem d'existir.

SEGUIR ACTIUS DESPRÉS DE LA JUBILACIÓ

El meu pare va emigrar a Suïssa als vint anys. Ell ha viscut allà i nosaltres ens hem quedat aquí, a Espanya, o sigui que sempre hem estat lluny. Al cap de quaranta anys, ara torna a casa jubilat. La meva por és que després de tants anys en una altra cultura, i acostumat a treballar moltes hores al dia, no accepti el canvi que experimentarà la seva vida i es mori. He conegut casos semblants que van acabar així. Això pot passar-li a ell, també? I si fos així, com he de parlar-li perquè accepti ajuda psicològica que li permeti assumir el canvi que experimentarà la seva vida?

(novembre del 2010)

Respon: Gabriel González

És fàcil que el jubilat senti que passa de ser una figura activa per a la societat a ser un pes per als altres. Perquè aquest canvi sigui més lleu cal tenir present que durant la jubilació conservem moltes de les nostres capacitats i potencialitats. És això el que cal reforçar, a més de fer totes les tasques i desitjos que ara es poden complir perquè es disposa de més temps. Però també pot passar que es caigui en una depressió. Aquest estat sol donar senyals, per tant és important estar atents als primers símptomes per anar a veure un professional.

Com que heu estat tant de temps separats, és important que ell faci una bona adaptació a la situació familiar i a l'entorn. Perquè sigui al més efectiva possible, cal facilitar-li tots els mecanismes necessaris. Convé que acordeu què fareu plegats, quan us reunireu, per fer què... No cal estar-li a sobre pel que li pugui passar, sinó tenir una actitud oberta i comprensiva. Si li traslladeu aquestes sensacions entendrà que pot comptar amb vosaltres si necessita res.

Jugar a escacs pot influir en la demència d'un octogenari?

Acabo d'anar a veure el meu pare de vuitanta-vuit anys, que viu en una residència per a la tercera edat. Ahir em va trucar l'assistent social per dir-me que fa uns quants dies que té uns episodis estranys a l'hora dels àpats: li agafa per relacionar els gots, els plats i els coberts amb una partida d'escacs. Ell ha jugat molt a escacs al llarg de la seva vida, i ho feia molt bé. Ara, un conegut del poble va cada dia a la residència per fer una partida amb ell. Això em sembla perfecte, perquè, a més d'exercitar la ment, li serveix com a entreteniment i il·lusió. Però no sabem si aquest episodi l'han desencadenat els escacs o ha estat una situació aïllada. La meva pregunta és: què li deu passar al cervell? Es tracta d'una demència?

(abril del 2010)

Respon: Noelia Sancho

La demència és una pèrdua de la capacitat cerebral que afecta la memòria, el pensament, el llenguatge, el judici i el comportament. Els símptomes revelen dificultats en moltes àrees de la funció mental, incloses el llenguatge, la memòria, la percepció, el comportament emocional o la personalitat, com també habilitats cognitives, per exemple el càlcul o el pensament abstracte i lògic. Diversos estudis han confirmat que continuar actius, tant físicament com mentalment, al llarg de la vida, i especialment a la tercera edat, és molt bo per a la salut.

No sembla negatiu que jugui a escacs, però seria bo que també fes altres activitats que el mantinguessin àgil de ment i cos. Tot i això, la demència és relativament fàcil de detectar fins i tot en atenció primària, per la qual cosa una avaluació i un diagnòstic d'un professional us ajudaran a sortir de dubtes al més aviat possible.

Com puc prevenir la demència associada a l'envelliment?

Últimament sento a parlar molt sobre la prevenció de diferents malalties. Resulta que a la meva família materna la gran majoria de persones han tingut Alzheimer o demència en envellir. La meva àvia en va patir, les seves germanes van tenir demència i fa un any a la meva mare també li van detectar una demència galopant. És curiós, perquè a la meva família materna només han tingut aquestes malalties les dones, però cap dels homes. La meva pregunta és si hi ha algun tractament de tipus preventiu d'aquestes malalties mentals per a la nostra generació.

(febrer del 2012)

Respon: Cecilia Salamanca

Actualment la millor prevenció contra les demències consisteix a mantenir una vida sana. Un nivell educatiu més alt i un estatus socioeconòmic associat a aquest nivell suposa gaudir d'una millor qualitat de vida i, en conseqüència, pot retardar l'aparició de la malaltia. Una altra via per prevenir el deteriorament cognitiu en l'envelliment és exercitar el cervell. Les gimnàstiques mentals que estimulen la capacitat d'atenció, la memòria i la concentració, com els mots encreuats, els sudokus o la lectura, poden ser molt útils. Avui dia, l'estimulació cognitiva com a intervenció terapèutica en gent gran, amb deteriorament cognitiu o sense, està donant resultats molt positius.

3. La felicitat en l'edat madura

Quan jo era petit, era impensable que un nen pogués acabar assegut davant d'un psicòleg per parlar dels seus problemes. Tampoc no existien totes les atencions que avui concentra la infància, des de la riquesa cognitiva que representen les joguines que entretenen els més petits i l'important valor didàctic que moltes els aporten, fins a l'enorme ventall de recursos formatius, assistencials i d'oci de què disposen. Tenen fins i tot canals de televisió exclusius per a ells! Si bé encara queda molt camí per fer en la vigilància de l'ecosistema afectiu en què creixen els nens, hem de reconèixer que la infància fa temps ha entrat de ple en l'agenda dels afers transcendentals per a la comunitat. Ens importen els nostres fills i néts.

Salvades totes les distàncies, de la mateixa manera que els menors han passat, durant l'últim mig segle, de la marginació al centre mateix de les preocupacions de la tribu, no tinc cap dubte que és el mateix que passarà, els pròxims anys, a la població formada pels ancians i jubilats. Els elevats índexs de longevitat que assoleixen avui les persones més grans, sumats a la major sensibilitat que actualment demostra la societat pel vessant emocional de l'experiència vital, faran inevitable que els que es troben a l'última etapa de la vida deixin de ser invisibles i assumeixin el protagonisme que es mereixen, tenint en compte la saviesa que han acumulat, la fragilitat que els amenaça i com serà de llarg, en anys i oportunitats, el camí que encara els espera.

En el camp de la gerontologia s'ha avançat molt poc fins avui en comparació amb el desenvolupament que aquesta disciplina està cridada a tenir en les pròximes dècades. De ser una càrrega per a la comunitat, la gent gran passaran a convertir-se en actors fonamentals de la vida pública, pel que fa tant a les investigacions científiques, que concentraran l'atenció en els interessos d'aquesta població més del que feien abans, com al disseny de tota mena de propostes d'oci i estímul cognitiu pensats per als més grans. Si fins ara havia importat poc què pensaven, com se sentien o què els passava als ancians, aquesta situació canviarà.

De moment, un dels descobriments més sorprenents que s'han fet en els últims temps en relació amb la senectut tira per terra la imatge negativa que sol estigmatitzar aquesta etapa de la vida. Segons els estudis neurològics sobre el comportament, així com les enquestes fetes als mateixos ancians, la felicitat en la vellesa, lluny de disminuir, augmenta. Passa el mateix amb la capacitat d'estimar. Per prejudicis erronis del passat, ens havíem acostumat a atribuir a aquesta edat una actitud de resignació i d'inhibició enfront dels estímuls emocionals. En canvi, avui sabem que això no és cert, i hi ha raons intuïtives per pensar que és així: si tenim en compte que l'arxiu de la memòria d'una persona gran conserva records de tota mena, molts dels quals més sofisticats, complexos i bonics que els que pot guardar un jove, comprendrem fàcilment que la predisposició del sènior a apreciar els diferents prismes de la felicitat sigui també més notable.

Diversos estudis han demostrat que la intel·ligència emocional augmenta amb l'edat. Científics de la Universitat de Califòrnia, a Berkeley, als Estats Units, han publicat recentment dos estudis on demostren que els més grans de seixanta anys tenen més facilitat per veure el costat positiu de situacions estressants i més capacitat de sentir empatia pels menys afortunats. Difícilment trobareu una persona que rondi aquesta edat i parli amb desdeny d'experiències com la serenitat, l'assossec, l'esperit calmat, l'amplitud de mires i la capacitat de relativitzar els problemes. Totes aquestes aptituds són pròpies de l'edat avançada i es desenvolupen quan l'experiència ha deixat la seva petja. Només la persona que ha viscut prou sap apreciar els matisos que enriqueixen el viatge que tots estem fent. Que la felicitat es troba a la sala d'espera de la felicitat és una cosa que la ciència ha demostrat recentment, però els veterans ho aprenen ells sols quan arriben a una certa edat. Si hi ha algú que sap esperar, aquest algú és un vell.

Els últims anys s'han publicat estudis, duts a terme tant per psicòlegs com per economistes, que suggereixen que la felicitat de les persones és com una corba en forma d'U, que assoleix els valors més alts en la joventut i en la vellesa, i els més baixos en la maduresa, al voltant dels quaranta-cinc anys. Al contrari del que es pensava abans, quan la vida es concebia com un camí que arribava a la màxima esplendor en l'edat madura, seguida d'un declivi que duia a la vellesa, ara s'ha comprovat que això no és així.

Les persones més grans són millors solucionant conflictes, controlen millor les emocions i són menys propenses a la ira. Hi ha diverses explicacions plausibles. Laura Carstensen, directora del Centre de la Longevitat i professora de Psicologia de la Universitat de Stanford, també als Estats Units, creu que els humans tenim una habilitat única per reconèixer la nostra pròpia mortalitat i monitoritzar el temps de què disposem. Aquesta investigadora sosté que, en la vellesa, en sentir-nos més a prop de la mort, vivim més el present i prestem més atenció a aspectes que ens importen en aquell moment, com els sentiments, i menys en objectius a llarg termini. D'altres creuen que es deu a l'acceptació personal del que s'ha aconseguit a la vida i a la satisfacció que això comporta.

La felicitat no només ha passat a ser una magnitud associada a la tercera edat, sinó que, a més, es convertirà en el millor prescriptor de la longevitat. Mónica de la Fuente, catedràtica de Fisiologia de la Universitat Complutense de Madrid, m'explicava no fa gaire que els individus que arriben a tenir una vida llarga són els que aconsegueixen mantenir un sistema immunitari jove. D'altra banda, la medicina ja ha demostrat de sobres fins a quin punt influeixen els factors emocionals en el manteniment de l'estructura de defenses de l'organisme. Investigadors de la Warwick University, al Regne Unit, han constatat que, si bé les condicions físiques es van deteriorant amb l'edat, l'estat de benestar mental no minva, i això ajuda a conservar la salut, perquè la felicitat beneficia el sistema immunitari. Un curiós cercle virtuós: viure ens aporta felicitat i ser feliços és la millor garantia que hi ha de la longevitat.

Des del dia que naixem, ens passem la vida envellint. Exagero: en realitat, aquesta davallada comença, més o menys, al voltant dels divuit anys, però depenent del ritme que segueixi aquest procés, el deteriorament associat serà més ràpid o més lent. Mantenir una bona qualitat de vida és la millor garantia que aquest avanç es farà lentament. «Com més feliç és una persona, millor és la resposta que dóna als tractaments en situacions de malaltia greu», ens recorda De la Fuente. L'asseveració val per a totes les etapes de la vida, però és decisiva als anys de més fragilitat orgànica.

Hi ha persones de més de setanta anys que tenen una edat biològica de cinquanta, i al revés: tots coneixem joves aparents que manifesten els símptomes de la senectut més avançada. La notable disparitat entre el nombre que anuncia el nostre carnet d'identitat i el que revelen els biomarcadors que tots portem a dins és un descobriment que, sens dubte, influirà de manera decisiva en la manera d'organitzar-nos la vida en el futur. Em refereixo a la distribució entre el temps d'oci i el de negoci, a la manera com dissenyem les ciutats i els espais o plantegem la xarxa de serveis assistencials. Hi ha una reflexió que la societat no ha iniciat encara, però que s'haurà d'afrontar més aviat que tard: ja no és moment de preocupar-nos per poder viure més anys, perquè això ja ho hem aconseguit, sinó d'omplir de qualitat aquests anys.

En les pròximes dècades, la manera que tenim de contemplar l'últim tram de l'existència experimentarà un canvi radical. Els primers que ho notaran seran els mateixos protagonistes, els ancians. M'ho recordava un dia el gerontòleg Tom Kirkwood: «Una de les millors vies per gaudir d'una bona qualitat de vida en la vellesa consisteix a tenir una actitud positiva sobre un mateix i una gran interacció social». Difícilment es pot aconseguir això quan hi ha la creença social molt arrelada, encara avui dia, el prejudici que el millor bé a què podem aspirar consisteix a ser joves, i que tot allò relacionat amb l'edat avançada no interessa a la societat o cal dissimular-ho, ja siguin les arrugues a la pell o models socials que abans s'admiraven. Coincideixo amb aquest especialista que, així com hem vençut tics mentals injustos i arbitraris com el sexisme, el masclisme o el racisme, d'aquí a poc ens tocarà plantar cara a la discriminació que continua patint la vellesa. Tingueu-ho ben present: hi ha molta vida i felicitat abans de la mort, fins i tot als vuitanta anys.

Quin comportament he d'adoptar per ser feliç als setanta anys?

Tinc setanta anys i em sento desplaçat per la meva dona. Jo he estat molt liberal tota la vida, i el líder de casa, però ara noto que les forces físiques comencen a abandonar-me per moments i la meva dona s'apodera de la situació, em qüestiona l'autoritat i em deixa de banda. La meva edat no em permet fer demostracions d'autoritat, perquè a més a més ja no sóc qui aporta els diners a la família. Vivim junts, però sento que estic sol, a causa de la falta d'afecte i d'atenció. Crec que estic pagant una factura pel comportament masclista que he tingut en l'etapa productiva de la meva vida. Quin comportament he d'adoptar per ser feliç?

(juny del 2012)

Respon: Cecilia Salamanca

La percepció de solitud en l'adult d'edat avançada és freqüent en la nostra societat. Fer una revisió de la teva vida et permet comparar la que feies abans i la que fas en l'actualitat, i en aquesta anàlisi és fonamental que mantinguis una visió positiva sobre la teva pròpia història personal i la voluntat d'aprendre dels errors. No oblidis que sempre podem estar disposats al canvi.

Parla amb la teva dona i intenta modificar els mals hàbits que saps que pots corregir. Canviar actituds molt arrelades pot ser complicat, i per aconseguir-ho et pot servir d'ajuda que el canvi sigui progressiu. D'aquesta manera, evitaràs sentir-te frustrat si no obtens resultats immediatament. Acostar-te a la teva dona i demostrar-li afecte pot ser l'inici del canvi que esperes d'ella. S'ha estudiat l'efecte que tenen les teràpies de revisió de la vida basades en records autobiogràfics específics, i els resultats mostren una notable millora de l'estat d'ànim. Investiga el teu interior i treu-ne el millor de tu.

Com puc gestionar el paper d'àvia

Sóc àvia d'una nena de nou anys. L'he criat des dels sis mesos i acabem de reunir-nos als Estats Units amb la seva mare. Ara que la meva filla ha assumit el paper de mare, és molt exigent amb la meva néta, i això fa que la nena es mostri molt ansiosa i insegura. Fins i tot ha desenvolupat por: no vol estar sola ni pujar a la seva habitació si no va acompanyada. Em preocupa, perquè ella abans no era així. Ara sempre vol cridar l'atenció i exigeix que tot giri al seu voltant. La meva filla va passar per moltes situacions difícils quan va emigrar. Ha tingut molt d'èxit en el pla material, però en la part afectiva és molt apagada, no riu amb facilitat, es mostra seriosa i poc comunicativa amb nosaltres. Tot això ens està afectant.

(maig del 2012)

Respon: Rosa Català

Sovint els avis milloren l'autoestima i se senten realitzats través dels néts. Noten que acompleixen una missió intergeneracional, que consisteix a influir en el procés de formació de la identitat dels joves. D'ells, en reben sensacions benefactores, que els transmeten nous estímuls en una etapa en què es fa necessària una reorganització psíquica i relacional.

Els avis continuen sent imprescindibles per transmetre coneixements i proporcionar un sentit de patrimoni familiar. Però convé mantenir l'estabilitat, que només es pot assegurar mitjançant el respecte i l'acord consensuat del repartiment de l'autoritat. En el vostre cas, la convivència de les tres generacions possibilita, i alhora fa necessaris, l'entesa i els pactes entre les diferents etapes vitals que representeu. La comunicació és la via per aconseguir-ho.

Perseguir somnis als seixanta-cinc anys

Tinc seixanta-cinc anys, em vaig divorciar en fa vint-i-cinc, estic jubilada, els meus fills fa temps que viuen lluny i a hores d'ara em pesa molt la soledat. He anat sobreposant-me a diferents crisis, però ara sento de forma més patent l'allunyament de les persones més properes i estimades, que són els meus fills. Em veig despenjada socialment. Vaig estudiar una carrera lluny de la meva ciutat, quan em vaig casar vaig fer un munt d'amics, però he viscut en cinc llocs diferents, o sigui que les meves relacions s'han anat perdent amb el pas del temps. Ara noto que no encaixo amb ningú. Estic apuntada a diferents activitats culturals, però tampoc trobo gent amb qui estigui realment a gust. La meva mentalitat és menys antiquada que la de les persones que em vaig trobant, que només parlen dels néts i els marits. No es plantegen altres metes, i com que la majoria tenen la seva situació personal resolta, no saben que viure completament sola pot ser molt dur.

He analitzat el tema i crec que el problema és que vaig apostar per la família per sobre de la meva professió. Em vaig centrar massa a fer pujar els fills, ja que no tenia el suport de ningú. En realitat, jo també he estat massa convencional i ara m'hauria correspost tenir els fills a prop i tenir un marit; en fi, el que s'entén per una vida normal i corrent. Però això és el que no tinc. Crec que el que em faria més feliç en aquests moments seria tenir una activitat, crear una empresa. Em donaria molta vida i sé que en gaudiria, però no tinc clar quin hauria de ser el camp d'activitat. Hi ha dies que estic molt deprimida, perquè no em vull conformar a ser un vegetal que espera la mort.

(novembre del 2010)

Respon: Gabriel González

Els estudis demostren que els que ajuden altres persones solen ser més feliços que els que busquen l'èxit individual. Els que troben l'equilibri entre feina, família, amistats i oci solen ser més feliços que els que anteposen el triomf a qualsevol altra prioritat. Durant la teva trajectòria has anat prenent decisions que t'han permès tenir aquest equilibri entre la família, la teva relació de parella i la feina. Ara, la il·lusió que tens per continuar creant i la perspectiva de ser activa són fantàstiques. Si segueixes amb aquesta mateixa passió i iniciativa, segur que en sortirà alguna cosa.

Pots fer un exercici senzill que t'ajudarà a veure més clars els senyals: agafa una capsa i vés ficant-hi els objectes o coses que et cridin l'atenció. Col·loca i prioritza, a poc a poc, el que t'apassiona, t'agrada i significa alguna cosa per a tu. Fes l'exercici durant quinze o vint dies. Quan revisis els objectes que has triat, potser et donaran alguna pista del que podries fer.

Vull gaudir sola de la meva vellesa

Tinc una parella que ha estat el meu amor durant anys. Fa un temps em va enganyar i es va enamorar perdudament d'una altra dona, i em consta que encara avui l'enyora. En aquell moment van començar les meves preguntes i el meu calvari. Tot s'ha acabat per a mi: no confio en ell i fins i tot se m'ha mort el desig que tinguem relacions. El que vull és quedar-me sola, sense ningú, i gaudir de la meva vellesa. Però no sé com fer-ho.

(març del 2012)

Respon: Esperanza López

És natural que tant homes com dones sentim atracció per persones que no són la nostra parella legal. La diferència és la capacitat dels uns i els altres per mantenir el compromís de fidelitat contret amb la parella.

De vegades, el dolor produït per una traïció ens impedeix valorar el costat positiu de la persona que ens ha defraudat, les seves qualitats, l'afecte i les atencions que ens continua oferint. Reconèixer-ho és un dels passos per arribar a perdonar l'ofensa rebuda, però per arribar a perdonar és imprescindible, abans, voler fer-ho. Suposo que deveu haver parlat del tema un munt de vegades, però no sembla que això t'hagi fet diluir el ressentiment. Si no pots superar aquest xoc, potser fer teràpia t'ajudarà a passar pàgina, bé per aconseguir perdonar-lo, bé per iniciar una nova vida sense rancors que t'impedeixin gaudir del que facis d'ara endavant. Encara que parlis de tu ja situada en la vellesa, tens molta vida per endavant.

4. La plaga de l'Alzheimer

La paraula Alzheimer anuncia un dels territoris de la salut on és més difícil mirar a l'horitzó amb optimisme, fins i tot per als qui, com jo, tendim a veure sempre l'ampolla mig plena. Hi ha una realitat indefugible que es precipita sobre la nostra societat amb l'aplom de la força de la gravetat: cada cop vivim més anys, la qual cosa implica que entre la població augmenten les probabilitats d'acabar patint un deteriorament neuronal, el principal factor desencadenant del qual és, precisament, l'edat. Si fa tres-cents anys els nostres avantpassats no parlaven d'aquesta malaltia no era només perquè no tinguessin mitjans tècnics per diagnosticar-la, també es devia al fet que els baixos índexs de longevitat d'aquelles èpoques impedien que aquesta plaga que arrasa les neurones a partir d'un cert moment de l'existència s'escampés. Ara, en canvi, els avenços mèdics i la millora de la qualitat de vida, que ens permeten retardar la mort fins a edats que haurien estat impensables en el passat, obliguen un nombre cada cop més gran de persones a conviure, la majoria de les vegades sense saber-ho, amb un cronòmetre a dins que compta enrere. En aquests casos, cada matí falta un dia menys perquè l'Alzheimer ensenyi el seu rostre tètric.

El meu pessimisme amb relació a aquesta plaga arriba fins aquí, i aquí s'atura. És cert: cada cop hi haurà més cervells d'edat avançada amb una malaltia per a la qual avui no hi ha cura. Però a partir d'aquest punt comença a obrir-se en la comunitat científica, i en les meves pròpies perspectives, un fil d'esperança que em permet recuperar l'optimisme. En aquesta cursa que la neurologia manté contra l'Alzheimer, cada cop coneixem més i millor el terreny que trepitgem, i, si bé encara no estem en disposició de vence'l, avui som capaços de detectar-lo abans i d'amortir-ne l'impacte en major grau.

Sabem des de fa temps que les persones que tenen la malaltia presenten una acumulació anormal al cervell de dues proteïnes conegudes com pèptid betaamiloide i proteïna tau, que interfereixen en el funcionament correcte de les cèl·lules cerebrals fins a causar-los la mort. Amb el temps, el dany s'expandeix a tot el cervell i arriba a regions com l'hipocamp, l'estructura on es generen els records. Per això, quan els problemes de memòria passen a ser notables comencem a sospitar que aquesta malaltia ronda a prop. Inquieta pensar que, en la immensa majoria dels casos, quan es detecten els primers símptomes, la neurodegeneració ja ha fet un llarg procés d'avenç inexorable, mentre el cervell estava silenciós.

La investigació se centra actualment a afinar els sistemes de detecció precoç de la malaltia, avisats del fet que, segons un estudi recent de l'Hospital Clínic de Barcelona, solen passar onze anys de mitjana des que comença l'atac a les neurones fins que es manifesten els primers símptomes, que no sempre tenen a veure amb la pèrdua de memòria, sinó que de vegades estan relacionats amb alteracions de la conducta, el llenguatge o la vista. Per això, a banda de buscar-hi una cura, la comunitat científica treballa per trobar mètodes senzills i precisos de diagnòstic primerenc, ja que, com en altres malalties, és de vital importància la detecció precoç.

Això ofereix la possibilitat d'iniciar el tractament abans i, sobretot, facilita al pacient una informació molt valuosa sobre com pot aspirar a viure els anys que l'esperen, en els quals la malaltia continuarà avançant sense preguntar-li l'opinió. És per aquesta esquerda, la de la detecció anticipada de l'afecció, per on la ciència intenta atacar l'Alzheimer. I cada cop s'acumulen més senyals que permeten mirar al futur amb confiança. De fet, ara sí que és possible el diagnòstic precoç mitjançant proves que detecten la presència de les proteïnes anòmales (betaamiloide i tau) en el líquid cefaloraquidi o a la sang. A més, les noves tecnologies d'imatge cerebral, com la tomografia d'emissió de positrons (PET), que detecta les plaques amiloides, ja s'utilitzen per al diagnòstic. Saber amb antelació que es té la malaltia latent, tot i que encara no permet adoptar teràpies preventives que siguin realment efectives per aturar-ne la progressió, almenys fa possible assumir aquest nou panorama vital quan el malalt es troba encara en ple domini de les seves facultats.

Avui també sabem que no tots els casos d'Alzheimer són iguals, i que n'hi ha dues categories principals: la forma esporàdica i l'hereditària. Aquest últim tipus és molt poc comú: apareix en menys del deu per cent dels pacients, normalment al voltant dels quaranta anys, i està relacionat amb mutacions genètiques. Les formes esporàdiques de la malaltia constitueixen la immensa majoria dels casos, i es manifesten en persones d'edat avançada. En el desencadenament hi ha múltiples factors implicats, entre els quals l'edat és el més important. La identificació del conjunt de causes que fan activar la malaltia farà possible el disseny de rutines i tractaments que ajudaran a retardar els primers símptomes.

En aquests moments, la investigació genètica té moltes expectatives posades en la frontera de l'Alzheimer. La identificació exacta dels gens implicats en aquesta malaltia i el reconeixement del seu patró d'actuació en el futur obrirà la porta a la intervenció mitjançant teràpia gènica. I cada cop s'acumulen més senyals que permeten encarar el futur amb confiança. Actualment, deu hospitals espanyols participen en un projecte internacional, en col·laboració amb cent quaranta centres més repartits entre vint-i-vuit països, l'objectiu del qual és trobar un anticòs que, mitjançant immunoteràpia, impedeixi l'acumulació de proteïnes betaamiloide i tau a les cèl·lules del cervell. Ja no és una utopia somiar medicaments contra l'Alzheimer. De fet, la revista *Science* ha publicat no fa gaire un treball d'investigació que assenyala que el bexarotè, un agent terapèutic utilitzat per tractar el càncer, reverteix eficaçment els efectes neurodegeneratius en ratolins que tenen la malaltia. Els resultats han estat espectaculars, sobretot perquè s'ha descobert que aquesta droga no té efectes nocius per al pacient, la qual cosa permet pensar en assajos clínics imminents en humans.

Associada al vessant mèdic i científic de l'Alzheimer, hi ha la dimensió social de la malaltia, que, tot i ser potser la més dolorosa, no està prou atesa, malgrat la important presència que té avui en la nostra vida. Es calcula que una de cada deu persones més grans de seixanta-cinc anys té actualment aquest tipus de demència en alguna fase del seu desenvolupament. De cara al futur, els càlculs més optimistes preveuen que el 2030 hi haurà seixanta-tres milions de pacients al món amb aquesta malaltia. Només a Espanya, avui hi ha vuit-cents mil malalts d'Alzheimer. Si tenim en compte que sol haver-hi dues persones encarregades de cada pacient, resulta que aquest mal complica la vida a una població de dos milions i mig d'individus. És una malaltia curiosa: va erosionant la capacitat cognitiva i memorística de les persones però, tot i això, respecta fins a l'últim moment la dimensió afectiva del pacient. Arribat a una fase avançada de la deterioració, el malalt d'Alzheimer s'oblidarà de tot excepte de saber qui l'estima. Com confirma José Luis Molinuevo, neuròleg de l'Hospital Clínic de Barcelona, això demostra que la memòria emocional està lligada als circuits neuronals més essencials, bàsics i primitius de l'ésser humà.

La majoria de vegades, el seguiment d'aquesta terrible afecció es fa en el si de la família dels malalts. Són els cònjuges, els fills, els nebots i la gent més pròxima els qui, sense tenir a l'abast les eines necessàries ni saber com actuar en la majoria dels casos, fan front al repte de tenir cura de persones que, dia a dia, van veient reduïda la capacitat de comprensió i moviment. Aquesta situació genera un sord dolor social que és suportat en la intimitat de les famílies, i al qual la comunitat haurà de fer front més d'hora que tard, atesa la magnitud que aquesta síndrome està assolint als nostres dies. Les freqüents consultes que rep el departament del grup de Suport Psicològic Online de la Fundació Punset són una bona prova d'aquest malestar. Són molts els casos de familiars exhaustos, confosos, perduts i amb símptomes de *burnout* davant del repte a què s'enfronten, per la qual cosa es fa necessari introduir una nova dimensió en els estàndards mèdics que gestionen aquesta malaltia: no només s'ha d'atendre el pacient, també és urgent començar a cuidar el cuidador.

Com puc reconèixer els primers símptomes d'Alzheimer

M'agradaria saber com reconèixer els primers signes i símptomes en el desenvolupament de l'Alzheimer, i en quin moment s'ha d'acudir als professionals, així com quina especialitat seria l'adequada per al tractament.

Em preocupa pensar que alguns familiars pròxims en puguin patir, o que jo mateix pugui acabar desenvolupant-lo en el futur.

(abril del 2012)

Respon: Cecilia Salamanca

Els símptomes de l'Alzheimer solen passar per tres etapes. En la primera, apareix una pèrdua d'energia i espontaneïtat, minva lleument la memòria, hi ha canvis d'humor i se sol donar una especial dificultat per a l'aprenentatge de noves tasques. És habitual que apareguin situacions de confusió, així com complicacions a l'hora de planificar i organitzar tasques. El deteriorament afecta tant les relacions familiars com la feina. En la segona etapa, la persona necessita ajuda per fer moltes de les activitats que abans podia fer tota sola. La memòria a curt termini és escassa, encara que perdura la memòria a llarg termini. Finalment, en la tercera etapa la persona es torna dependent en gairebé totes les activitats quotidianes. En aquesta fase, els malalts d'Alzheimer són incapaços de reconèixer els familiars i no tenen consciència d'estar malalts.

Des de l'aparició dels primers símptomes, la malaltia sol tardar uns deu anys a desenvolupar-se, encara que en alguns casos poden passar fins a vint anys. La simptomatologia de la demència incipient pot confondre's amb la de la depressió, ja que en tots dos casos apareixen canvis d'humor, confusió i problemes d'atenció. Actualment hi ha instruments de discriminació, com l'Addenbrooke's Cognitive Examination (ACE), capaços de diferenciar de manera fiable la depressió de l'Alzheimer. Quant a la conducta, els qui presenten aquesta classe de demència de vegades manifesten una tendència a fantasiejar: el malalt intenta omplir les llacunes causades per la pèrdua de memòria mitjançant la invenció.

Alzheimer i depressió en cuidadors

La mare del meu marit té un Alzheimer avançat. Fa poc van decidir internar-la en una residència, on està ben atesa. El meu marit fa molts anys que viu força preocupat, i ara que ella està ingressada i més controlada continua estant igual d'angoixat, o fins i tot més, i magnifica qualsevol cosa que no li agrada de la residència. Entenc que es preocupi, però no que s'obsessioni. Li ha aparegut una dermatitis seborreica enorme al cuir cabellut, que segons el dermatòleg és d'origen emocional. Ha perdut la gana, i nosaltres com a parella a penes tenim trobades emocionals i mantenim relacions sexuals amb escassíssima freqüència. M'agradaria que entengués que és important cuidar-se i sobreviure al malalt d'Alzheimer, però alhora no vull que em vegi com l'enemiga que li dóna consells, que és el que sovint m'acusa de ser.

(setembre del 2011)

Respon: Paula García-Borreguero

Els efectes de l'Alzheimer també recauen sobre els cuidadors i familiars, en tots els sentits. Aprendre a cuidar-se, adonar-se que és necessari dedicar-se temps a un mateix, posar límits al malalt, pensar en el futur i anticipar-s'hi són algunes de les atribucions dels bons cuidadors. Crida l'atenció, però, que sovint tendeixen a rebutjar el suport exterior, fins i tot quan el necessiten molt, de vegades per sentiments de culpa o bé d'obligació moral.

Els problemes que apareixen amb més freqüència en els cuidadors són: hipocondria, sobreimplicació emocional amb el malalt, obsessió per centrar-se tot el dia en el pacient, irritabilitat i insomni. Un alt percentatge descuida o abandona les atencions que dedicaven a altres familiars, com sembla que li passa al teu marit.

Et recomano que el convidis a parlar amb el vostre metge d'atenció primària o amb algun dels psicòlegs que generalment les residències especialitzades tenen a disposició dels familiars.

Sentiments de culpa en portar una mare amb Alzheimer a una residència

He viscut amb la meva mare des que em vaig separar del meu marit, fa deu anys, i ara els meus germans i jo hem pres la decisió d'ingressar-la en una residència, perquè la situació s'havia tornat molt dura per a mi: té un principi d'Alzheimer i està cega. Seria lògic pensar que ara em trobo més descansada i tranquil·la, però no és així. La meva mare no vol estar-se allà, i si vas a veure-la s'oblida aviat que hi has anat. No sé controlar els sentiments de pena, solitud, culpa i tristesa que m'envaeixen. Crec que cada cop em sento pitjor. Vaig a veure-la gairebé cada dia. Si hi vaig, pateixo; i si no hi vaig, també. Se'm fa molt complicat explicar això als meus germans. ¿Podrien ajudar-me, indicant-me algun tipus de reflexió, exercicis o pautes per seguir? No tinc possibilitat d'assistir a les reunions de familiars de pacients amb Alzheimer de la ciutat on visc perquè són incompatibles amb el meu horari laboral.

(juny del 2011)

Respon: Gabriel González

Aquests sentiments de pena, tristesa i fins i tot culpa són propis d'una situació com la teva: coneixes molt bé la teva mare, saps l'opinió que li mereix la residència i et fa patir haver-l'hi de tenir. És fonamental que reconeguis aquests sentiments i els acceptis. També és bo que aprenguis a veure les coses positives que té la situació actual: la residència et dóna l'oportunitat d'estar amb ella sense l'angoixa ni la preocupació de si ho fas bé, perquè ells s'encarreguen de cuidar-la.

Tingues present que en aquest procés no estàs perdent la relació amb ella, sinó al contrari: la cuides i la mantens, i això és l'important a hores d'ara. És molt convenient que gaudeixis d'ella, sabent el que heu compartit, i que trobis espais en què puguis agrair-li tot el que ha fet per tu. També és possible que els teus germans tinguin sentiments semblants als teus. Compartir-los amb ells, si no ara potser més endavant, t'ajudarà a utilitzar-los com a suport de cara al que passi en el futur.

Burnout en familiars de malalts d'Alzheimer

Tinc la meva mare malalta d'Alzheimer des de fa set mesos. Ella té vuit germans, però cap no ha vingut a veure-la. Ens hem ocupat d'ella el meu marit i jo, si bé ara està en una residència. Aquests mesos han estat horribles per a mi. M'he sentit sola a l'hora d'afrontar la malaltia de la meva mare, de prendre decisions, portar-la a metges i ingressar-la en una residència. Només he tingut el suport del meu marit.

Resulta que ara els germans de la meva mare diuen que vindran a veure-la. Volen anar a veure-la quan ells vulguin, sense consultar res amb mi, imposant els seus horaris. A més, em fa la sensació que només vénen a criticar. No els agrada que la meva mare tingui una habitació compartida a la residència, ni que l'habitació no tingui lavabo. No sé com afrontar les seves crítiques, ni com fer-me sentir davant les seves imposicions. Necessito ajuda, perquè la situació em posa molt nerviosa.

(desembre del 2010)

Respon: Paula García-Borreguero

«La meva consciència té, per a mi, més pes que l'opinió de tota la humanitat». Aquesta citació de Ciceró ens convida a actuar d'acord amb la pròpia consciència, independentment de les opinions dels altres, i més quan no han participat en la presa de decisions.

Mentrestant, cuida't. La síndrome de *burnout* en cuidadors de pacients amb Alzheimer està descrita com un profund desgast emocional i físic que s'experimenta en tenir cura del malalt i conviure-hi. Es caracteritza per la desmotivació, la depressió, l'angoixa, la fatiga, l'esgotament, la irritabilitat i la sensació d'estar desbordat per la situació. Per això et recomano que descansis i et dediquis estones a tu mateixa i el teu marit. Fes exercici, queda amb els amics, desfoga't amb la gent que tens a prop, delega i comparteix les decisions mèdiques i del benestar de la teva mare amb el personal especialitzat de la residència per sentir-te protegida. Finalment, valora la possibilitat de buscar ajuda professional si el teu estat nerviós s'accentua.

5. Lluitar contra l'envelliment és possible

Hi ha un detall relacionat amb la mort que solem passar per alt, encara que estiguem tan familiaritzats amb l'últim sospir i malgrat els molts pensaments que hem dedicat des de fa més de cinc mil anys al desenllaç transcendental: abans que una persona mori, fins i tot el segon previ a l'última exhalació, totes les seves cèl·lules i òrgans, sense cap excepció, lluiten per sobreviure. Cap no llença la tovallola i es deixa defallir, sinó que totes les parts de l'organisme i el sistema en conjunt compleixen fins al final la missió que tenen encomanada: treballar per garantir la vida. És com si tot el nostre ésser estigués programat per continuar funcionant indefinidament. De fet, al cap de molts anys d'investigació sobre Thanatos, encara no s'ha trobat cap prova que permeti pensar que la mort està prevista en el protocol del nostre disseny. «En realitat, no estem programats per morir», m'advertia molt solemne un dia Tom Kirkwood, director de l'Institut d'Envelliment i Salut de la Universitat de Newcastle, al Regne Unit.

Aquest descobriment capgira la manera com fins ara ens plantejàvem l'existència i la caducitat. Si fins i tot la més diminuta i insignificant de les nostres cèl·lules està programada per lluitar per la vida i no existeix ni un sol missatge al codi genètic humà que ens prepari per a la defunció, això vol dir que la lluita contra la mort i per l'allargament indefinit de la vida adquireix més sentit que mai. Es tractaria, doncs, d'aliar-nos amb la nostra pròpia naturalesa i que descobríssim quins són els mecanismes que garanteixen la supervivència, així com els que promouen la deterioració de les cèl·lules. Podem posar-nos de part de la vida per vèncer la mort?

La ciència està entregada a aquesta aventura des de fa força temps. De moment, ja hem estat capaços de comprovar fins a quin punt el que ens dóna la vida és, alhora, el principal causant del final. L'oxigen és el combustible que ens manté en marxa; sense l'oxigen no duraríem més d'uns minuts. I, malgrat tot, és un material tremendament corrosiu. Només cal veure l'efecte que té en una poma partida per la meitat: tarda poc a oxidar-la. Pel que fa al nostre organisme, el rostre sinistre de l'oxigen s'anomena «radicals lliures». En les mitocòndries, els orgànuls encarregats de proporcionar energia a les cèl·lules, cada segon es cremen incalculables quantitats d'oxigen. Però la combustió de l'oxigen genera residus en forma de radicals lliures, i és precisament l'acumulació dels radicals lliures i altres substàncies reactives a l'oxigen el que origina el dany cel·lular.

A escala genètica també hem descobert la clau mestra de l'envelliment. La vida seria eterna si la divisió cel·lular que ens garanteix la supervivència aconseguís que les successives còpies de les cèl·lules fossin exactes i mai no es produïssin mutacions. Amb tot, els llargs cordons de cromosomes on hi ha inscrit el nostre codi genètic estan protegits als extrems per uns filaments, anomenats telòmers, que són com el plàstic protector que hi ha al final dels cordons de les sabates: eviten que s'esfilagarsin. Quan l'ADN d'una cèl·lula es replica i es copia per dividir-se equitativament entre les dues cèl·lules filles, les seqüències que formen els telòmers van perdent la capacitat de duplicar-se, per la qual cosa s'escurcen a cada cicle de reproducció cel·lular. Divisió rere divisió, la grandària dels telòmers disminueix, fins que acaba deixant desprotegit l'ADN de la cèl·lula. És, a escala molecular, el relat d'una mort anunciada.

És una troballa que ha obert la possibilitat d'actuar contra aquest fatal desenllaç mitjançant l'ús de la telomerasa, que és un enzim que compleix una funció reparadora dels telòmers. A aquestes altures de la investigació, la clau és aconseguir que els tractaments aconsegueixin protegir els guardians de l'ADN sense provocar, com a efecte secundari, la formació de tumors. Tinguem present que la vida consisteix a mantenir un equilibri entre les agressions que reben les cèl·lules i la seva capacitat regenerativa. Mentre el poder reparador dels teixits sigui superior al bombardeig que reben, la vida es mantindrà. Quan el deteriorament sigui superior a la reparació, es desencadenaran l'envelliment i la mort.

La intuïció ens convida a pensar que el primer d'aquests escenaris defineix el patró biològic de la joventut i el segon, el de la senectut. És així, però no al cent per cent. La ciència ha descobert fa poc que l'edat biològica no té res a veure amb l'edat cronològica dels éssers vius. I mentre que la cronològica no es pot canviar, perquè la marca el calendari, l'edat biològica sí que varia, ja que indica l'estat en què es troba l'organisme en un moment determinat. Avui dia, la identificació de tot un seguit de biomarcadors associats a l'envelliment ens permet calcular el grau de deteriorament real que té un organisme. Dit d'una altra manera: avui podem mesurar el que un individu ha avançat cap a la trobada amb la mort natural.

Així, s'ha comprovat que un dels marcadors més eficaços que hi ha per calcular el grau d'envelliment és el sistema immunològic. La capacitat de les cèl·lules i l'organisme en conjunt de defensar-se de les agressions externes és un indicador de la seva salut, de manera que un sistema immunitari mal regulat dispara la possibilitat de tenir infeccions, que solen ser causants d'oxidacions en els teixits, i per tant en faciliten la deterioració. Curiosament, aquesta qualitat autoprotectora no va associada a l'edat, sinó que, com em recordava la fisiòloga Mónica de la Fuente, els individus que viuen més anys són els que aconsegueixen mantenir jove durant més temps el sistema immunitari. I això de què depèn? Principalment, de fer una dieta sana, practicar esport, tenir hàbits saludables i evitar les substàncies tòxiques i les drogues, sense oblidar vigilar l'equilibri mental, que és un dels garants d'un sistema immunològic adequat.

Atribuir a algú l'edat que assenyala el seu DNI s'ha confirmat com un tic mental erroni, cosa que és una gran notícia per als que ja rondem una edat avançada. Però també per als joves, perquè tenen a l'abast la possibilitat d'incorporar a la seva rutina una sèrie d'hàbits saludables que els permetran viure més anys dels que van viure els seus avantpassats. De la Fuente compara aquest plantejament amb la descripció d'un viatge: si ens desplacem molt de pressa, arribarem abans al destí, que és la mort, i ens semblarà que el trajecte ha durat poc. Però si el desgast del nostre capital vital té lloc més lentament, gràcies a totes les prevencions que suggereixen els manuals de la vida saludable, viurem més anys. Un dia, el neurobiòleg Fernando Gómez-Pinilla em donava una explicació semblant amb relació al cervell, encara que ell apel·lava a una magnitud diferent, la «reserva cognitiva», que descrivia com una mena de «banc del cervell» que n'administra el potencial, de manera que tot el que es pugui estalviar durant la joventut, mantenint una alimentació equilibrada i fent esport, es podrà recuperar en la vellesa.

Com m'advertia fa un temps el cirurgià plàstic Vincent Giampapa, cofundador de l'American Academy of Anti-Aging Medicine, als Estats Units, «Nosaltres mateixos posseïm a les cèl·lules la tecnologia necessària per millorar la nostra salut». L'únic que necessitem és aprendre a utilitzar el missatge inscrit a l'interior del nostre codi genètic. Aquest investigador pensa de manera afí a altres especialistes en els secrets de l'envelliment, com Aubrey de Grey, biòleg de la Universitat de Cambridge, al Regne Unit, que preveuen que en un futur no gaire llunyà aconseguirem fàcilment cotes de supervivència de cent vint anys. Ciència-ficció? El temps ens dirà fins on som capaços de guanyar la batalla al nostre rellotge biològic.

Veritats i mentides sobre la melatonina i l'envelliment

Estic interessat a esbrinar detalls sobre la melatonina i el seu poder contra l'envelliment. Sóc molt escèptic i la informació que trobo em provoca molts dubtes, ja que desconfio de tanta propaganda. Per això us escric: voldria saber, amb una base científica, les veritats i les mentides sobre la melatonina i els efectes que té en la glàndula pineal.

(desembre del 2010)

Respon: Noelia Sancho

La melatonina és una hormona segregada per la glàndula pineal, que participa en una gran varietat de processos cel·lulars, neuroendocrins i neurofisiològics. Una de les seves funcions més característiques és la regulació del rellotge biològic humà.

De la melatonina també se'n diu «hormona de la foscor», ja que normalment la seva producció es veu inhibida per la llum i estimulada per la foscor. La melatonina indueix els animals nocturns a l'activitat i fa adormir els diürns.

Tenen un interès especial els possibles beneficis de la melatonina en el sistema nerviós central. Actualment s'estudia si podria inhibir la mort cel·lular que es dóna en malalties neurodegeneratives com l'Alzheimer o el Parkinson. Quant a l'envelliment del cos, no queda clar si la disminució natural en la producció de melatonina associada amb l'edat és la responsable d'alguns dels símptomes de l'envelliment. Als Estats Units l'ús de la melatonina com a fàrmac no és permès, però sí que es pot comprar com a suplement dietètic. A Europa, alguns països n'han legislat i permès l'ús. A Espanya encara no n'està autoritzada la comercialització.

Mantenir relacions sexuals escurça la vida?

Un dia vaig sentir a dir que mantenir relacions sexuals amb una altra persona fa que et moris abans. I m'ho crec, no dic que no. Tampoc no em preocupa. La meva pregunta és: masturbar-se també fa que et moris abans?

(juny del 2010)

Responen: Gabriel González i Nika Vázquez

Les investigacions sempre han defensat el plantejament contrari: mantenir relacions sexuals habitualment allarga la vida, ja que enforteix el sistema immunològic, prevé el desenvolupament de les malalties i té un efecte analgèsic que ajuda l'individu a resistir millor el dolor, independentment de si l'acte sexual és mitjançant la masturbació o el coit. També prevé malalties cardiovasculars, contràriament al que se sospitava fins ara.

Mentre un se senti bé amb ell mateix i amb la resta de la gent, tot el que faci a la vida serà molt més plaent, li farà experimentar la sensació de tenir una vida més plena i, en definitiva, el convertirà en algú molt més feliç. Es mori més tard o més d'hora, haurà gaudit del seu temps.

Tinc por de quedar-me sola quan el meu pare es mori

Sóc filla única, no tinc mare ni parella ni fills. Només tinc el meu pare i em preocupa la idea que envelleixi i es mori. No és que estigui malalt, però té vuitanta-tres anys i sé que, inevitablement, es morirà. Només pensar-ho em fa estremir, no m'imagino la vida sense ell, estic massa aferrada a la seva figura. Sóc totalment conscient que tinc un gran problema i vull posar-hi solució. No puc suportar la idea que es mori, només imaginar-m'ho em fa sentir una angoixa espantosa i perdo la noció de la realitat. Em fa por que, arribat el moment, perdi la raó i cometi alguna bogeria perquè, en definitiva, no hi ha res que em lligui a aquest món. Per molts bons amics i familiars que tingui, com ell no hi ha ningú.

Fa tres anys que intento tenir un fill, creient que això em podria ajudar, però no sé si aquesta seria la solució per a la futura pèrdua del meu pare. El sol fet de pensar que hauria de deixar de cuidar-lo a ell per ocupar-me del bebè em fa rebutjar la idea. Com veieu, tinc dos grans problemes: l'un és com afrontar i superar l'envelliment i la mort d'un pare, i l'altre decidir si he de tenir un fill o no.

(novembre del 2011)

Respon: Sandra Borro

Durant la infància, les nenes desenvolupen el que la psicoanàlisi anomena «complex d'Electra»: tenen més bona relació amb el pare que amb la mare. En arribar a la pubertat, aquest afecte es veu desplaçat: la nena renuncia als seus desitjos i acaba identificant-se amb la mare per convertir-se en una dona i tenir els seus propis fills amb un altre home. No sabem per què, però aquest procés no s'ha completat en el teu desenvolupament emocional i t'has quedat aferrada al teu pare sense poder fer res més a la vida. Solament una psicoteràpia individual podria desvelar-te els motius profunds que t'han portat a trobar-te en aquesta situació.

És normal que t'angoixi pensar en la mort del teu pare, sobretot perquè en aquest moment ell s'ha convertit en l'única raó de la teva vida. Parles de tenir un fill per suplir la futura absència del teu pare, però aquesta no és una bona raó per tenir un fill. Si no aprens primer a estimar-te i a cuidar-te a tu mateixa, tornaries a repetir el mateix patró de relació que has establert amb el teu pare.

No em vull fer vell

Fa mesos que estic bastant desesperat. De manera sobtada, m'he adonat que la vida va de debò, que envelliré i em moriré. Sento terror davant la idea de la mort i la no-existència. És com si volgués saber on aniré, on seré quan ja no hi sigui.

No trobo el rumb, la motivació, el sentit, l'explicació a la meva vida. De sobte m'han caigut tots els esquemes, totes les teories, els projectes, les il·lusions, els somnis. Sento que res no té sentit. Estic paralitzat, com si la inactivitat i la immobilitat haguessin de frenar el pas del temps. No vull que els meus pares es facin vells. No em vull fer vell. Sento que no puc afrontar la realitat de la vida, la malaltia, l'envelliment i la mort.

No sóc capaç de tornar a somiar ni tenir il·lusió més enllà de les petites coses que em proposo per passar el dia. Em sento molt negatiu i pessimista. No trobo la motivació per emprendre amb la força necessària els projectes que intento plantejar-me. No veig l'esperança que tant busco.

(desembre del 2009)

Respon: Nika Vázquez

Fins ara ens preguntàvem si hi havia vida després de la mort, però una visió més actual és si hi ha vida abans de la mort, és a dir, si l'espremem i assaborim a cada moment. Pensar constantment en el futur o en el passat són dues maneres de no viure. Una manera d'alleujar aquesta tendència és recórrer al *mindfulness*, una tècnica basada en la consciència plena que ens ajuda a centrar-nos en l'aquí i l'ara. Prové de la meditació oriental i es basa en la idea que el cos i la ment han d'estar en sintonia per viure el moment present.

Hi ha investigacions recents que conclouen que els grans plans i expectatives no donen la felicitat. Són els reforços immediats, les petites alegries que ens dóna el dia a dia el que va construint la base de la nostra satisfacció. Per aconseguir estar més a prop de l'harmonia podries començar per canviar el focus d'atenció dels teus pensaments i sentits, centrar-te en totes les coses que et passen, que avui tens i de les quals pots gaudir. Has d'evitar que l'angoixa de perdre-ho t'impedeixi valorar el que ara tens.

Capítol 9

Quan mirem la mort. Els camins de l'espiritualitat

1. Estem programats per creure?

Sovint la ciència ha estat presentada com l'escenari des del qual lliurar una batalla contra el dogmatisme religiós. Un dels últims episodis d'aquest inacabable serial melodramàtic entre creients i ateus amb els descobriments científics com a fons és el servit per Stephen Hawking i la seva conclusió que el Big Bang hauria pogut originar-se a partir de les mateixes forces que hi ha en la natura, sense necessitat de cap aportació externa de tipus diví. Fins ara, la idea de l'origen de l'univers havia estat acceptada per la comunitat creient perquè la impossibilitat d'explicar la mecànica interna d'aquesta explosió d'energia els deixava un marge perfecte per introduir la mà de Déu en aquesta empenta seminal. Amb la seva teoria, Hawking segava de soca-rel aquesta perspectiva, generava la protesta dels més religiosos i tornava a alimentar l'etern debat. La situació ha tornat a repetir-se arran del descobriment del bosó de Higgs, anomenat en alguns àmbits «la partícula de Déu». El que per a uns és la prova que amb les lleis de la natura n'hi ha ben bé prou per explicar l'existència humana, per a d'altres és la confirmació que un ens superior ha col·locat a l'univers la llavor que ho posa tot en funcionament.

Personalment, no he volgut intervenir mai en disputes d'aquest caràcter. Parteixo de l'observació, no sempre prou tinguda en compte, que els arguments de la ciència són comparativament recents en el temps enfront dels segles i mil·lennis durant els quals la nostra espècie ha ofert explicacions sobrenaturals al que passava i no entenia. Han passat cinc-cents anys escassos des que Copèrnic es va enfrontar amb l'Església pel fet de qüestionar que la Terra fos el centre de l'univers, i només cent cinquanta des que Darwin va exposar la seva teoria de l'origen de les espècies, que posava en dubte el motlle a imatge i semblança de Déu amb què, segons la religió, havíem estat fabricats. Preses en un sentit paleontològic del temps, en realitat totes dues troballes científiques són un parpelleig al costat de les innombrables ocasions en què les diferents cultures que ens han precedit han adorat múltiples i variats tòtems per garantir les collites i han sacrificat verges, nens i animals estimbant-los daltabaix de volcans per assegurar la sortida del sol l'endemà.

Som crèduls per naturalesa. I això inclou des d'abraçar dogmes religiosos fins a confiar en mètodes científics per aconseguir una curació, passant per deixar-nos posseir per absurds pensaments de naturalesa supersticiosa, com creure que una peça de vestir pot donar-nos sort per fer un examen o que seguir tal o tal patró en el moment de trepitjar per primera vegada el carrer cada matí ens oferirà protecció durant la jornada. Precisament, en els instants de més estrès, que és quan ens sentim més vulnerables, ens mostrem més predisposats a abaixar el llistó de les nostres creences i a donar per vàlides veritats que en condicions normals no admetríem. En el fons, són gradacions diferents d'una mateixa realitat: no veiem el que veiem, sinó el que creiem.

Un equip d'investigadors de la Universitat de Michigan, als Estats Units, dirigit per l'antropòloga Beverly Strassmann ha publicat un treball a la prestigiosa revista *Proceedings of the National Academy of Sciences* en el qual, després d'estudiar exhaustivament el poble dels dogó de Mali (Àfrica occidental), conclou que la religió és un mecanisme de defensa de les societats patriarcals. El control exercit mitjançant les creences ajuda els homes a assegurar-se la paternitat de la descendència, ja que estableix un mecanisme de vigilància ferri sobre el comportament sexual de les dones. Els autors creuen que aquest control, compartit per les cinc principals religions del món, és una solució cultural a un problema biològic: la incertesa del mascle a l'hora d'acceptar com a propis els fills de la seva esposa. Precisament, els investigadors constaten en el seu estudi que els credos més estrictes en la regulació de la sexualitat femenina són els que aconsegueixen millors índexs de certesa en la paternitat.

Comprenc els que afirmen que hem estat massa benèvols amb el dogmatisme religiós. Alarmat, Sam Harris, filòsof i escriptor nord-americà, i gran investigador del fenomen de la fe al món, em recordava un dia que, segons les enquestes, el 44% dels seus compatriotes està convençut que Jesús tornarà a baixar a la Terra, i que a més ho farà de manera literal, descendint dels núvols com un superheroi per salvar el món. Davant d'aquest fet, Harris anima a exigir als que segueixen aquests dogmes que presentin les proves de les seves creences, com fa la ciència amb els seus descobriments.

No podem passar per alt que de vegades també hi ha hagut posicions dogmàtiques en el club dels científics. En realitat, els que s'autoproclamen com a tals i conceben les seves creences com lleis inalterables i úniques per mesurar la realitat, viuen cecs davant d'un fet indefugible: tot pot canviar. La ciència va canviar quan va arribar Copèrnic, va tornar a fer-ho en temps de Newton, i va mudar altra vegada quan Einstein va saber veure-hi més enllà del que altres havien aconseguit veure abans. És precisament aquesta actitud humil el que més m'atreu de la ciència. La seva història és la d'una rectificació constant, un continu exercici de canvi.

Personalment, m'agrada molt que la ciència vagi donant explicacions demostrables a tots els fenòmens que en el passat només trobaven sentit a través de la superstició, perquè estic convençut que la força de les proves és més eficaç que la desqualificació de les creences que ens són alienes. El raonament científic ho té tot per guanyar, però el dogmatisme resistirà mentre quedin àmbits sense poder ser explicats. Al capdavall, la fe no ha de demostrar res, mentre que la ciència sí. Tot i això, és qüestió de temps que la ciència acabi vencent el dogmatisme.

Ser no creient en un entorn religiós

Sóc una persona de formació científica que amb el temps ha aconseguit desaprendre, com diu Eduard Punset, la doctrina catòlica imposada en la infància. M'he convertit en un no creient convençut, però visc en un lloc on el catolicisme està molt arrelat i les implicacions de la religió en la vida quotidiana són freqüents. Vaig intentar viure com fa la majoria, sense pensar gaire i seguint les tradicions, però se'm feia difícil, per exemple, mantenir els meus fills a classe de religió o enviar-los a catequesi perquè fessin la primera comunió, així que vaig optar per ser coherent. I no me'n penedeixo. Crec que ha estat el millor. Potser m'estic obsessionant, o he de relacionar-me amb altres no creients. Suposo que això m'ajudaria a no sentir-me fora de lloc. Estic divorciat i tinc parella des de fa un temps, i encara que ella no és una catòlica fervent, sí que manté les tradicions i les celebracions. Començo a pensar que potser hauria estat millor, com recomana Stendhal, seguir la majoria, encara que un estigui convençut que no tenen raó.

(novembre del 2011)

Respon: Pablo Herreros

Si bé el fervor religiós ha disminuït els últims anys, és cert que encara en queden moltes reminiscències en la manera d'entendre la vida de molta gent.

Quan es tracta de posar en dubte idees apreses durant la infància, és obvi que cal desaprendre alguna cosa molt més profunda que un grapat de conviccions religioses. El que es qüestiona és també l'educació rebuda i la lleialtat als familiars de qui vam aprendre aquestes creences. La fidelitat cap al sistema del qual es prové és un obstacle molt poderós per al canvi. D'altra banda, gràcies a diversos estudis científics, sabem que els creients se senten més feliços per raons que inclouen la pertinença a una comunitat i el suport, imaginari o no, d'un ésser superior.

Els investigadors Richard Sosis i Candace Alcorta sostenen que el valor adaptatiu d'aquest sistema resideix en la utilitat que té per evocar emocions fonamentals. Des del punt de vista de l'evolució de les organitzacions socials, també sabem que els pobles religiosos estan més cohesionats i que moltes vegades la fe ha servit per integrar col·lectius molt heterogenis. Quant a mantenir relacions socials amb persones similars a nosaltres, la psicologia positiva considerava fins fa molt poc que era fonamental per desenvolupar una vida social satisfactòria. Ara bé, l'auge de les xarxes socials i l'evolució del coneixement cognitiu, així com els avenços de la investigació i les noves tecnologies, han contribuït a una millor apreciació del pensament multidisciplinari com a font d'innovació. El consens universal actual constata que la innovació no és possible sense multidisciplinarietat.

Exclosa de la família per idees religioses

La meva consulta és relativa a un malestar que tinc respecte a la meva família, que practica una religió amb una ideologia bastant sectària. Vaig ser educada en una sèrie de normes molt estrictes que exigien que em mantingués allunyada de persones que no pertanyessin a la meva religió. Els meus amics i la meva parella també havien de seguir aquests preceptes, si no volia tenir problemes. En fer vint-i-quatre anys, vaig decidir deixar-ho tot i començar una vida més normal. A causa d'això vaig perdre tots els amics de la infància, que ara no es volen relacionar amb mi. Tot plegat em va afectar molt, però prefereixo la meva llibertat abans que pertànyer a un grup en el qual no crec.

De totes maneres, això no va ser el pitjor, ja que com que sóc una persona sociable vaig aconseguir fer nous amics. El problema és que, encara que la meva família segueix parlant-me i continuem veient-nos, me'n sento apartada i noto la decepció que els he causat a tots. La meva germana no vol que passi gaire temps amb els meus nebots perquè, segons ella, els valors que ara professo no estan a la seva altura i els podria influir negativament. El meu germà defuig la meva companyia i no puc expressar el que penso sobre determinats temes, perquè suposaria una topada emocional amb ells. Sé que hauria de superar-ho, ja que ja fa més de deu anys que vaig tallar amb tot allò, però no sóc capaç de parlar del tema sense posar-me a plorar.

(octubre del 2010)

Respon: Nika Vázquez

És normal que et sentis així. Som animals socials i ens dol veure'ns exclosos de la bandada. Quan una família practica una religió de creences molt extremades tendeix a desvincular-se de tota persona no pertanyent al grup. És important distingir els valors de les creences. Els valors, com la justícia o l'altruisme, formen part del nostre món animal i són intrínsecs a nosaltres, i com que constitueixen una empremta profunda no solen variar al llarg de la vida. Les creences, en canvi, són molt variables, i es modifiquen en funció de les experiències i l'estil de vida que portem; estan en canvi continu. Els que pertanyen a una secta prenen les creences per valors. El psicòleg Michael Langone defineix la secta com un grup amb una devoció excessiva a una persona, idea o cosa i que empra tècniques antiètiques de manipulació per persuadir i controlar els adeptes.

És important tenir en compte que tu vas triar sortir d'aquest entorn, ja que no comparteixes les seves creences, i que la teva recerca de la felicitat va en un altre sentit. Planteja't si et compensa la llibertat que has escollit, i si la resposta és afirmativa, tingue-ho present quan t'assaltin els dubtes sobre la teva situació o la teva elecció. Parla'n amb la família, si és possible, i planteja'ls que les teves creences no tenen res a veure amb les que ells professen. Si tot i això mantenen la seva actitud d'excloure't del seu entorn, has d'envoltar-te d'una bona xarxa social que t'accepti i valori per reforçar la teva autoestima i el teu estat anímic.

Com puc ajudar un amic atrapat en una secta?

Fa molt de temps que intento ajudar un amic atrapat en una secta. Diu que pertànyer-hi l'ajuda a comprendre la vida. En realitat, cada cop està més absorbit. Estic angoixada. Em diu que no em preocupi, que sap on s'ha ficat, que ho deixarà quan vulgui, però s'ha tornat negatiu, sempre em dóna excuses i no hi ha manera de fer-li entendre res. No suporto veure'l així, malaguanyant la seva vida, i més des que em va confessar que no és feliç, però que ha de seguir certes normes de la secta.

(març del 2012)

Respon: Paula García-Borreguero

El motiu pel qual les sectes han causat una certa alarma social són els efectes nocius que tenen tant en la societat com en els individus. El Parlament Europeu defineix les sectes destructives com noves formes que operen sota la cobertura de la llibertat religiosa, però que atempten contra els drets civils i humans, i comprometen la situació social de les persones afectades. Solen emprar tècniques de persuasió coercitiva per captar, adoctrinar i retenir els adeptes.

Segons el psiquiatre Robert Jay Lifton, per poder qualificar una secta de destructiva han de complir-se els vuit paràmetres següents: control de la comunicació entre els éssers humans que es vol manipular, manipulació mística, redefinició del llenguatge, prioritat de la doctrina sobre la persona, caràcter inqüestionable del dogma, restriccions o prohibicions a la privacitat personal, càstigs i foment de l'autocàstig per arribar a un ideal que en realitat és impossible d'assolir, i existència d'un líder al grup, que és qui decideix qui té dret a existir i qui no.

Per ajudar el teu amic, hauràs d'armar-te de paciència, estar tan a prop seu com et deixi i demanar ajuda a un professional, perquè sol ser necessària una intervenció psicològica si es vol que els adeptes aconsegueixin una rehabilitació psicosocial satisfactòria en tots els àmbits.

Problemes de parella per culpa de la Cienciologia

El meu problema és que el meu marit és membre de l'Església de la Cienciologia, amb unes creences que, tot i que reconec que té moltes coses sorprenents, no acabo de compartir. No puc evitar pensar que aquest credo és tan individualista que qui l'abraça transmet molt poca calidesa humana a la persona que fa d'acompanyant. Això em crea un conflicte amb la parella, ja que no sento que el grup m'inclogui, i el meu marit sol apartar-me quan estem amb ells.

(juliol del 2010)

Respon: Nika Vázquez

L'Església de la Cienciologia és un sistema de creences i ensenyaments originàriament proposat com una filosofia laica el 1952 per L. Ron Hubbard, i anys més tard, des del 1953, replantejat com una «filosofia religiosa aplicada». També és considerada una organització espiritual amb objectius econòmics, que ofereix cursos de creixement personal i autoajuda. En aquest terreny és on la Cienciologia ha tingut molts conflictes legals, ja que no es considera ètic ni lícit lucrar-se utilitzant el nom d'una església o religió.

Les creences de les persones varien en funció de l'experiència que han viscut. Des de la psicologia social es dóna una gran importància al paper del grup per modificar aquestes creences i a la influència que poden exercir en l'individu en un moment determinat del seu desenvolupament vital. Només des de la llibertat personal cadascú pot decidir quin camí ha de prendre i en què ha de creure.

2. Déu és al cervell?

Creixem educats en la sospita, i de vegades en el dogma, que hi ha una realitat sobrenatural superposada a la que percebem normalment, i a la qual només podem accedir a través de la fe o mitjançant certs estats de trànsit místic. Incapaç de mesurar la magnitud de les creences, que constitueixen un conjunt de preceptes que no admeten el qüestionament ni el dubte, la ciència no ha renunciat a aplicar el mètode analític a tot el que el sentiment transcendent té d'experiència sensorial i cognitiva humana, tan mesurable i analitzable com l'amor, la gana, el dolor o la felicitat.

La història de les religions està plena de testimonis que parlen de percepcions de naturalesa especial associades a estats de particular agitació espiritual. Des del místic més avançat al creient més comú, no és difícil trobar referències que descriuen amb una exactitud tan radical com esbalaïdora la sensació d'estar en contacte amb entitats de naturalesa supraterrenal o de sentir el seu propi ésser fora del patró habitual d'autopercepció personal. Ho afirma el monjo que descriu el seu trànsit com un estat de perfecta unió amb Déu o amb l'univers, i ho corrobora el fidel seguidor d'una verge o un sant que no dubta de la protecció que assegura que rep de manera directa des del més enllà. Deixant de banda el contingut de les creences, que queda per al consum privat de la fe de cadascú, la ciència ha investigat el rastre neuronal que aquestes experiències deixen al cervell. De la mateixa manera que una situació d'estrès o de plaer es tradueix en un tipus d'activitat cerebral molt concreta, també la vivència del místic i el religiós es reflecteix en regions i xarxes neuronals concretes, que són estimulades en aquestes situacions.

A mesura que la neurologia ha anat refinant les tècniques d'observació del cervell, s'han multiplicat els intents de desxifrar els patrons neurològics que hi ha rere les experiències més o menys transcendents. Fins i tot s'ha constituït una branca de la investigació cerebral, la neuroteologia, que vol comprendre, a escala cel·lular, en què consisteix l'espiritualitat, és a dir, què passa en el cervell d'una persona que diu que se sent en comunió amb Déu o en contacte amb la verge, o com és l'activitat neuronal d'un místic en plena fase de meditació profunda o d'oració.

Aquestes preguntes comencen a tenir respostes, com les que donen els científics Andrew Newberg i Eugene d'Aquili, de la Universitat de Pennsilvània, als Estats Units. Mitjançant tècniques de neuroimatge com la tomografia per emissió de positrons (PET) i d'altres encara més sofisticades, com el SPETC (*Single Photon Emission Computed Tomography*), que permet escanejar el flux sanguini que genera l'activitat cerebral gràcies a la injecció d'un marcador radioactiu i obtenir així una imatge en 3D del cervell, aquests neurocientífics van «espiar» la ment d'un gran nombre de monjos quan estaven en plena concentració i van observar que en aquests moments descendia notablement l'activitat dels lòbuls temporals. Precisament, aquestes zones es relacionen amb la percepció de l'espai i el lloc que hi ocupem, i per això es considera que hi ha les neurones que permeten a l'individu distingir-se de la resta de la realitat. De fet, una disminució en l'activitat d'aquestes regions cerebrals provoca una reducció en la percepció que tenim dels límits entre el propi cos i l'entorn, de manera que aquest patró d'activitat neuronal podria explicar la sensació d'unió amb Déu, o amb l'univers, que diuen que experimenten els místics en ple trànsit quan fan meditació. Els investigadors van fer aquest mateix experiment amb monges franciscanes en fase de profunda oració i van obtenir uns resultats semblants.

Els lòbuls temporals s'han revelat altament importants en les experiències religioses i espirituals. L'amígdala i l'hipocamp han demostrat que estan particularment implicats en l'experiència de les visions, les experiències profundes, la memòria i la meditació. No obstant això, es creu que el lòbul temporal deu interactuar amb moltes altres parts del cervell per oferir tota la gamma d'experiències religioses i espirituals. Fa temps que s'estan analitzant aquestes regions del cervell partint de la hipòtesi que acabem d'oferir, des que Michael Persinger, neurocientífic de la Universitat Laurenciana de Sudbury a Ontario, el Canadà, va observar que, aplicant impulsos electromagnètics febles en aquesta zona del cervell en epilèptics, els pacients deien que experimentaven al·lucinacions de tipus visual, auditiu i tàctil, algunes de molt semblants a les dels trànsits místics, com la sensació de surar en l'aire o sortir del propi cos. Ja llavors, l'investigador va concloure que aquestes sensacions anormals que distorsionen la forma com la persona es percep a si mateixa i el que l'envolta es deuen a «petites tempestes elèctriques» generades als lòbuls temporals.

Des del punt de vista neurològic, els últims anys el debat s'ha centrat a tractar d'explicar si la fe és un subproducte accidental de la cognició o bé un mecanisme adaptatiu. Els que defensen la primera teoria creuen que la religió va sorgir de manera accidental gràcies a la capacitat humana d'imaginar el que altres persones senten, fins i tot les que no hi són presents, i d'aquí a postular que hi ha éssers sobrenaturals només hi ha un petit pas. Altres investigadors argumenten que la religió està massa generalitzada per ser un subproducte i que ha d'haver proporcionat als que la practiquen i a les seves comunitats algun avantatge, o si no hauria desaparegut. Per a Scott Atran, antropòleg del Centre Nacional per a la Investigació Científica de França, és evident que, a diferència d'altres animals, els humans ens podem imaginar el futur, inclosa la nostra pròpia mort. L'esperança que les creences religioses donen a les persones que s'enfronten a la seva pròpia mortalitat proporcionaria la motivació necessària per tenir cura de la descendència.

Jordan Grafman, investigador del National Institute of Neurological Disorders and Stroke dels Instituts de Salut Americans (NIH), va publicar el 2009 un estudi en què demostrava que els pensaments religiosos utilitzen els mateixos sistemes cerebrals a què recorrem quan volem entendre el que altres persones pensen i senten, és a dir, per posar-nos en el lloc de l'altre. Aquestes àrees són els lòbuls temporal, occipital i frontal de l'escorça cerebral. El treball de Grafman corrobora la idea que la religiositat està integrada en els processos cognitius i en les xarxes neuronals emprades per a la cognició social.

¿Déu, o tot allò transcendent, és el resultat d'un patró d'activitat neuronal? Plantejar la qüestió en aquests termes no resta ni afegeix res al sentiment religiós, pel que fa a la fe. El creient continuarà opinant que és Déu qui ha disposat en el cervell humà aquesta particular facultat d'experimentar sensacions de comunicació amb allò diví, i el no creient sostindrà que tot es redueix a una mera casuística de neurones i sinapsis, les autèntiques generadores de la percepció del sobrenatural, i no al revés.

L'únic segur és que el cervell es comporta així en aquestes situacions i que aquest òrgan no ens ha estat donat per conèixer la veritat, sinó simplement per sobreviure. En aquest sentit, no puc oblidar el diagnòstic que Sam Harris fa sobre l'experiència de la fe. Segons el filòsof i escriptor nord-americà, el mecanisme que porta una persona a abraçar la idea de Déu té a veure amb una resposta emocional basada en processos del cervell relacionats amb la recompensa. «Ens agrada com ens sentim quan decidim que una determinada cosa és veritat», diu Harris. I la cosa, en aquest cas, és Déu.

No podríem sobreviure sense creure. Necessitem confiar en les nostres idees, en els que ens envolten i, portat als últims extrems, en les nostres percepcions. «El cervell humà ha evolucionat per reconèixer patrons en tot el que veu. Però, a més de detectar-los, també infereix els mecanismes que els provoquen. Això fa que de vegades arribem a idees errònies sobre el que ha generat aquest patró», ens recorda Bruce Hood, psicòleg i director del Cognitive Development Centre de la Universitat de Bristol. Convençut que no tenim un accés veritable i autèntic a la realitat, sinó que la ment crea el que sentim i percebem mitjançant processos cerebrals que molts cops són inconscients, Hood creu que som nosaltres mateixos els qui fabriquem les nostres pròpies experiències, i això també inclouria l'experiència religiosa. És a dir: el tret sobrenatural seria inherent a la ment.

De vegades ens pensem que veiem senyals que en realitat no existeixen o deduïm cadenes de causes i efectes que no es corresponen amb la realitat. No és un caprici: el cervell necessita fer aquestes interpretacions per sentir-se més segur i està disposat a admetre una explicació sobrenatural a un fenomen anòmal abans que admetre que no sap com encaixar-lo, sigui un llamp en plena tempesta, una veu insospitada que s'ha sentit de sobte en la foscor o una al·lucinació en una nit de febre. Bruce Hood, que ha analitzat detalladament com ens comportem quan diem que tenim percepcions estranyes, és contrari a culpar l'educació o l'adoctrinament de la tendència a creure en el que no existeix. «En realitat, es tracta d'un impuls que ens surt de dins, i que té a veure amb la manera com generem els nostres models del món. Resulta que alguns d'aquests models són sobrenaturals», ens recorda l'investigador.

Existeix el mal d'ull?

Existeix, el mal d'ull? Les persones poden desitjar-te coses negatives i que et passin? És possible que algú posseeixi aquesta força màgica o fora del normal? I, si és així, què s'ha de fer per lluitar-hi en contra? M'han parlat d'aquests poders i efectes terribles, però no sé què pensar. Em fa por que algú pugui causar-me mal a mi o a algú de la meva família o de les meves amistats, però tinc dubtes de si veritablement es tracta d'una capacitat real o si és inventada.

(març del 2011)

Respon: Sandra Borro

El mal d'ull és una creença popular supersticiosa sense fonament científic, segons la qual una persona té la capacitat de causar mal a una altra només de mirar-la. Es diu que és conseqüència de l'enveja o de l'admiració de l'emissor, que, mitjançant la mirada, ja sigui directament o a través d'un símbol, provoca una desgràcia a la persona que enveja.

Les formes de suposada protecció o curació són diferents segons el context cultural on es doni la creença. Hi ha rituals, amulets i pràctiques diverses, però cap no té validesa científica. La fe, el convenciment que alguna cosa ens protegeix, guareix o alleuja, té a veure amb l'efecte placebo, que sí que s'ha confirmat científicament. Un placebo és una teràpia que no té eficàcia mèdica, però que pot tenir efectes curatius o pal·liatius si el pacient creu que en realitat està rebent un tractament.

És a dir: el poder no rau ni en la persona que pugui causar-te mal d'ull, ni en els mètodes que utilitzis per contrarestar-ne l'efecte, sinó en la teva ment i la teva capacitat per donar per bons o rebutjar les creences irracionals, els prejudicis i les pors.

Experiència mística amb la mort en un brot psicòtic

Fa més de deu anys, durant un brot psicòtic, vaig tenir un trànsit en què vaig passar del cel a l'infern. Va ser una experiència semblant a la que ha descrit la gent que ha estat a prop de la mort. No he tingut recaigudes ni tinc el més mínim símptoma de la malaltia, però em fa por que aquesta visió es repeteixi en el moment de la mort, o que es converteixi en una situació definitiva. He llegit llibres de neurocientífics sobre experiències d'aquesta naturalesa i em penso que n'estic bastant informat, però m'agradaria que algú em convencés que no m'he de preocupar per això. Gràcies.

(març del 2012)

Respon: Paula García-Borreguero

El trastorn psicòtic breu és una alteració sobtada del comportament, consistent en l'aparició de símptomes com idees delirants, al·lucinacions, llenguatge desorganitzat o comportament catatònic (és com si estiguessis mort) o greument desorganitzat. Sovint el desencadenen situacions estressants, i és convenient aconseguir la remissió total de tots els símptomes i un retorn al nivell previ d'activitat durant el mes següent a l'inici de l'alteració.

Lazarus i Folkman defineixen l'estrès com un desequilibri entre les amenaces i la percepció que l'individu té dels recursos personals per fer-hi front. Per tant, si bé no hi ha una estratègia de maneig de l'estrès universalment efectiva, et recomano que segueixis una dieta saludable, mantinguis hàbits de son correctes, facis exercici cada dia i alleugeris l'agenda. Tot això, junt amb la consciència de malaltia que sembla que presentes, hauria de ser suficient per deixar-te tranquil i continuar vivint amb normalitat. Permet-te passar pàgina i deixa de buscar informació obsessivament.

Dubtes sobre el món paranormal

El motiu d'aquesta consulta és que la meva parella i alguns membres de la meva família creuen que estic en risc de ser captat per sectes. Sempre he estat aficionat als fenòmens paranormals. M'interessen temes com l'astrologia i els ovnis i devoro revistes de divulgació científica. De tant en tant trec aquests temes en àpats familiars i sempre acaben igual, amb discussions. Diuen que faig pena, que m'estic tornant boig. Jo no intento imposar res, sinó donar una visió alternativa de la realitat; sempre he estat un provocador. Ja sé que el meu estat anímic és terreny adobat per picar alguns hams, però crec que tot el coneixement que acumulo m'ajuda a créixer com a persona i veig molta ignorància i intolerància al meu voltant.

(abril del 2011)

Respon: Pablo Herreros

En el teu cas conflueixen dos aspectes que és important separar. D'una banda, la incomprensió que mostrem els humans pels temes que no formen part del coneixement oficial. La majoria de les tècniques que esmentes no tenen res a veure amb el món paranormal, són només teràpies alternatives sense cap risc. D'altra banda, recorda que, tot i que no hem d'abandonar les nostres passions, tampoc podem permetre que les ideologies, les creences o les religions ens apartin de les persones que estimem. De la mateixa manera, no podem actuar com si posseíssim la veritat i comportar-nos com profetes en les reunions, perquè aquesta actitud incideix en el que ens separa i no en el que ens uneix. Hem d'assumir que hi ha temes especialment sensibles per als altres que no cal posar damunt de la taula contínuament.

És cert que les temàtiques relacionades amb els fenòmens paranormals les aprofiten molts grups que es consideren en poder de la veritat. Si bé no tots tenen per què ser sectes destructives, n'hi ha que allunyen els individus de la seva xarxa de familiars i amics en nom del «veritable coneixement». Quan ens sentim deprimits, perduts o desmotivats, som susceptibles de caure en algun tipus d'activitat o fe que ens ajudi a alleujar l'ansietat i la solitud. Tots som vulnerables davant d'aquestes situacions i hem d'estar atents al que ens passa.

3. Quan la vida perd el sentit: el forat ocult del suïcidi

La nostra societat acomodada i benpensant s'ha acostumat amb gran conformisme i disciplina a no mirar cap a certs territoris de la trama social en què vivim que destaquen pel profund dolor que amaguen i la dramàtica incomprensió de què són objecte. Abans d'afrontar aquests problemes i carències, preferim dissimular-los, ocultar-los, posar l'atenció en un altre lloc, fer com si no existissin. Però són aquí, perennes, resistint al pas dels temps i les modes, amb la consistència sorda i implacable d'un tumor, i tard o d'hora hem d'intervenir-hi. Una d'aquestes xacres socials, doloroses però invisibles, és la del suïcidi. L'opció de renunciar a la vida i abraçar la mort és un autèntic cataclisme humà. Cada cop que algú es planteja aquesta via contrària al sentit de la natura com a sortida a la difícil situació en què es troba, ens enfonsem una mica tots plegats: el suïcida, la seva família, la societat i la mateixa civilització que hem construït des de fa segles al voltant de l'instint de supervivència i el desig de viure.

Afrontar el problema hauria de ser el primer pas per mirar de solucionar-lo. Amb tot, no sembla que ningú vulgui tocar el tema. S'oculta, es dissimula: parlar del suïcidi causa pànic, hi ha moltes supersticions i molts tabús, malgrat la magnitud del dolor que aquesta xacra humana pateix en silenci. Les dificultats per estudiar el fenomen, a causa de les resistències dels mateixos interessats, els entorns més pròxims i de tothom en general a l'hora de parlar-ne obertament dificulten la tasca de fer un seguiment prou exhaustiu sobre el seu abast, però les estimacions més fiables assenyalen que el suïcidi és, avui, la segona causa de mort en les edats compreses entre els quinze i els trenta anys en països avançats com Espanya. Per fer-nos una idea de les dimensions del fenomen, pensem que, cada quaranta segons, algú al món es lleva la vida voluntàriament.

Això vol dir que cada any se suïciden un milió de persones a tot el planeta, una xifra equivalent als morts en accidents de trànsit, però que sens dubte té un reflex infinitament menor en els mitjans de comunicació i en el debat públic. Passa el mateix si ho comparem amb les morts violentes: l'índex de suïcidis és fins a deu vegades superior al dels homicidis. En canvi, no parlem tant dels suïcidis com dels assassinats. En el seu llibre *Treating Suicidal Behavior*, el psicòleg Thomas Joiner estableix una comparació notable: cada any moren als Estats Units, de mitjana, vuitanta persones per la caiguda d'un llamp, i això és motiu suficient perquè hàgim estudiat a fons la mecànica de les tempestes i els llampecs a fi de reduir-ne la fatal incidència en la vida. Al mateix temps, cada dia moren al mateix país vuitanta persones per suïcidi, i encara esperem que es donin a conèixer, en forma d'estudis i investigacions prou profunds i detallats, les trampes i els laberints que condueixen algunes persones, víctimes de la desesperació, a desitjar morir. Igualment, continuem esperant el moment que aquest drama tingui la presència que es mereix en l'agenda dels líders i polítics de la societat.

L'estigma que sol acompanyar els trastorns de la ment en relació amb el suïcidi assoleix unes cotes que haurien de moure'ns a la reflexió. Són inquietants revelacions com les que fa Joiner, un dels principals experts mundials en aquest camp: el 40% dels familiars d'un suïcida prefereix mentir abans que dir la veritat a l'hora de parlar de les causes de la mort del familiar. I, tot i això, estem parlant d'una tragèdia que en molts casos es podria evitar si, per començar, fos possible parlar-ne i conèixer-la millor.

Què porta una persona a no trobar sentit a la vida fins al punt de desitjar desaparèixer? Thomas Joiner sosté que hi ha múltiples factors implicats en l'opció del suïcidi. El trastorn mental desenvolupat per causes genètiques és potser el més important: aquest investigador situa en un 40% la influència que determinats quadres depressius poden tenir en el desencadenament d'actituds suïcides. Però tot i ser fonamental, aquest condicionant no és l'únic. El que expliquen els que han estudiat el problema més a fons és que hi ha un conjunt de factors socials, com la solitud, la incomunicació i l'aïllament de les persones, que també incideix de forma clara en els índexs de suïcidi que presenten els països com el nostre. El més rellevant d'aquesta observació és la conclusió que n'extreuen els experts en la matèria: si es corregissin aquestes causes, i la solitud no fos un dels trets que defineix el món on vivim, els atemptats contra la pròpia vida podrien descendir notablement.

«Quan s'analitza un suïcidi, que sembla una decisió completament racional, sempre veiem que es podria haver alleujat el dolor i el patiment que hi havia a sota», explica el psiquiatre britànic Colin Pritchard, un dels principals estudiosos del fenomen. El nombre cada cop més alt d'intents de suïcidi i de suïcidis duts a terme en països avançats permet deduir que alguna cosa devem fer malament perquè cada vegada hi hagi més persones que es plantegin llevar-se la vida. A Espanya, els últims trenta anys s'han quadruplicat els índexs de suïcidis. És el país occidental on més ha crescut aquest problema.

No deu ser casualitat que també siguem un dels països que més s'ha desenvolupat en aquest temps.

Fa feredat pensar en la quantitat d'ocasions en què un suïcida que ha acabat traient-se la vida ha estat exposat a la possible intervenció d'algun factor extern que hauria pogut fer-li descartar el tràgic pla. De vegades hi ha detalls tan simples com que l'accés a la forma de mort triada sigui més complicat del que s'espera. Hi ha estudis amb persones que havien intentat llançar-se daltabaix del pont de San Francisco que revelen que, després de ser salvats a l'últim moment, el 95% dels suïcides frustrats havia acabat renunciant a la idea de treure's la vida. En un altre experiment fet amb persones en tractament mental i amb risc d'intents de suïcidi, anomenat «Estudi de les cartes afectuoses», els investigadors van observar que una simple missiva, en la qual una tercera persona mostrava interès per l'estat de salut del pacient i li donava ànims, era suficient perquè els índexs de suïcidi entre la població estudiada disminuïssin força.

Hem creat societats hiperconnectades i ultracomunicades, hem escurçat les distàncies que ens separen, ho sabem tot de tothom, o almenys ens ho pensem. I, amb tot, continuem sords davant del crit silenciós de moltíssimes persones que, confoses, perdudes, sense poder visualitzar cap altra alternativa de salvació, acaben resolent que el millor bé que poden fer a la comunitat és engegar-se un tret o prendre's un pot de pastilles. Aquest és, precisament, un dels tipus de suïcides que les poques investigacions dutes a terme han identificat, l'«altruista», que es veu a si mateix com una càrrega per al seu entorn personal i prefereix deixar d'existir abans que continuar patint i causant patiment.

Ara també sabem que els homes es treuen la vida més que les dones per la major familiaritat dels homes amb el dolor físic, si bé elles ho intenten més vegades que ells, i els joves són més propensos als intents frustrats que els adults, tot i que són les persones d'edat més avançada els que més opten pel suïcidi, precisament a causa de la percepció que tenen de si mateixos com «una càrrega» per a la societat. Totes aquestes pistes han permès establir patrons en els comportaments dels suïcides, però encara no hi ha protocols de prevenció que, si s'engeguessin, ens alliberarien de moltes morts fàcilment evitables. El suïcidi és un assumpte pendent per als organismes sanitaris, les institucions assistencials, els investigadors i tota la societat. La sensibilització amb el problema passa per fer extensiva a la comunitat la idea que, cada cop que una persona abraça la mort voluntàriament i renuncia a seguir existint, tots perdem una mica el sentit de la vida i d'alguna manera també ens morim amb el suïcida.

Intent de suïcidi o gest per cridar l'atenció?

Fa un parell de setmanes, el meu xicot va intentar suïcidar-se, després de demanar-me perdó per telèfon pel que es disposava a fer-me. Tot just penjar vaig anar corrents cap a casa seva i pel camí vaig trucar al 112. Quan vaig arribar i ell va veure la policia em va recriminar que hagués muntat tot aquell escàndol. Jo no sé què pensar, em pregunto si ho va fer per cridar la meva atenció. Com el puc ajudar? Ignoro si una parella pot superar una cosa així o m'ho retraurà tota la vida. No sé si podré tornar a confiar en ell ni si es recuperarà, o si ho tornarà a intentar. Em sento culpable, rebutjada i jutjada. No sóc capaç de treure'm del cap el record del dia dels fets. No vull caure en el seu mateix error. Vull ajudar-lo, a ell i a nosaltres.

(maig del 2012)

Respon: Paula García-Borreguero

És comprensible que et sentis rebutjada i jutjada, però vas actuar bé. La comunicació i el diàleg obert sobre l'intent de suïcidi no incrementen el risc de desencadenar un nou intent, com erròniament es creu, sinó que ajuda a prevenir-lo.

Generalment, les persones que pensen en el suïcidi se senten molt infelices i es plantegen fer-se mal perquè no tenen altres recursos per adaptar-se a les situacions doloroses que viuen.

El més fàcil és considerar que l'intent del teu xicot va ser un gest per cridar l'atenció, i passar pàgina. No hem de caure en la creença errònia que qui diu que se suïcidarà no ho fa mai. Cal explorar els factors implicats en aquesta conducta per intentar ajudar el potencial suïcida a buscar alternatives més adaptatives. En el teu cas, i sense tenir accés a la seva versió, és convenient no reforçar els gestos que fa per cridar l'atenció, és a dir, no caure en la manipulació. Però tampoc no has d'ignorar-los, perquè molts dels que només volen cridar l'atenció acaben protagonitzant una tragèdia.

El dret a viure i la recerca de sentit

Tinc vint-i-vuit anys i des dels dotze que penso a suïcidar-me. La primera vegada que ho vaig intentar tenia tretze anys i no havia passat res fora del normal. Ho he intentat set vegades més, l'última fa només dos anys.

Visc en un estat de resignació total. Faig una vida normal: m'he independitzat, treballo i fins intento estudiar, tot i que crec que els meus suïcidis frustrats m'han fet minvar la capacitat de concentració i memorització. Cada dia em trobo més negativa, i quan estic amb altres persones em fa l'efecte que no paro de queixar-me com una bleda. Per això m'aïllo. La gent que no sap què em passa em fa preguntes, però jo no vull donar explicacions, perquè quan n'he donat només han intentat convence'm del fet que la vida és molt «bonica». No senten empatia, que és el que necessito. La vida és un dret o una obligació?

(març del 2010)

Responen: Eduard Punset i Nika Vázquez

La vida és un dret. El dret a la vida i a tenir un futur és molt recent en la història de l'evolució. Quan l'esperança de vida era de trenta anys, viure era una obligació; tan bon punt complies els deures familiars o socials, se't cruspia una lleona. La psiquiatra Carmen Tejedor afirma que el desig de suïcidi deriva d'un concepte romàntic de la llibertat de l'individu. I afegeix que, malgrat tot, no ha vist mai llibertat en el suïcidi, sinó només agonia i desesperació. El suïcidi és, potser, la mena de mort més desoladora.

Entre les causes que empenyen al suïcidi, l'aïllament i la desvinculació social es compten entre les més evitables. Tenir xarxes socials i fer activitats lúdiques en companyia ens fa estar connectats amb els altres i ens permet trobar un sentit a la vida, ja que la solitud porta a la tristesa i la tristesa a la desolació i, per tant, pot conduir al suïcidi. Com va dir William James: «No tinguis por de la vida. Creu que val la pena viure-la, perquè creure-ho t'ajudarà a fer que sigui veritat».

Buscar un sentit a la vida

Fa anys, en una fase de la meva vida en què em sentia trista i fracassada, vaig intentar treure'm la vida prenent una dosi elevada de pastilles. M'han passat moltes coses des de llavors. Com que no vaig tenir cap altra alternativa que continuar vivint, vaig decidir fer-ho plenament. Vaig prendre tota mena de decisions, vaig començar a fer només el que em venia de gust i em vaig dedicar a deixar-me guiar pels desitjos. Tot i això, avui torno a trobar-me amb aquelles antigues sensacions. Torno a preguntar-me: per a què i per què segueixo aquí? Passo de moments de lucidesa a altres en què no em reconec. No vull sentir-me així, vull entendre què em passa i per què em costa tant adaptar-me a aquest món.

(febrer del 2010)

Respon: Gabriel González

Tots passem per crisis vitals que ens afecten més o menys.

Aquests moments solen ser passatgers. Per superar-los, Carmen Tejedor, psiquiatra, recomana seguir els passos següents: parlar sobre el tema, demanar ajuda a un professional (pots començar pel metge de capçalera o algú pròxim) i ajornar la decisió de treure's la vida. A l'hospital de Sant Pau de Barcelona han posat en marxa un Pla de Prevenció del Suïcidi que podria ajudar-te. Jo afegiria, d'altra banda, dos punts més: és important que estableixis contacte amb persones pròximes amb qui puguis compartir pors i sentiments, i que puguin saber del tema i donar-te suport, i no abandonar les teves passions, somnis i desitjos, que són el que et permet gaudir del que ets i de com ets. Ja has aconseguit superar el desànim almenys en una ocasió anterior, així que no et serà difícil.

Aprendre a viure després del suïcidi d'algú estimat

Com es pot viure quan la teva germana, de trenta-cinc anys, se suïcida sense motiu aparent, sense deixar una nota, sense cap comiat, sense donar explicacions, sense depressions ni trastorns psíquics previs, i quan l'única explicació que s'hi pot trobar és una ruptura amorosa els dies abans? Era una persona forta i decidida, una triomfadora en tots els aspectes; ningú s'imaginava que pogués fer res tan premeditat, ni tan sols els amics amb qui va estar sopant la nit abans...

És normal sentir-se culpable després d'una pèrdua tan dramàtica? Cal aprendre a viure amb això i acceptar-ho? Tinc la sensació d'haver tingut part de culpa en la mort de la meva germana, per no haver-li fet prou cas i no haver-me adonat que s'ho estava passant tan malament. El que més em turmenta és pensar en el que devia patir abans de prendre aquesta decisió. S'adonava del que feia o va ser un trastorn passatger el que la va portar a aquest punt sense retorn? Per què treure's la vida per un fracàs sentimental? Hi devia haver alguna cosa més o això és motiu suficient?

(setembre del 2010)

Respon: Paula García-Borreguero

Diu el psiquiatre Alejandro Rocamora que el suïcidi és una pregunta que adreça el subjecte al seu grup de procedència. Té matisos acusadors, de retret i, sobretot, de falta de comprensió i solidaritat. Quan algú tan pròxim se suïcida, genera un còctel d'emocions entre els supervivents: xoc (sobretot si no hi havia senyals previs), vergonya, ràbia (contra un mateix i contra els altres), pena... Però, per sobre de tot, culpa. La recerca de senyals i indicis es converteix en una obsessió.

Necessitaràs temps per resituar-te. Encara que ara et costi de creure, amb el temps et trobaràs millor. Però, per a això, has de deixar de torturar-te amb preguntes per a les quals mai no trobaràs resposta. Només la teva germana (i potser tampoc) podria contestar-les. És fonamental que entenguis que, es tractés d'un impuls o d'un acte premeditat, tingués un motiu consistent o no per fer-ho, la decisió de posar fi a la seva vida va ser seva. Et recomano que vagis al psicòleg; t'ajudarà en el procés de dol. La clau per aprendre a viure amb aquesta pèrdua és no quedar-te ancorat en el passat, sinó continuar programant el futur. La teva germana va posar fi a la seva vida, però tu no. I tens el dret i l'obligació de viure la vida plenament.

4. El camí de la compassió

He perdut el compte del nombre de congressos sobre la felicitat a què he assistit, els experts en la matèria que he entrevistat i els llibres i les investigacions sobre el benestar humà que he analitzat fins a l'últim detall. Al llarg d'aquesta dilatada excursió a la recerca de les claus que fan que ens trobem millor amb nosaltres mateixos, he observat que les persones que deien que se sentien més felices entre les que he conegut pel camí, i que transmetien sense cap dubte aquesta sensació, tenien en comú una permanent actitud d'ajuda als altres, professaven altes cotes de solidaritat i altruisme, i transmetien un sincer i profund sentiment de compassió pel dolor dels altres. Una troballa sorprenent: resulta que el que més ens omple no és buscar dins nostre, sinó cuidar els que estan fora i necessiten ajuda, i que el que més contribueix a fer-nos sentir bé amb nosaltres mateixos és, precisament, fer que els altres se sentin bé. El que diuen les persones que puntuen més alt en els indicadors del benestar personal és que ajudar els altres ens ajuda a nosaltres a ser feliços.

Per descomptat, en les meves múltiples trobades personals mai no m'ha semblat que els més satisfets fossin els que atresoraven més béns materials. I, tot i això, hem organitzat la vida al voltant del consum, la riquesa econòmica i l'acumulació de possessions i experiències, malgrat que sabem, i que ja està molt gastat, per reiteratiu, el recordatori que les coses materials no donen la felicitat. Les notícies que cada dos per tres assalten els noticiaris parlant de riquíssimes figures públiques i de coneguts clans familiars que han acabat assotats per la desgràcia a causa de l'escassa qualitat humana de les relacions personals que mantenien corroboren aquesta impressió. Com recorda Barry Schwartz, psicòleg del Swarthmore College, als Estats Units, viure pendents de tot el que podem adquirir, comprar i experimentar només ens condueix a ofegar-nos en un mar de possibilitats. Lamentablement, són molts els que s'entreguen a una interminable cursa per tenir el millor cotxe, la millor roba, la millor parella, les millors vacances... Una cursa en la qual mai, mai, aconsegueixen sentir-se satisfets, perquè sempre hi ha alguna cosa més per desitjar. L'esclat de la societat de consum ens ha posat davant dels nassos tantes opcions i temptacions que, en comptes de sentir-nos alleujats gràcies a la certesa que sempre tindrem on triar i que mai no ens faltarà el que necessitem, ha sembrat en les persones una permanent ansietat derivada del fet d'haver de triar. És el camí de la frustració.

En contra d'aquest panorama, el que assenyalen els que es compten entre els éssers més feliços del planeta és que donar és la manera més eficaç que hi ha per rebre, i que fer-nos càrrec de la pena de l'altre és la manera més senzilla que hi ha per veure alleujada la nostra. És el camí de la compassió, entenent el terme en el sentit que suggereix l'arrel etimològica del verb *compadir*: compartir la desgràcia dels altres i doldre-se'n. El biòleg molecular i monjo budista Matthieu Ricard coneix molt bé aquest verb. El conjuga amb una profunditat que ens és desconeguda a la majoria dels mortals, i assegura que no és res que tingui a veure amb accions concretes, sinó amb una actitud davant la vida, una manera de mirar, i de vegades fins i tot de respirar. Després d'una brillant carrera com a investigador a l'Institut Pasteur de París, fa quaranta anys aquest científic va decidir retirar-se a un monestir de l'Himàlaia a meditar i submergir-se en l'experiència de la compassió humana que la filosofia budista i les tècniques orientals de control mental posaven a la seva disposició. El 2007 va participar en una investigació duta a terme pel departament de Neurociència Afectiva de la Universitat de Wisconsin, als Estats Units, dirigida pel neuròleg Richard Davidson, que volia posar en relleu la manera com la meditació és capaç d'influir en la generació d'emocions positives en els qui la practiquen. Aquell experiment, que va analitzar, mitjançant tècniques de neuroimatge, el cervell d'un grup de monjos en ple trànsit contemplatiu, va posar de manifest la facilitat que Matthieu Ricard tenia per generar internament sensacions de benestar, la qual cosa li va valer l'etiqueta de «l'home més feliç del món». Diu que el seu secret és haver aconseguit alliberar-se, mitjançant la meditació, de la diabòlica cadena d'odi, gelosia, arrogància i desitjos obsessius que normalment tenalla la ment, cadena que va substituir per l'experiència de l'altruisme i la compassió.

Malgrat que és una confessió reveladora, la reflexió més transcendental que aporta aquest estudiós de la condició humana no té a veure amb el seu vessant místic, sinó amb el científic: la plasticitat cerebral, adverteix Ricard, permet canviar la manera com funciona la ment mitjançant l'exercici, però no cal retirar-se a un llunyà monestir a resar per dur a terme aquestes transformacions, sinó que, segons ell, n'hi ha prou amb uns quants minuts de meditació cada dia per experimentar-los. El mateix Davidson ha publicat no fa gaire un estudi a la prestigiosa revista científica *Nature Neuroscience* en el qual afirmava que la neurociència moderna pot ajudar a incrementar el benestar mitjançant certs entrenaments que indueixen canvis en la plasticitat neuronal del cervell. Pràctiques com l'exercici físic, certes formes d'assessorament psicològic i la meditació poden millorar el funcionament de les xarxes neuronals encarregades d'àrees del comportament prosocial, com l'empatia, l'altruisme i la bondat. «La consciència bàsica és una cosa que es troba al darrere de cada pensament, de cada emoció. És com la llum, que no s'embruta si il·lumina escombraries ni s'enriqueix encara que il·lumini or. Tots tenim un potencial per al bé que sempre és dins nostre. Depèn de nosaltres que vulguem fer-lo servir o no», ens recorda Matthieu Ricard.

Realment és així? Naixem amb un potencial per a la bondat o, com pensen alguns, som malvats i egoistes per naturalesa? Segons Philip Zimbardo, psicòleg de la Universitat de Stanford, als Estats Units, i gran estudiós de la naturalesa moral del comportament humà, les persones neixen amb la capacitat de ser bones o dolentes, afectuoses o indiferents, creatives o destructives. «I és la mateixa ment la que empeny els uns a convertir-se en malvats i els altres en herois». La conseqüència d'aquesta conclusió la dóna el mateix psicòleg: «Cal inspirar els joves perquè deixin de ser tan egocèntrics. Hem de començar a pensar com aconseguir que els altres se sentin especials: fer un compliment, un petit favor... Per ser un gran heroi, abans t'has de preguntar: què puc fer avui per ser un heroi petit?», diu Zimbardo.

Fantàstic. Tenim un cervell que és plàstic i mal·leable com un tros de fang i el podem modificar mitjançant l'exercici i el canvi d'hàbits per fer-ne el que vulguem: convertir-nos en bones o males persones, propagar la prepotència o els sentiments altruistes, construir a partir d'ell la societat de l'egoisme o la de la compassió. Es tracta d'un descobriment transcendental, perquè amaga l'autèntica clau per millorar el món. De fet, és la clau de la revolució que la nostra societat té pendent: la de l'autèntica consciència de l'ésser humà.

Per arribar-hi no hi ha cap eina millor que l'educació. Canviar adults carregats de tics mentals nocius i aconseguir que desaprenguin el que han après malament en el passat és possible, però és difícil tenir èxit. Tot i això, educar en bons principis els més petits permet obtenir fàcilment resultats positius, pel que fa al benestar personal i social, i a més a més són guanys definitius per a la resta de la vida. Els treballs duts a terme en aquest sentit amb poblacions infantils per investigadors com la psicòloga Linda Lantieri, experta en aprenentatge social i emocional, i Mark Greenberg, psicòleg del Penn State's College, als Estats Units, demostren que mitjançant l'entrenament emocional es poden formar persones capaces de rebaixar el nivell de frustració i d'augmentar la sensació d'autonomia. Parlem d'éssers, en definitiva, més conscients. Com recorda Greenberg, «el nen no és més que un, el cervell no és més que un, no hi ha un cervell emocional i un altre de cognitiu. Quan les capacitats de prestar atenció, calmar-se i parlar eficaçment dels sentiments es combinen en el desenvolupament d'un nen, tot funciona millor». Abans no, però avui sí que estem en disposició de graduar el color del vidre a través del qual mirem. És a les nostres mans.

COM PODEM VIURE EN PLENITUD EN UN MÓN EGOISTA?

Vivim en una societat consumista, materialista, egoista, arrogant, prepotent...Aquí cadascú va a la seva, i a ningú li importa el que els passa als que tenim a prop. Jo em sento perdut, i necessito una guia o un mitjà que m'ajudi a trobar un camí. No sé per on començar, ni si prenc les decisions correctes per viure una mica més feliç i en pau amb mi mateix i amb els altres. Demano ajuda per trobar equilibri i orientació en aquest món tan caòtic.

(novembre del 2010)

Respon: Pablo Herreros

Sentir-nos desorientats és un símptoma que hem de dotar de sentit la nostra vida, i ho podem fer emprenent un projecte interessant, mantenint relacions de qualitat amb la família i els amics o duent a terme activitats que ens aportin satisfacció. Per exemple, molta gent confessa que ha trobat la felicitat ajudant els altres, mitjançant el voluntariat o la participació en algun projecte d'interès social.

No oblidis que, si bé és cert que hi ha una gran onada de consumisme materialista i que el nombre d'egoistes i prepotents no és gens menyspreable, aquests només influeixen en una petita part de les dinàmiques socials. Els estudis fets sobre tendències altruistes en nens i altres primats revelen que els comportaments antisocials no són els dominants. Els humans, a més de l'interès propi, tenim altres preferències socials profundament arrelades, com la reciprocitat, la cooperació o l'equitat.

Controlar la ment per ser feliços

Des de fa temps practico ioga kundalini per controlar la ment, però em pregunto si és saludable l'objectiu que persegueixo, que no és sinó aturar els pensaments negatius. Segurament hi deu haver altres mètodes, però els desconec. Tan mal fets estem que hem d'anar controlant-nos a cada pas, a cada moment, improvisant per no ser infeliços? La veritat és que aquest exercici és molt cansat.

(abril del 2011)

Respon: Pablo Herreros

La ment no està ni ben ni mal dissenyada. Segurament, podríem tenir estructures cerebrals més eficaces per mantenir amb vida els individus i permetre'ls transmetre els seus gens a la generació següent, però la que tenim actualment és la que hem heretat de l'evolució.

Un bon exemple per entendre-ho és el cas de les papallones de la zona industrial del nord d'Anglaterra. Aquests insectes fa uns segles tenien les ales de color blanc. Amb la Revolució Industrial i l'alliberament de tones de CO_2 a l'atmosfera, les papallones van començar a ser fàcilment detectables per determinats depredadors de la zona, així que l'espècie va enfosquir les ales. Més endavant, el desmantellament del teixit industrial va purificar l'aire, cosa que va tornar a posar en una situació compromesa les papallones, que van tornar al color blanc original al cap d'uns anys. Segur que hi havia millors maneres de fer front a aquests perills, com tornar-se tòxiques o no comestibles, però un dia hi va haver una mutació en el gen que allibera la proteïna que dóna lloc a la pigmentació de les ales i aquesta va ser prou eficaç per permetre passar desapercebudes a un nombre suficient de papallones fins al següent període de transformacions mediambientals.

És possible que a nosaltres ens estigui passant el mateix, d'una manera més complexa. El cervell humà és prou bo per permetre'ns sobreviure, però no és el millor dels cervells possibles. És capaç del millor i del pitjor alhora: de fer-nos feliços i de maltractar-nos psicològicament. A parer meu, el control del pensament és una cosa que hem d'activar i desactivar en funció del moment. Cal deixar-lo lliure quan els pensaments t'ajudin a aconseguir l'objectiu desitjat i et produeixin satisfacció. Practicar el control de manera indiscriminada no sembla el més adequat, perquè pot anul·lar-te en situacions que requereixin creativitat.

La ciència de la compassió

Veient el programa *Redes* sobre la ciència de la compassió m'han assaltat dos dubtes. Tinc un diagnòstic de bipolar ciclotímica ràpida. Veient que la medicació no m'ajuda, fa molts anys que treballo el pensament positiu recorrent a múltiples tècniques. Malgrat tot, molts cops, en qualsevol moment i sense cap motiu, m'enfonso fins a tal punt que m'és impossible ser positiva. La tristesa i la por que sento en aquests moments són tan profundes que només desitjo no viure. La meva pregunta és: el que diu Matthieu Ricard sobre la plasticitat del cervell es pot aplicar a aquesta mena de trastorn? Mitjançant el pensament positiu, puc equilibrar el nivell de serotonina?

El segon dubte té a veure amb el que en el mateix programa comentava Ricard sobre l'ajuda desinteressada que algunes persones van prestar als perseguits pel règim nazi, que va esmentar com a exemple de compassió altruista sense ni rastre d'egoisme. Però jo em pregunto: què passa amb la culpa? No pot haver-hi una por a la culpabilitat, sota aquest gest? I això no és també egoisme, en el fons?

(març del 2011)

Respon: Nika Vázquez

Com diu Matthieu Ricard en la conversa amb Eduard Punset a *Redes*, és el cervell el que, en funció de les interpretacions que donem a la realitat, fa que una mateixa situació pugui ser viscuda i sentida de diferents maneres per una mateixa persona. El que ell proposa és que, amb l'ajuda de la meditació, siguem mers espectadors del que ens passa, ja que només així podrem viure la realitat amb la calma necessària per prendre les decisions oportunes. La focalització de l'atenció, la resolució de conflictes, el treball en equip i la cooperació només tenen cabuda des de l'obertura mental.

Quant al segon dubte, són nombrosos els estudis que corroboren l'afirmació de Ricard en el sentit que l'altruisme i l'empatia formen part de l'ésser humà i que són l'experiència i l'aprenentatge els que fan que es modifiquin, o no. Podem veure-ho clarament en els bebès: quan un comença a plorar, els que hi ha al seu voltant, sense cap motiu, també es posen a plorar. D'aquesta manera se solidaritzen amb el dolor dels altres. D'aquest fenomen se'n diu imitació motriu, i és un clar exemple de l'empatia innata que posseïm.

Combatre l'estrès mitjançant la meditació

Pateixo d'estrès i m'he sotmès a diversos tractaments farmacològics, però no puc continuar-los a causa dels efectes secundaris. Sembla que la meditació és eficaç contra aquest trastorn, així que la meva pregunta seria quin tipus de meditació és la més adequada per practicar sol a casa i com trobar informació sobre la tècnica per practicar-la.

(octubre del 2010)

Respon: Paula García-Borreguero

La meditació és una tècnica molt antiga, d'origen oriental, que d'una manera o altra es practica en totes les religions. Hi ha teories fisiològiques, cognitives i conductuals que defensen que, en efecte, l'entrenament en tècniques de relaxació pot servir com a tractament per alleujar l'estrès. En paraules de la terapeuta Rosemary A. Payne, «l'estrès pot debilitar mentalment les persones, però la relaxació pot facilitar el restabliment de la claredat de pensament».

La meditació ens permet passar d'un estat d'atenció no focalitzada a un altre d'atenció centrada en estímuls identificables. A curt termini, els efectes de la meditació i la relaxació poden ser semblants, però els objectius que persegueixen són diferents. Hi ha diverses maneres d'accedir a les tècniques de meditació: bé a través de llibres i manuals d'autoajuda, o mitjançant cursos i les moltes escoles d'iniciació que hi ha repartides per tot Espanya.

5. Hi ha vida abans de la mort

Per a algú com jo, que gairebé mai no havia estat malalt i jugava amb la sospita que era immortal, assabentar-me, el 2007, que un dels meus pulmons possiblement amagava un càncer va suposar un canvi important en les meves expectatives vitals i intel·lectuals fins a aquell moment. És probable que l'experiència de lluitar contra la malaltia m'hagi ensenyat alguna cosa, però he de reconèixer que no m'ha canviat com a persona, i les modificacions que he notat han estat menors que les que de vegades se suposen en tràngols d'aquesta mena. Curiosament, encara que mirar de prop els ullals de la mort sol mobilitzar en les persones emocions relacionades amb la transcendència, els aprenentatges més importants que vaig incorporar a la meva motxilla durant els mesos de la malaltia no van tenir a veure amb reflexions profundes al voltant del sentit de la vida ni amb dubtes sobre què seria de mi després de morir, sinó amb els sorprenents índexs de solidaritat, altruisme i empatia que vaig poder trobar als passadissos, sales d'espera i consultes dels hospitals i centres de salut on em vaig visitar. Hi ha qui ha somrigut quan m'ha sentit afirmar que estic agraït al càncer pel que m'ha ensenyat, però no exagero. Mai abans no havia estat tan a prop de la mort, però tampoc mai no m'havia sentit tan a prop de la vida i l'afecte de les persones.

Relacionat amb tot això, aquells dies, i els mesos i anys posteriors, he tingut molt present la reflexió que en una ocasió va compartir amb mi el premi Nobel de Física Heinrich Rohrer sobre la manera com solem compartimentar i separar la vida de la mort. L'inventor del microscopi d'efecte túnel, que permet veure els materials a escala atòmica, m'explicava que tendim a diferenciar molt radicalment els organismes vius dels inerts, però segons aquest científic algun dia aquesta separació no serà tan nítida com ara la percebem, i aprendrem a veure que entre la vida i la mort no hi ha tanta distància. Què és, llavors, el que les distingeix? Si tenim en compte que el 90% de la matèria de què estem fets són àtoms, purs àtoms, i que aquests són eterns, què mor realment quan ens morim? Potser no som també nosaltres, d'alguna manera, eterns?

Fa milers d'anys que donem voltes a la mort sense trobar-hi una explicació definitiva. Segons Timothy Taylor, professor d'Arqueologia a la Universitat de Bradford, al Regne Unit, fa exactament deu mil anys, que és de quan estan datades les primeres pràctiques funeràries trobades —tot i que hi ha troballes de cent vint mil anys d'antiguitat, localitzades a Israel—, que ja mostren restes humanes, disposades segons una pauta formal que permet deduir que aquells homes es feien preguntes relacionades amb l'ànima dels difunts i el seu destí d'ultratomba. Fins llavors, el canibalisme no només va complir una pràctica funció d'aprofitament d'energia i espai, en traspassar els nutrients d'un cos mort a un altre de viu de la mateixa espècie, sinó que és fàcil intuir que aquesta pràctica era percebuda també per aquells primitius com una forma de transfusió de la vida, gairebé com fem nosaltres ara amb els trasplantaments d'òrgans. Segons Beth Conklin, antropòloga de la Universitat de Vanderbilt, als Estats Units, aquest tipus de canibalisme ajudava els parents a separar-se emocionalment dels records de l'ésser estimat mort i a superar, així, el tràngol de la pèrdua. Incorporar una part del cos del difunt al seu propi organisme era considerat un acte molt més atractiu i respectuós que deixar el cadàver podrint-se a terra.

La ciència no ha permès respondre els interrogants al voltant de la mort que acompanyen l'ésser humà des de la nit dels temps. Si de cas, ha fet créixer els dubtes en posar el focus en la dificultat per situar el límit entre el que és caduc i el que és etern. Amb una claudicació disciplinada, assumim que naixem i morim, però, si bé això és veritat, no ho és menys que tots provenim de les cèl·lules germinals, que, en participar en la formació dels espermatozoides i l'òvul, són tècnicament immortals, ja que poden dividir-se gairebé indefinidament. Com recorda Tom Kirkwood, gerontòleg de la Universitat de Newcastle, al Regne Unit, «en realitat són cèl·lules eternes, perquè es transmeten d'una generació a l'altra». Com l'hidra, que es reprodueix contínuament en ser seccionada, o els bacteris, que es multipliquen en successives còpies infinitament. Curiosa paradoxa, la de la vida: som caducs per definició, però tots provenim de cèl·lules que són immortals i estem compostos per àtoms que són eterns.

Ens costa acceptar la mort. I és relativament comprensible que sigui així. Com podríem no resistir-nos a un final per al qual originàriament, en termes biològics, no estàvem predestinats? La vida va sorgir amb vocació d'immortalitat, i així va ser al principi de l'evolució de les espècies. Els primers bacteris es reproduïen, i ho segueixen fent, clònicament, per la qual cosa són eterns. Però fa uns 1.200 milions d'anys va començar la reproducció sexual, que va comportar la diversitat i el privilegi que cada ésser fos irrepetible i, per tant, caduc. És el preu que paguem per ser únics. Sorprenent, oi?: l'amor guia els nostres passos, però abans que sorgís la reproducció sexual la mort no existia.

Tenir presents totes aquestes perspectives a l'hora de mirar la mort cara a cara ajuda a treure-hi importància i a desmitificar el nostre inevitable final. Els àtoms que em donen fonament en aquest precís instant ja existien abans que jo nasqués, i continuaran existint quan jo ja no hi sigui. El buf que va engendrar la primera cèl·lula vivent és el mateix que a mi em manté amb vida. No és fantàstic? Ara, a més, hi ha investigadors, com el físic Frank J. Tipler, professor de la Universitat de Tulane, als Estats Units, que s'atreveixen a pronosticar que, en un futur no gaire llunyà, aconseguirem l'eternitat fent còpies exactes de nosaltres mateixos en sofisticadíssims sistemes de computerització. Ell parla del 2100 com la data en què serà possible la «descàrrega» de l'ésser humà en un ordinador, i, en conseqüència, que es conservi indefinidament en el temps. Altres investigadors, com el tecnòleg Raymond Kurzweil, estan convençuts que aviat serà impossible distingir les màquines dels humans, cosa que suposa una immortalitat assegurada.

Amb aquesta categoria de certeses i sospites incorporades al nostre coneixement, qui pot estar preocupat per una cosa com la mort? Jo, personalment, no ho estic. No dedico ni un segon de la meva vida a inquietar-me per les conseqüències que pot tenir deixar d'existir. Al contrari, seria incapaç d'apreciar la bellesa de la vida si cregués que això que admiro i em delecta podria ser aquí per sempre. El que realment em fa estremir i em fa gaudir és saber que allò de què gaudeixo és efímer. Un dels grans fonaments de la bellesa és, precisament, la seva finitud.

Quina pèrdua de temps tan gran dedicar un sol segon a preguntar-se si hi deu haver vida després de la mort, podent ocupar-nos d'investigar si veritablement n'hi ha abans. Realment, em va arribar ben endins aquell grafit interrogant que vaig descobrir fa molts anys al metro de Nova York: «Hi ha vida abans de la mort?». Des de llavors, aquest és un pensament que m'acompanya, i un lema que m'agrada repetir, potser amb l'esperança de provocar en la ment dels qui m'escolten l'agitació que em va causar a mi la primera vegada que em vaig plantejar aquesta pregunta.

Hi ha vida després de la mort?

Segons he pogut llegir a *El viatge al poder de la ment*, van apareixent noves dades sobre el nostre origen. Malgrat que el principi d'incertesa i la falta de certeses presideixen la vida i l'univers, a poc a poc hi ha avenços en aquest sentit. Però, se sap res sobre on anem? Hi ha vida després de la mort?

(novembre del 2011)

Respon: Nika Vázquez

La mort es veu com l'extinció global de funcions sistèmiques, en especial de les funcions bioelèctriques cerebrals i, per tant, de les neuronals.

La mort es pot considerar des de tres nivells: la mort cel·lular, l'orgànica —o mort clínica— i la de l'individu com un tot, per la pèrdua de la capacitat d'autoregulació. Quant a l'ànima, el tema és controvertit. Com que es tracta d'un concepte intangible i ambigu, el que passa quan ens morim depèn de les creences de cadascú. L'ésser humà sent la necessitat de respondre's les preguntes d'aquesta mena, com ara què hi ha després de la mort, què passa amb l'ànima o si hi ha vida després de la mort. Són necessitats espirituals, i es tracta gairebé sempre de preguntes sense resposta. Fins ara era la religió qui les contestava, però molta gent ja no troba consol en la fe. Compartir aquests dubtes i parlar-ne amb algú, des d'un amic a un professional, pot ajudar-te a gestionar la incertesa i el patiment que et provoquen.

La por de la mort

Tinc trenta anys, sóc mestra i, entre les meves moltes pors, la principal és la por de la mort, d'abandonar el que tinc, i no em refereixo a les coses materials, sinó al meu estat actual. No és que la meva vida tingui res d'especial, però sóc una persona extremament feliç, em sento bé amb el que tinc, i a més crec que sóc útil als altres.

La meva por ha sorgit arran del càncer de pulmó que té una persona de la família. Ho porta amb tant d'optimisme i té tanta fortalesa mental... Tant de bo fos com ella i fos capaç de transmetre als altres la pau necessària per afrontar el canvi que suposa la mort. Però no puc. No crec en la religió. Em van educar en la fe catòlica, però sóc incapaç d'enganyar-me i tenir fe, malgrat que ho he intentat molts cops. Crec que després de la mort no hi ha res, però és trist viure amb aquest convenciment.

(octubre del 2010)

Respon: Sandra Borro

Tenim por perquè ens han ensenyat a tenir-ne, però l'important és trobar estratègies per conviure-hi i controlar-la. Et pot ajudar assumir que la vida té un principi i un final. En comptes de tenir por, vés amb compte: cuida la vida que fas, la dieta, la salut física i mental, preocupa't pel que realment depèn de tu i no pel que no pots controlar. Creu fermament en alguna cosa que doni sentit a la teva vida. Pot ser una filosofia, una religió o una idea que et reconforti, com en el teu cas la de ser útil als altres. No t'obsessionis ni perdis el temps donant voltes a la mort. Pensa en el que vols fer avui, fes plans per demà, gaudeix de les coses bones de la vida, de l'afecte i de la companyia de la gent que estimes.

Després d'haver passat molts anys reflexionant sobre la felicitat, Eduard Punset ha arribat a la conclusió que el que la defineix millor és «l'absència de por». Ell parla de «les dimensions de la felicitat». Te n'esmento només les tres primeres: tenir un cert control sobre la pròpia vida, unes relacions personals que ens aportin assossec i amor i tenir ansietat de tant en tant, però no por.

Les etapes del dol

Fa un mes i mig la germana del meu marit va morir d'una malaltia que no vam saber que tenia fins a l'últim moment. El meu marit no tenia una bona relació amb ella, de fet l'evitava, però ara està amargat. Malgrat que es van reconciliar abans de la mort d'ella, des de llavors sempre està de mal humor i tendeix a descarregar la ràbia amb qui té a prop, que acostumo a ser jo. Tenim un bebè d'un any que és el millor de la nostra vida i, malgrat tot, el veig centrat en ell mateix. L'últim mes ha tingut atacs d'ansietat que es nega a admetre i tampoc no vol anar al psicòleg. Miro de tenir paciència, però em fa por que l'amargura ens envaeixi. Què puc fer?

(abril del 2011)

Respon: Noelia Sancho

El dol és un procés que comporta un temps d'acceptació de la pèrdua, un temps que pot variar. Normalment, si dura menys d'un any no es considera problemàtic. La mort de la teva cunyada és recent, i per tant és normal que el teu marit estigui passant encara el seu propi procés: cada persona i situació imposa el seu propi ritme i circumstàncies.

Has d'entendre que la pèrdua és recent i necessita temps per assimilar-la. Encara més si ell sent frustració, ja que s'havien reconciliat feia poc. Continua recomanant-li que s'adreci a un professional, que l'ajudarà a gestionar-ho millor, però fes-ho sense pressionar-lo. Tingues paciència, perquè sembla que encara és a la primera etapa. Tot i que sembli desesperant, no és negatiu que se senti així durant un parell de mesos. El seu cos i la seva ment necessiten viure el procés. El que sí que és important és que ell també entengui que ha de fer esforços per millorar la qualitat de vida familiar i no perdre's l'evolució del vostre fill.

Els estudis de Kübler-Ross sobre la mort

He llegit en nombroses ocasions els textos de la doctora Elisabeth Kübler-Ross i sempre m'ha ajudat moltíssim. Podrien donar-me, sisplau, la seva opinió sobre els estudis basats en les experiències reals pròximes a la mort que aquesta doctora, experta en tanatologia, va recopilar durant tantíssims anys?

(març del 2012)

Respon: Noelia Sancho

La psiquiatra suïssa Elisabeth Kübler-Ross sostenia que hi ha cinc fases en el procés d'acceptació de la mort: negació, ira, negociació, depressió i acceptació final. Tot i que aquest model avui ja no és tan utilitzat, perquè no té confirmació científica, el treball de Kübler-Ross segueix sent considerat una crida a la humanització en el tracte amb els malalts al final de la vida, una invitació al diàleg honest i franc sobre les seves preocupacions i un signe d'esperança perquè aquesta última etapa es pugui viure amb significat i plenitud, si s'afronta sense dolor físic, amb consciència i acompanyat de les persones estimades.

Si llegir Kübler-Ross t'ajuda, et convidem a seguir fent-ho, i fins i tot que miris algunes de les seves entrevistes en vídeo per aprendre'n més. Encara que no hi hagi estudis que avalin les seves teories, no hi ha dubte que humanament pot ser molt útil, i des del punt de vista professional va influir enormement en la inclusió de les cures pal·liatives en la medicina occidental.

Bibliografia

Capítol 1

DAVIDSON, RICHARD J., *El perfil emocional del teu cervell* [traducció d'Alexandre Gombau i Arnau], Destino, Barcelona, 2012.

GOPNIK, ALISON, *El filósofo entre pañales* [traducció de María Jesús Asensio], Temas de Hoy, Madrid, 2010.

HAMMER, DEAN, *The God Gene: How Faith Is Hardwired into our Genes*, Doubleday, Nova York, 2004.

LANTERI, LINDA, *Inteligencia emocional, infantil y juvenil* [traducció d'Ana Grandal Martín], Aguilar, Madrid, 2009.

LIPTON, JUDITH EVE i DAVID P. BARASH, *El mito de la monogamia: la fidelidad y la infidelidad en los animales y en las personas* [traducció d'Antonio Resines i Herminia Bevia Villalba], Madrid, Siglo XXI, 2003.

PINCUS, JONATHAN, *Instintos básicos: por qué matan los asesinos* [traducció de Lorenzo Félix Díaz Buendía], Oberón, Madrid, 2003.

VAN VUGT, MARK i ANJANA AHUJA, *Selected: Why some people lead, why others follow, and why it matters*, Profile Books, Londres, 2010.

WISERMAN, RICHARD, *Paranormality: Why we see what isn't there*, Pan Macmillan, Londres, 2011.

Capítol 2

BARON-COHEN, SIMON, *La gran diferencia: cómo son realmente los cerebros de hombres y mujeres* [traducció de Betty Trabal], Amat, Barcelona, 2005.

BLAKEMORE SARAH-JAYNE i UTA FRITH, *Cómo aprende el cerebro: las claves de la educación* [traducció de Juan Soler Chic], Ariel, Barcelona, 2011.

BRIZENDINE, LOUANN, *El cerebro femenino* [traducció de María José Buxó], RBA, Barcelona, 2007.

—, *El cervell masculí* [traducció de Núria Parés Sellarès], La Magrana, Barcelona, 2010.

Gerver, Richard, *Crear hoy la escuela del mañana: la educación y el futuro de nuestros hijos* [traducció de Carmen Valle], Ediciones SM, Madrid, 2012.

Prensky, Mark, *Enseñar a nativos digitales* [traducció d'Elena Alemany], Ediciones SM, Madrid, 2011.

Steinberg, Laurence, *The ten basic principles of good parenting*, Simon & Schuster, Nova York, 2005.

Capítol 3

Christensen, Clayton M., Curtis W. Johnson i Michael B. Horn, *Disrupting Class: How Disruptive Innovation Will Change the Way the World Learns*, McGraw-Hill, Nova York, 2008.

Gardner, Howard, *La educación de la mente y el conocimiento de las disciplinas: lo que todos los estudiantes deberían comprender* [traducció de Genís Sánchez Barberán], Paidós, Barcelona, 2000.

—, *Mentes creativas: una anatomía de la creatividad* [traducció de José Pedro Tosaus Abadía], Paidós Ibérica, 2005.

—, *Educación artística y desarrollo humano* [traducció de Ferran Meler Orti], Paidós Ibérica, 2010.

Goleman, Daniel, *El cerebro y la inteligencia emocional: nuevos descubrimientos*, Ediciones B, Madrid, 2012.

Robinson, Ken i Lou Aronica, *El elemento: descubrir tu pasión lo cambia todo* [traducción de Mercedes García Garmilla], Grijalbo, Barcelona, 2009.

Schacter, Daniel L., *Los siete pecados de la memoria: cómo olvida y recuerda la mente* [traducció de Juan Soler Chic], Ariel, Barcelona, 2003.

Schank, Roger, *Designing world-class e-learning*, McGraw-Hill, Nova York, 2002.

Capítol 4

Belsky, Jay i John Kelly, *The transition to parenthood*, Bantam Doubleday Dell Publishing Group, Nova York, 1995.

Birkhead, Tim, *Promiscuidad: una historia evolucionista de la competencia entre espermatozoides* [traducció de Joandomènec Ros], Laetoli, Pamplona, 2007.

Bressler, Eric, *Humour and human courtship: Testing predictions from sexual selection theory*, McMaster University, Ontario, 2006.

Geddes, Heather, *El apego en el aula: relación entre las primeras experiencias infantiles, el bienestar emocional y el rendimiento escolar* [traducció de Begoña Jiménez Aspizua], Graó, Barcelona, 2010.

Fisher, Helen, *Anatomía del amor. Historia natural de la monogamia, el adulterio y el divorcio* [traducció d'Alicia Plante], Anagrama, Barcelona, 2007.

—, *Por qué amamos* [traducció de Victoria Gordo del Rey], Taurus, Madrid, 2005.

Panksepp, Jaak, *The Archaeology of Mind, Neuroevolutionary Origins of Human Emotions*, W.W. Norton, Nova York, 2010.

Sunderland, Margot, *La ciencia de ser padres: consejos prácticos sobre el sueño, el llanto, el juego y la consecución de un bienestar emocional para toda la vida* [traducció d'Alexandre Casal Vázquez i Ersi Marina Samara Spiliotopulu], Grijalbo, Barcelona, 2007.

Capítol 5

Cacioppo, John T. i William Patrick, *Loneliness: Human Nature and the Need for Social Connection*, W.W. Norton, Nova York, 2008.

Decety, Jean, *Empathy: from Bench to Bedside*, MIT Press, Cambridge, 2012.

De Waal, Frans, *La edad de la empatía: lecciones de la naturaleza para una sociedad más justa y solidaria* [traducció d'Ambrosio García Leal], Tusquets, Barcelona, 2011.

—, *El mono que llevamos dentro* [traducció d'Ambrosio García Leal], Tusquets, Barcelona, 2007.

—, *El simio y el aprendiz de sushi: reflexiones de un primatólogo sobre la cultura* [traducció de Patricia Teixidor Monsell], Paidós, Barcelona, 2002.

Dunbar, Robin, *La odisea de la humanidad: una nueva historia de la evolución de la raza humana* [traducció de Natalia Fernández Matienzo], Crítica, Barcelona, 2007.

Fowler, James i Nicholas Christakis, *Conectados* [traducció d'Eduardo Schmid i Laura Vidal Sanz], Taurus, Madrid, 2009.

Iacoboni, Marco, *Las neuronas espejo: empatía, neuropolítica, autismo, imitación, o de cómo entendemos a los otros* [traducció d'Isolda Rodríguez Villegas], Kartz Barpal Editores, Madrid, 2009.

Rizzolatti, Giacomo i Corrado Sinigaglia, *Las neuronas espejo: los mecanismos de la empatía emocional* [traducció de Bernardo Moreno Carrillo], Paidós, Barcelona, 2006.

Wiseman, Richard, *Rarología: la curiosa ciencia de la vida cotidiana* [traducció de Santiago Feely], Temas de Hoy, Madrid, 2008.

Capítol 6

BARASH, DAVID, *Natural selections*, Bellebue Literary Press, Nova York, 2008.

BENNIS, WARREN, DANIEL GOLEMAN i JAMES O'TOOLE, *Transparencia: cómo los líderes forjan una cultura de la sinceridad* [traducció de Carolina Dotta Visca], Alienta, Barcelona, 2008.

BISHOP, MATTHEW, *Economía de hoy: sus nuevas formas de la A a la Z*, Luppa, Barcelona, 2010.

GOULD, STEPHEN JAY, *La falsa medida del hombre* [traducció de Ricardo Pochtar Brofman i Antonio Desmonts], Crítica, Barcelona, 1997.

PINKER, STEVEN, *El instinto del lenguaje: cómo crea el lenguaje la mente* [traducció de José Manuel Igoa González], Alianza Editorial, Madrid, 1996.

SEABRIGHT, PAUL, *The company of strangers: a natural story of economic life*, Princeton University Press, Nova Jersey, 2004.

Capítol 7

GOLEMAN, DANIEL, *Inteligencia ecológica* [traducció de David González Raga], Kairós, Barcelona, 2009.

GRIFFIN, BRIAN P. i ERIC TOPOL, *Cardiología*, Marbán, Madrid, 2006.

LOZANO, ANDRÉS M., DANIEL TARSY i JERROLD L. VITEK, *Surgical treatment of Parkinson's disease and other movement disorders*, Humana Press, Nova Jersey, 2002.

RATEY, JOHN J., *El cerebro: manual de instrucciones* [traducció de Juan Pedro Campos Gómez], Mondadori, Barcelona, 2002.

ROBBINS, TREVOR W. i MARIA A. RON, *Disorders of brain and mind 2*, Cambridge University Press, Cambridge, 2003.

SEUNG, SEBASTIAN, *Connectome: how the brain's wiring makes us who we are*, Houghton Mifflin Harcourt Publishing Co., Nova York, 2012.

Capítol 8

BREZNITZ, SHLOMO i COLLINS HEMINGWAY, *Maximum Brainpower: Challenging the Brain for Health and Wisdom*, Ballantine Books, Nova York , 2012.

CARSTENSEN, LAURA i BARRY A. EDELSTEIN, *Gerontología clínica: intervención psicológica y social* [traducció de Bibiana Lienas Massot], MR Ediciones, Madrid, 1990.

DE GREY, AUBREY i MICHAEL RAE, *Ending Aging: The Rejuvenation Breakthroughs That Could Reverse Huma Aging in Our Lifetime*, St. Martin Press, Nova York, 2007.

GARCÍA RODRÍGUEZ, JUAN RAFAEL i JOSÉ LUIS MOLINUEVO GUIX, *Alzheimer 2009. Enfermedad de Alzheimer: transformando en presente el futuro*, Grupo Aula Médica, Madrid, 2009.

GIAMPAPA, VINCENT C., RONALD W. PERO i MARCIA ZIMMERMAN, *La solución antiaging: el programa para retrasar el envejecimiento* [traducció d'Eva Robledillo Carro], Planeta, Barcelona, 2007.

KLINGHOLZ, REINER, STEFFEN KRÖHNERT i IRIS HOSSMANN, *Europe's Demographic Future: Growing Regional Imbalances*, Berlin Institute for Population and Development, Berlín, 2008.

KIRKWOOD, TOM, *El fin del envejecimiento* [traducció de José Chabás], Tusquets, Barcelona, 2000.

MATEOS MARCOS, VALENTÍN i JOSÉ LUIS MOLINUEVO GUIX, *Fronteras actuales en demencias*, Luzán 5, Madrid, 2008.

Capítol 9

ATRAN, SCOTT, *In Gods we trust: the evolutionary landscape or religion*, Oxford University Press, Nova York, 2002.

DAVIDSON, RICHARD J. i ANNE HARRINGTON, *Visions of Compassion: Westerns Scientists and Tibetan Buddhists examine Human Nature*, Oxford University Press, Nova York, 2001.

GOULD, STEPHEN JAY, *Ciencia versus religión: Un falso conflicto* [traducció de Joandomènec Ros], Crítica, Barcelona, 2000.

HARRIS, SAM, *El fin de la fe: religión, terror y el futuro de la razón* [traducció de Lorenzo Félix Díaz Buendía], Paradigma, Madrid, 2007.

HOOD, BRUCE M., *SuperSense: why we believe in the unbelievable*, Harper One, San Francisco, 2009.

JOINER, THOMAS, *Myths about suicide*, Harvard University Press, Cambridge, 2010.

MATTHIEU RICARD, *En defensa de la felicitat* [traducció de Carles Sans Climent], Sagarmata, Barcelona, 2007.

—, *L'art de la meditació* [traducció de Francesc Viladot Presas], Viena, Barcelona, 2009.

NEWBERG, ANDREW B., *Principles of Neurotheology*, Ashgate Publishing Limited, Surrey, 2010.

NEWBERG, ANDREW B. i MARK ROBERT WALDMAN, *Born to believe*, Free Press, Nova York, 2007.

—, *How God Changes Your Brain: Breakthrough Findings from a Leading Neuroscientist*, Ballantine Books, Nova York, 2010.

JOINER, THOMAS, HASAN RAJAB i DAVID RUDD, *Treating suicidal behavior: an effective, time-limited approach*, The Guilford Press, Nova York, 2004.

SCHWARTZ, BARRY, *Por qué más es menos* [traducció de Gabriela Bustelo Gabriela i Teresa Carretero López-Tello], Taurus, Madrid, 2005.

ZIMBARDO, PHILIP, *El efecto Lucifer: el porqué de la maldad* [traducció de Genís Sánchez Barberán], Paidós, Barcelona, 2008.

Índex